Georg Wilhelm Friedrich Beneken, Georg Wilhelm Friedrich Beneken

TEUTO oder: Urnamen der Deutschen

Georg Wilhelm Friedrich Beneken, Georg Wilhelm Friedrich Beneken

TEUTO oder: Urnamen der Deutschen

ISBN/EAN: 9783743411890

Hergestellt in Europa, USA, Kanada, Australien, Japan

Cover: Foto ©ninafisch / pixelio.de

Manufactured and distributed by brebook publishing software (www.brebook.com)

Georg Wilhelm Friedrich Beneken, Georg Wilhelm Friedrich Beneken

TEUTO oder: Urnamen der Deutschen

oder

rnamen der Deutschen,

gesammelt und erklärt

von

Georg Wilh. Frieder. Beneken,

Prediger zu Nienhagen bei Zelle.

Erlangen, 1816.

bei J. J. Palm und Ernst Enke.

Seiner

Königlichen Hoheit

Adolph Friederich,

Königlichem Prinzen

von

Großbritannien und Hannover,

Herzoge von Cambridge, General-Gouverneur des Königreichs Hannover.

Durchlauchtigster Herzog,
Gnädigster Fürst und Herr!

Seit vielen Jahrhunderten erwuchs Eurer Königlichen Hoheit mächtiger Stamm auf Teuto's Boden für Großbritanniens Krone; aber nie wurde er seinem Urlande, nie wurde seine Heimath ihm späterhin fremd. Die Geschichte Hannovers unter seinen Monarchen ist Darstellung des herrlichsten Wetteifers der Königshuld und Landestreue.

Darin bildete sich ein Bund, der Ihnen, Erhabenster Prinz! so viel zu empfinden, zu wirken, aber nichts zu befürchten gab, als ihn eine feindselige Staatsschlauheit umschlich, um ihre Angriffe darauf zu berechnen, als ihn eine Uebermacht antastete, um daran zu scheitern.

Eine der festesten Stützen dieses Bundes waren und sind Eure Königliche Hoheit. Wodurch? dieß fühlen Hunderttausende mit mir in stiller, ehrfurchtsvoller Begeisterung für Höchstdieselben.

Und Hannovers Königsthron, den kein Ehrgeiz erbaute, keine Eroberungssucht entweihen, aber noch die späteste Nachwelt segnen wird als den Preis der unerschütterlichen Beharrlichkeit, der größten Anstrengungen unserer Erhabensten George für das Heil ihrer Welfischen Stammländer, für die Auferstehung Deutschlands, für die Freiheit der Welt; verewigen wird er den Namen, den großen Sinn des allgeliebten Königssohns, der uns an jenem festlichen

Tage unserer Huldigung, über der innern Hoheit, die aus jedem Seiner Blicke, Seiner Worte sprach: über der hinreißenden Gewalt Seiner Liebe, des Glanzes vergessen ließ, der Ihn umgab, und der Stufen, die Ihn so hoch über unser durch herrliche Rechte, durch heilige Gefühle vereintes, Volk erhoben.

Eines deutschen Urstammes Krone sind Eure Königliche Hoheit: ein Sinn für Deutsche lebt in Ihnen. Und sollte einst Britannia, die Hehre, Höchstdieselben zurückfodern aus unserer Mitte; so würden Sehnsucht, Segnung und Huldigung eines zahlreichen biedern deutschen Volkes Ihnen folgen, und die Ansprüche Teuto's an Eure Königliche Hoheit erneuern.

In tiefster Ehrfurcht und Unterwerfung ersterbe ich

Durchlauchtigster Herzog,

Eurer Königlichen Hoheit

Nienhagen
im Jenner 1815.

unterthänigster

Georg Wilhelm Friederich Beneken.

Vorerinnerungen.

___

1.

Hatte es einer in frühern Zeiten bis zum Wohlseligen gebracht, so wurde ihm nach Gebühr, und für die Gebühr, seine Sippschaft bis ins dritte und vierte Glied, nebst allem was ihr von Schwägerschaften und Nebensprossen einzuflechten war, mit ins Grab gegeben. Man hielt ihm eine Standrede, die dann auf Kosten der Erben im Drucke erschien, und sich durch große Buchstaben wie durch einen stattlichen Trauerrand stracks als ein bedeutendes Lesestück aufdrang; aber auch durch Genauigkeit der Angaben und durch Ausführlichkeit den weiland königlich westphälischen Personenstands-Urkunden hätte zum Vorbilde dienen können.

Solch eine Standrede erbte, als wahres Heiligthum, vom Vater auf den Sohn fort, und da sie oft das Einzige war, wodurch das Daseyn des Wohlseligen beurkundet werden konnte, so half sie manchem Stammbaum aus großer Verlegenheit.

Wer aber als ein schlechtweg Seliger heimging, fand doch, außer dem Kirchenbuche, welches ihn oft kurz genug abfertigte, noch wohl eine Stelle vorn in der Hausbibel oder Hauspostille, worin der Sohn, um die Möglichkeit seines eignen Lebens darzuthun, des Vaters, und so weit die auf ihn vererbte Kunde reichte, der Vorväter Namen, Geburts- und Sterbestunden, Gattinnen, Kinder und Seitengevettern zu seiner lieben Nachkommen tiefgefühlter Erbauung, eintrug. Denn wer bei solchen Rückwinken auf seine Stammältern nicht fühlte, daß er ein Herz habe, der verdiente auch vergessen zu werden noch ehe er seine Augen schlöße.

Damals sang man schon: „Wohl aus den Augen, wohl aus dem Sinn." Was sollen wir aber jetzt singen? Lebt so noch der Großvater im Enkel fort? Kennen wir so noch unsere Berührungen und Verwickelungen mit fremden Stämmen? Unsere Vettern im zweiten Grade werden uns schon unbekannt! Was können Muhmen und Nichten, die einander nie nennen hörten, für einander empfinden? So verkennen, so trennen, so vereinzeln, so verlassen wir uns, veröden unser Herz, wollen Weltbürger seyn, und wissen nichts von unsern Nächsten, bei denen unsere Welt doch anfangen muß! Wahrlich, Menschheit und Vaterland behalten wenig an uns, wenn wir die Unsrigen nicht mehr der Nachfrage werth halten! Früchte davon, daß wir Geläut und Thränen sparen wollen! Der letztern haben wir freilich nicht zu viel mehr für unsere Todten. In prunkloser Stille — sagt unser

Mund, standesgemäß, spricht unser Hochmuth — lassen wir sie hintragen ins Gebiet der Vergessenheit. Eine fünfzeilige Todesanzeige in öffentlichen Blättern ist ihre ganze Abfertigung. Hauspostillen kennen, Hausbibeln lesen wir nicht mehr. Und wie wir nicht mehr fragen nach den Namen der Urväter, so kümmert uns wohl noch weniger die Frage: Wie sollen die Kinder der Zukunft heißen?

2.

Das aber ist mir unbegreiflich, wie selbst unser Adel, bekannt mit seiner Urväter Namen, die ja so stattlich in seinen Geschlechtstafeln hervortreten, diese Namen, diese Zeugnisse seines Alters, aufgeben konnte. Man vergleiche alte Urkunden! Wo blieben denn, um einige Beispiele anzuführen:

Der Geschlechter	edle, ächt deutsche Namen?
von Oberg	Eilard.
= Voß	Arnold, Richard.
= Wrede	Lippold, Gerhard.
= Ußlar	Godebert.
= Veltheim	Bertram, Bertold.
= Auernheim	Rother.
= Salder	Aschwin, Beseko, Wasmod.
= Münchhausen	Wiger.
= Mandelsloh	Herbert, Hartbert, Heineko.
= Hodenberg	Marquard.
= Campen	Baldwin, Gotert.
= Hake	Burghart, Hartung, Wilke.

von Steinberg Eschwin, Aschwin, Hilmer.
- Gustedt Grubo, Bruno.
- Drieberg Amelung.
- Klenke Heineko, Ottgis.
- dem Bussche Reinbert.
- Dalwigk Reinhart.
- Bock Wilbrand, Ordenberg.
- Behr Ortgis.
- Alten Anselm, Bruning, Eucharb, Heineko.
- Bothmer Volbert.
- Plesse Godschalk, Poppo.
- Canstein Reinbold, Gumbrecht.
- Asseburg Ecbert, Bosse.
Gr. v. Schwicheldt Brando.

Hätte jedes adeliche Geschlecht seine Urnamen festgehalten, so bestände die ehrwürdige Stiftung der Vorzeit noch unversehrt und unverschmäht. Und gelänge mir nur das Eine, ältere deutsche Stämme für die Namen zu gewinnen, die ihnen ihre eigene Sippschaft empfehlen muß, so würde ich glauben, nicht umsonst geschrieben zu haben.

3.

Was ist Vaterlandsliebe? Lieber möchte ich sie doch Heimlust nennen, die schwesterliche Empfindung des süßen, seelenerfüllenden Heimweh. Wäreft du so unglücklich dieß nie gefühlt, nie deinen heimathlichen Boden mit seinen Alpen oder Sandbergen, mit seinen Kypressen oder Wacholdersträuchen, mit seinen Trauben oder Schlehen, als ein Paradies dir gedacht zu haben: nie durch das stärkste Ersehnen zurückgezogen zu seyn zu den Gemächern, worin dein Leben erwachte, zu dem Gärtchen, das dir einst eine Welt war, zu den Räumen, Reigen und Spielen deiner ersten Lebensgenossen; o, was dem Schweizer mit seinem Kühreihen *) entzogen wird, das pflanzte dir dann wahrlich keine rednerische Darstellung der Vaterlandsliebe ein! Sie will gefühlt seyn. Und was du mit Schmerz entbehrest, genießest du mit Lust. Aber nun spricht man gar von Vaterlandsliebe, als von einer Pflicht, von einer Nöthigung. Lust am Vaterlande kann nicht geboten, sie sollte uns jetzt nicht einmal empfohlen werden, als etwas was dem Deutschen von Anbeginn seines Volks unverbrüchlich war.

---

*) Die bekannte Sangweise der Schweizer Hirten, welche höchst einfach und schwermüthig, weiland selbst viele bejahrte Schweizer in fremden Kriegsdiensten so mächtig ergriff, daß sie in ein tiefes Heimweh versanken, welches wohl gar in hitzige unheilbare Krankheiten übergieng. Der Gebrauch des Kühreihen wurde deswegen öfter streng verboten. Selten hörte man ihn in den Cantons, seitdem sich Napoleon zum Schirmer der Schweizerfreiheit aufdrang. Den Appenzeller Kühreihen, nicht als die übrigen mit den Alphorn geblasen, sondern gesungen, hielt man für den ausdruckvollesten.

So fühlte sich der Schweizer ergriffen von seinem Kühreihen: den Spanier reißt sein Fandango in den wildesten Tanz, bis zur Ohnmacht dahin, den Britten berauscht sein God save the king, sein

Wer schrieb, wer predigte, wer sang von Vaterlandsliebe damals, als Deutschland nicht bloß in Gefahr, als es bereits unterjocht war? Keiner von allen, in denen das heilige Feuer loderte, und die es wohl wußten, es sey durch fremde Tyrannei nur noch stärker angefacht in Hermanns Söhnen, und werde, sobald ihm, nicht sowohl durch Sänger und Prediger, als durch Aufgebote von oben herab, Luft gemacht sey, furchtbar hervorbrechen. Damals überließen wir den Deutschen seinem Gefühle. Er hat es herrlich gerechtfertigt. Und jetzt — nachdem Hunderttausende erstanden sind, und gekämpft haben für des Vaterlandes Freiheit; dürften wir unser Volk erst seine Pflicht fürs Vaterland lehren? Laßt uns den Deutschen nur daran erinnern wer er ist, und dafür sorgen, daß ihm die Zeichen seiner Deutschheit bleiben! Mit seinem Geiste, mit seinem angestammten Streben nach Unab-

---

Rule Britannia; selbst der Kosack aus der Ukräne wird begeistert, von seinen, mit der einfachsten Hirtenflöte begleiteten Heldenliedern. Und wir Deutschen hatten — die ersten Tonkünstler, die größten Dichter in Europa, wir haben Herz, Gehör, Stimme für Gesang, und doch kein Volkslied. In allen Ländern und Ländchen unsers weiten Gebiets werden Preise ausgesetzt und vertheilt zur Erweiterung aller Gegenstände des menschlichen Wissens, zur Verbesserung aller Gewerbe; wäre nicht ein Gesang, kräftig von den Alpen bis zur Nordsee, deutsche Schnitterschaaren zu erwärmen, deutsche Heere zu erheben, goldner und silberner Schaumünzen werth? O Theodor Körner, wie viel ist uns in dir gestorben!

hängigkeit, unter dem Scepter seiner Fürsten, hat es, wir sahen und bewunderten es, keine Gefahr! Er ist fügsam, aber nicht feil, geduldig, aber nicht gefühllos, großmüthig, aber nicht feige.

4.

Eine Tracht, ihr Fürsten, für das eine Volk, was ihr beherrscht! Sie wäre gerade jetzt so leicht einzuführen, wäre so einigend, so ermunternd für uns zum Gewerbfleiße, und würde uns so stark daran mahnen, weder ein Gesetzbuch noch einen Kleiderschnitt, noch einen zweischnipfeligen Stürmer-Hut, dessen man sich selbst damals unter uns schämte, als er noch als Zeichen der Unüberwindlichen galt, mit unsern Erbfeinden gemein zu haben.

5.

Eine Sprache aller Stände, desselben Stamms und Bodens! Können wir uns noch in der mühsam erzwungenen Mundart von Fremdlingen gefallen, die uns damit seit einem halben Menschenalter die unausstehlichste, kostbarste Langeweile machten? Ach, nur zu sehr verläugneten wir uns selbst, zu arg versündigten wir uns an unserer so reichen, so gebildeten und kräftigen Sprache, indem wir unsere ungebetenen Gäste in ihrer eigenen Sprache unterhielten, um für artige Wirthe zu gelten. Wozu uns ferner noch Zwang, wozu noch deutschen Ohren Gewalt anthun, und in deutschen Gemüthern herbe Erinnerungen wecken?

Lächelnd vernahm ich seit der furchtbaren Völkerschlacht, den Aufruf unserer Barden, jede Spur der

Franken vom deutschen Boden zu vertilgen, ohne deswegen meinen Voltaire sofort aus dem Bücherschranke zu stürzen. Denn das freie Reich der Geister weiß ja nichts von Völkerrache. Wahrheit und Schönheit befreunden darin Männer, die von Staatswegen in kriegerischer Rüstung einander gegenüber stehen. Deutschlands Licht und Frankreichs Aufklärung scheiden sich nicht am Thalwege im Rhein. Eins bedarf des andern. Freier Verkehr der Geister, die sich gefunden und lieb gewonnen haben, muß und wird bleiben zwischen den Pyrenäen bis zur Oder. Wir gerathen dadurch in keine Abhängigkeit; denn wir geben mehr als wir empfangen. Wurden wir Frankreichs Schuldner, so wissen wir doch, daß wir ihm für bleibende Werke eines gründlichen erfindungsreichen erhabenen Geistes am wenigsten verpflichtet waren. Das höhere Wissen ist nicht von dort zu uns herüber gedrungen; von uns gieng es aus. Aber jene Beweglichkeit des Geistes, jener zarte Geschmack, jene feine gefällige Darstellung, welche die schönen Werke unserer Nachbaren empfehlen, werden uns immer Muster bleiben. Und wer dürfte die vollendete liebliche Sprache entwürdigen, worin sie schimmern?

Sollen wir sie aber uns aneignen, um die unsrige, die, minder glänzend, gewiß eben so ausgebildet und unweit gediegener, die dem ernsten männlichen Geiste unsers Volks durchaus angemessener ist, zu vernachläßigen? Lange und schimpflich genug duldeten wir, deren Urahnen einst ihren freien Boden von Roms Heeren und von Roms Sprache säuberten, des entlehnlehnten, eingeschlichenen, aufgebrungenen Französischen, in unserer Mundart so viel, daß es wahrlich hohe Zeit ist, es wieder daraus zu scheiden.

Jetzt ist es mehr als elende Ziererei, mehr als widriger Ungeschmack, mit französischer Zunge zu sagen, was die deutsche besser ausspricht, oder wie der Elsasser durch das seltsamste Gemengsel zweier Sprachen seine lange Unterjochung zu beurkunden. Greller Widerspruch mit sich selbst ist es! Man wagte, kämpfte, opferte auf, von Vaterlandsliebe beseelt, das heißt doch jetzt, voll tiefgefühlten Abscheu's vor allem, uns durch Frankreichs Uebermuth aufgebürdeten Unwesen: man rühmt sich seines herrlichen Sieges darüber, und — entsagt doch seiner Selbstständigkeit, und gefällt sich doch in einer beharrlichen Verbrüderung, mit den Unterdrückern deutscher Freiheit — durch die Sprache!

Kläret, wir bitten euch, ihr Männer, die ein lautes Wort mitsprechen können, kläret solche Verwöhnte — ich sage nicht Verdächtige, denn sie meinen es wohl herzlich gut mit der heiligen Sache ihres Vaterlandes, — über ihre Ungebühr auf! Verständiget ihnen, daß Richelieu und Mazarin wohl mußten, warum sie ihre Sprache allen europäischen Staatskanzleien aufdrangen: daß Ew. Liebden vollkommen so weit reiche als Mon Cousin, und Votre Excellence kein Oertchen mehr wiege als Ihre Herrlichkeit: daß Napoleons Heer jenseits der Düna so russisch empfangen wurde, weil es dort an

Sprachmeistern und deswegen an Spionen — Auspä̈hern sollte ich sagen — fehlte, die ihm die nächtlichen Ueberfälle der Kosacken, und den Brand von Moskawa früh genug berichteten. Sagt ihnen endlich, daß das **sich verstehen** die erste Bedingung des **sich vertragen** ist, daß unsere Landleute nicht mehr vor den Franzmännern liefen, sobald sie ihnen ein Dutzend Grüße und Flüche abgelernt hatten, und deutscher Mädchen viele ihre Eitelkeit, die Dolmetscherinnen des Hauses zu machen — nicht Mädchen allein, auch Weiber und Mütter — — als Verlassene, als Entehrte, beweinen. Dafür kann die Sprache nicht; aber die unselige Fremdensucht, die seit einem Jahrhunderte in unsern obern und mittlern Ständen spukte, und doch wahrlich nach solchen Erfahrungen, nicht länger darin spuken sollte!

Meinen wir es gut mit unserm Volke und Lande, erfüllt uns eine edle **Heimluft**, so sollten wir nun um so sorgfältiger unser Eigenthümliches, das was uns darstellt als freies selbstständiges unzertrennbares Volk, der Vergessenheit und der Macht des Vorurtheils entreißen. Sollten es um so entschlossener den Trägen und Verwöhnten zur Beschämung, zum Ergreifen vorhalten; je gewisser wir dadurch unsern wieder errungenen heiligen Verein sichern werden.

6.

Alles fremde Entbehrliche, alles Verunstaltende was wir entlehnten, oder uns aufdringen ließen vom Auslande, verschwinde aus unserer Mitte! Mag es auch nur Zeichen, nur vorübergehende Erscheinung seyn; es wirkt mehr oder minder auf unser Selbst, und gewiß nie zum Vortheil unserer Deutschheit.

Ich sah siegreich heimkehrende Helden durch eiserne Kreuze ausgezeichnet. Als Männer von eisernem Muthe dachte ich sie mir, und fühlte mich selbst muthvoller, und hätte ein Kreuz mit ihnen verdienen mögen. So wirkte dieß einfache Zeichen auf Fremde; und wie mußte es wirken auf die Krieger selbst? Die Geschichte des **Blücherschen** Feldzugs bezeugt es.

Namen sind Zeichen, können und sollen bedeutende Zeichen seyn, frühe und kräftige Winke für uns, zu werden was sie in uns darstellen. Wahrscheinlich empfingen sie unsere Urahnen nicht eher, bis sie ihren Sinn rechtfertigen konnten; dann galten sie ihnen vielleicht als Ordenszeichen; oder bis sie wenigstens ihre Bedeutung verstanden. Wir aber sollten Wünsche darin niederlegen für unsere Kinder, sollten sie ihnen als ein unveräußerliches Angebinde mitgeben, und sie dadurch, nicht bloß als unsere Sippschaft, sondern auch als Volksgenossen auszeichnen.

Können wir das, wenn wir sie, von morgen- und abendländischen Völkern entlehnt, durchaus unverstanden, ohne Wahl und Zweck, als bloß zufällige Laute aufnehmen, fest halten, fortpflanzen auf unsere Nachkommen? Und dafür mit schimpflicher Gleichgültigkeit Namen voll herrlichen Gehalts, ausgeprägt von Deutschen für Deutsche, unserm innern und äußern

Sinne so wohlthuend, in Vergessenheit begraben, oder doch nur als Trümmer in der Geschichte noch nennen? Spricht sich darin Achtung für unsere Urväter, Aneignung ihres Geistes, hohes Gefühl für das aus, was sie unter so bedeutenden persönlichen Zeichen der Nachwelt empfahlen?

Wohl wissen wir, was vor länger als einem Jahrtausend unser Volk mit biblischen und Kalender-Namen überströmte: was späterhin die höhern Stände Deutschlands unter dem fremden Joche, welches sie sich selbst aufgelegt hatten, so verwöhnte, daß sie sich endlich unserer Namen schämten, während sich unsere Gelehrten nur unter den seltsamsten griechisch- und römischdeutschen Namen gefielen. Weil wir dieß aber wissen, und uns unserer Freiheit, unsers bessern Geschmacks freuen, so sollten wir auch dem erkannten widrigen Mißbrauch endlich einmüthig entsagen, und unsern Kindern das schöne Erbe der Stammväter nicht länger vorenthalten.

Wenn deutschen Vätern, Müttern und Taufzeugen die lieblichern Kinder Thuisko's, die ich ihnen in folgenden Abschnitten vorführe, so gefallen, daß sie sie wieder aufnehmen in ihre Geschlechter; wenn dann unsere **Krafts's, Gildewin's, Hermanfried's,** unsere **Richtruden, Blanka's, Suanhilden,** täglich gemahnt werden an die edeln Züge, die ihr Wesen, wie ihr Name ausdrücken soll, so war doch wohl mein Teuto nicht überflüssig.

Adalgis
Der Adelige.

Das gis am Ende mehrerer Namen, zum Beispiel Haragis, Willegis, war mir lange ein Räthsel, und ich wurde sogar versucht, es für die zusammengezogene lateinische Endung ius zu halten. Die altdeutschen Schriftsteller vor und in dem karolingischen Zeitalter, wo das gis häufig erscheint, nahmen es sich, dachte ich, nicht übel, ein I für ein U zu machen. Wie leicht ließ sich auch das ius in is verkürzen.

Doch ihre Namen zu latinisiren fiel unsern Aeltesten nicht ein. Nur die Römer erlaubten es sich, ihnen Arminius und Ariovistus zu stempeln. Und nach jener Voraussetzung wäre wohl ein Harais, Willeis, nur kein gis in diesen Namen entstanden.

Sollte also nicht vielmehr dieß gis ein leicht verwandeltes wis, wie ger das wer seyn? Oder bezeichnete es vielleicht von Sihan, Sehen, abgeleitet, als Gisiuno, Gesehene; das Scheinbare und Schöne? Gisiht oder Gisift war freilich das sehende und das gesehene Gesicht, der Sitz menschlicher Schönheit. In schneller Aussprache konnte aus Gisin leicht Gis werden: was sich sehen lassen kann, das Schöne.

Doch wir bedürfen solcher Vermuthungen nicht. Unser gis ist bloß Bildungswörtchen, wie ig oder lich. So wird es sich uns in mehrern Namen offenbaren, die weder den Weisen, Wizzi, noch den Schönen hulden.

Abba
Die Adelige.

Kürze und Vollheit des Lauts merkt man allen friesischen Namen an. Sie sind größtentheils zusammengeschmolzen und abgerundet — alle gehen auf o und a aus — daß man sich leichter aus dem Kindesgestammel, als aus friesischen Namen, finden kann. Abba ist Abela, die Adelige, einfach und gefällig genug in seiner Form, aber nur so lange man es nicht mit dem noch sanfteren Urnamen vergleicht.

Abela
Die Adelige.

Seit Adelung sollte doch niemand mehr schreiben Adeliche, um eine erwiesene und leicht vermeidliche Sprachunrichtigkeit nicht zu verewigen, da das zur Stamm- nicht zur Bildungssilbe gehörende l, hier eben so nothwendig ein g fordert, als in heil=ig, seel=ig, nachtheil=ig. — Welche bekannte Sprache hätte wohl einen lieblichern Namen als Abela? Und gleichwohl: wie viele Töchter Deutschlands kennen wir, damit geschmückt? Nicht des Sinns fürs Schöne, aber des Muths, ihm wider verjährte Vorurtheile zu folgen, ermangeln wir. Und wie freundlich, wie bedeutungsvoll uns auch Abela zuspricht so steht sie seit Jahrhunderten, auf väterlichem Bo den, verlassen, und wir — mögen nicht die ersten seyn, sie in unsere Familien wieder einzuführen.

Warum übersetzte ich nun nicht lieber die **Edle**? Bedeutender wäre dieß. **Adelig** ist indeß nicht **edel**, und es heißt wirklich ein Wort, welches nur die sittliche Güte ausdrücken sollte, mißbrauchen, wenn man von **edler** Geburt spricht, wo man die **adelige** Geburt nennen sollte.

Die Bezeichnung des Würdigen wird freilich, in allen Sprachen, zur Benennung des Altbürtigen herabgesetzt; Allgemeinheit rechtfertigt jedoch keinen Mißbrauch vor bestimmt Denkenden und Redenden.

Ode bedeutete dem Kelten *) ein Gut, eine Besitzung. **Odal** war ihm eben dasselbe. Noch jetzt

---

*) Teuto wird sich oft auf seine Urväter die Kelten, und auf ihre Stammwörter, beziehen. — Diese entlehnten aus der Sammlung keltischer Wörter, welche **Leibnitz** zur Erläuterung des **Boxhornschen** Auszugs aus **Davies** Lexico Cambrico bestimmt hatte. Sie steht im zweiten Theile der Collectan. Etymologicor. Viel zu jung und zu dürftig wäre diese Quelle für gelehrte Sprach- und Alterthumsforscher, wie ich sie mir aber in meinen Lesern nicht denken darf. Wer vermögte auch eine vollständige Darstellung der, nur noch in asiatischen und europäischen Mundarten, der Altbritten, Gallier, Teutonen, Lateiner, Griechen, Sarmaten, Perser, fortlebenden Sprache jenes Urvolks, ohne sich vorher, wie der weiland höchst sinnreiche und gelehrte, aber auch äußerst schwärmerische **Pezron**, seine Kelten geschaffen zu haben. Ueber Abrahams Zeit reicht sein Reich der Kelten hinauf: denn Keltiberier in Spanien sind ihm schon Zeitgenossen Isaaks. Kleinasien, Griechenland, Italien —

ist Adal, isländisch, das Erbgut. Od, war der Begüterte, Reiche, der Herr. Odin, woraus Wodan sich bildete, der Weltgebieter, Gott. Odo, Otto, der Herr. Odd im englischen ursprünglich. Ausgezeichnet ist desselben Ursprungs, wie das deutsche Gut. Aelteste Wurzel jenes Ode, und Odal ist wahrscheinlich Tad, der Vater. Sein war das Gut, es war Tad-byl, Vaters

---

ganz Europa überströmt er mit dem Heldenvolke, das seinen Namen bald von Gelten, wie Strabo glaubt, bald von Gellen (καλεῖν), bald von Zelten, bald von Helden, tragen soll. Auf Kreta herrscht Akmon der Kelte, Jupiter ist Jus, der Junge, Saturn Sawdorn, der Starke, Juno Ghuin, die Schöne. Die Giganten sind Söhne der Hertha; Titan kann denn wohl kein anderer seyn, als der alte Diet, und der ägyptische Teutates ist unser leibhafter Theut. Solche Einbildungen verwirren mehr als sie aufklären. Und doch, wie scheinbar mußten sie ihrem geistvollen Darsteller werden, da er sie überall durch griechische und römische Geschichtschreiber, und sogar auf die heiligen Kirchenväter, begründen konnte? Diese letztern bedeuten nun als Geschichtszeugen sehr wenig, und auf Griechen und Römer, die sich nur dann um ausheimische Völker bekümmerten, wenn sie von ihnen einen Kriegszug zu berichten hatten, die übrigens der Sprache, des Geistes, der Schicksale solcher Völker aus Stolz, aus Mangel an Verkehr mit ihnen, unkundig blieben, kann man sich, bis auf Cäsar und Tacitus, die uns doch sehr wenig Aufklärungen über die Kelten geben, nicht verlassen. Keltische Denkmähler sagen uns mehr als die ältere Geschichte und die neuern Einbildungen über das, in der grauesten Vorzeit, vielleicht vom Indus und Ganges her,

Theil, so lang er lebte. Dann gieng es über auf seinen Erstgebohrnen, den nun als Erben väterlicher Rechte und Güter der Name Tabbyl auszeichnete. Später wurde aus Tab Atta, Aita, und aus Tabbyl Attyl, Abil, Ethil. Will man dagegen lieber einen ursprünglichen Ahnen- als Güteradel, so bilden Atta und Il, davon Sil, Chil, Child herstammen, des Vaters Abkömmlinge. Man vergleiche: Attila.

――――

nach Europa einströmende Volk aus Japhets Stamme. Gallien, sowohl dieß als jenseits der Alpen, und Galatien, empfieng von ihm den Namen. Bevölkerte es, etwa auf seinem Zuge über den Rhein hin, Germanien, oder schlossen sich ihm deutsche, verwandte Stämme an? Genug: Worte, Beugung und Geist der keltischen Sprache eigneten sich unsere Urväter an, wie die Gallier oder Altbritten, die Belgier, die Skandinavier, die Völkerschaften Spaniens, Italiens und Griechenlands, welche jenes unstäte Volk bis in die letzten Jahrhunderte vor unserer Zeitrechnung heimsuchte. Seine Heerführer sind, ihren Namen nach, gebohrne Teutonen: Baldofest, (romanisirt Bellovesus) Sigofest, Teutoboch, Bolg, (der Zornmüthige von: Abolge) Brenn, Luther (Lutarius). Gesetze, Sinn, Sitten, selbst Wuchs und Gestalt, der Kelten und Germanen bezeugten ihre nächste Verwandtschaft, und deßwegen wurden sie von Griechen und Römern so oft mit einander verwechselt.

Ich darf also schon in meinen Ableitungen auf keltische, als verwandte Wörter, zurückweisen, und bis man die Verschiedenheit des keltischen und teutonischen Stammes darzuthun vermag, beide für einen Urstamm halten, ohne dadurch eine leere Spuckerei mit dem Keltenwesen zu erneuern.

Obil und Abil sind keltisch, gleichbedeutend mit Ob. Und weil, nach dem Volksspruche, Gut auch Muth macht, so ist ihre zweite Bedeutung: der Eitle. Doch könnte man dies Abil, eitel, auch vom Stammworte Ach = byl, Geschlechts = Antheil, ableiten, und sich dabei den Ahnenstolzen denken.

So wäre also Adel, nach altdeutschen Begriffen, der durch Güter ausgezeichnete Bürgerstand, und adelig wäre, begütert seyn. Güter erwarben die Tapfern im Volke. Sie galten den Nachkommen als Denkmähler des väterlichen Verdienstes; aber erst in spätern Jahrhunderten erbte sich der Ruhm des Ahnherrn, in der Volksmeinung, auf seine Abkömmlinge fort, und nun bildete sich nach und nach der Geschlechtsadel.

Das keltische Ebyl, ist nicht erste Wurzel des Adel; wohl aber verwöhnte man sich endlich, dem Abil ausschließend ein Ebyl zuzueignen, wie man jetzt noch, so sinnlos als beleidigend, sich ausdrückt: ist er von Familie?

Ein altdeutsches Wort adelich bestätigt die angegebene Ableitung. Es heißt: Güterlos, arm.

Adelbert
Prächtiger Adeliger.

Albrecht, mit latinisirter Endung; von Abelo, der Adelige, und brecht. Brecht, herrlich, prächtig — englisch bright — wurde in seinen Zusammensetzungen bertus, und erzeugte viele Namen, die den Ableiter sehr unzeitig an den Bart erinnerten, und ihn geneigt machten, sich in Adelbert einen Schönbart, in Wibert einen Weißbart einzubilden. Die älteste Sprache kannte nur Wibrecht, Engelbrecht, Albrecht, und hatte ihr brecht so lieb, daß sie es auch den Namen verlieh, worin der Bart seine Stelle mit Recht behauptet. Sie werden in ihrer Ordnung unter den folgenden erscheinen.

Adelgott
Adeliger Gott.

So hieß im Mittelalter ein Graf von Veltheim, dessen Pathen sich's nicht träumen ließen, daß beide, hier zusammen gefügte, Wörter eines Sinnes sind.

Die, bereits in der ältesten Zeit unserer Sprachbildung, erfolgte Verwandlung des Od in God, erklärt sich daraus, daß das O schon an sich einen leisen Hauch hat, den man bald durch das, noch dazu bei den Franken in der harten Meißner Mundart nicht bloß als Ch, sondern auch als K, ausgesprochene G bezeichnete. Man schrieb Chilperich und Hilperich, Hlodowig, Chlodowig und Klodowig, Kisezziu, Kiwone, statt Gisezziu, Giwone (Gesetz, gewohnt seyn). Doch wurde das G von Od nie in das harte K, wohl aber in das lautverwandte W verwandelt. So entstand Wodan.

Adelgunde
Adelige Kriegerin.

Wie voll, wie edel und lieblich ist der so ganz vergessene Name! Verdiente er nicht als ein ehrwürdiges Denkmahl der, für Deutschlands Freiheit so entscheidenden, Zeiten, als Teutonia's Töchter in kriegerischer Rüstung, an der Seite ihrer Herrmanns, Rom's Uebermuth bekämpften, wieder hergestellt zu werden in unsern Familien und Stammbäumen? Wenn gleich unsere Töchter, der Himmel gebe es, nie als Heldinnen auf dem Schlachtfelde glänzen sollen.

Die Silbe gun bezeichnet den Krieg. — Man vergleiche Gumbrecht.

Adelhard
Kühner Adeliger.

Die, in so vielen Namen wiederkehrende, Endung hard vom altdeutschen hardo, entschlossen, fest, hatte also ursprünglich nicht den bösen Sinn, den sie oft jetzt ausdrückt.

Adelheid
Holde Adelige.

Die Silbe heid ist hier nicht Bezeichnung der Ableitung des Hauptworts von einem Beschaffenheitsworte, nicht unser heit in Schlauheit, Weisheit und andern. Sie bezeichnet nicht den Adel selbst; sondern sie ist Zusammenziehung der lieblichen Hilda, Hildis. So hat man auch eine Brunheid, statt Brunhildis. — Weiland und mit Recht Lieblingsname des Volks, war Adelheid. Jetzt duldet es ihn nur als Adelaïde, und entwürdigt ihn zu dem häßlichen niederdeutschen Volksnamen: Alheid, Alke. —

Adelhold
Holder Adeliger.

Hold ist, was uns fesselt, durch Reize oder durch Ergebenheit. Daher die Redensart: Jemanden hold seyn. Stammwort: Haltan.

Adelm
Adelig Behelmter.

Was fehlt dem Namen als der Gebrauch? Und warum fehlt ihm der? Weil er kein Frembling ist! denn wäre die Zeit der Helme vorüber: warum liebten wir denn noch unsern Wilhelm? Warum prangten noch in unsern Wappen offene Helme? Sie kann aber nicht vorüber seyn: denn Kants ewiger Friede ist noch nicht da. Und warum wollten wir unsern Söhnen nicht das glänzende Zeichen ihrer, vielleicht auf sie wartenden Bestimmung, diesen ewigen Frieden mit zu erkämpfen, warum wollten wir ihnen nicht den Helm schon über dem Taufsteine anweisen? Er ist ja des Kopfes wegen, den er schirmt und schmückt, aber der Kopf nicht seinetwegen, da.

Wer ihn mit Ehren trug, so lange Kampf für Freiheit und Deutschheit die Losung war, wird ihn mit Freuden in seinem Geschäftszimmer aufhängen, wenn der Friede unterzeichnet, und Teutonia's Heil errungen ist: wird sich mahnen lassen durch ihn, auch nun als Bürger, wie einst als Held, im edeln Wetteifer nicht zu ermüden. Denn nicht die Vergoldung, nicht der stolze Schmuck, macht den

Adil-Helm, sondern der hohe Muth, den er entflammt.

Adelmann.

Bedürfte dieser Name erst einer Erklärung?

Adelsuinde
Adelige Freundin.

Die Ostgothen, zu König Dieterich des Eroberers Zeiten, waren so ungenau in der Aussprache, als in der Schreibart der Namen. Daher erscheint ihres Königs Tochter und berühmte, man behauptet sogar hochgelehrte, Fürstin bald als Amalsunde, bald als Athelsuinde. Warum sollten wir sie aber nicht als Athelsunn, als Sonne des Adels, darstellen dürfen, und uns auf Gelesuinde berufen? Die Verwandlung des sunne, sunde in suinde, swinde, ist ja so gewaltsam nicht. Doch Athelswine, die Adelig-Befreundete, giebt ja auch einen gefälligen Sinn. Was würde denn aber aus Gelewine? Eine gelbe Freundinn bliebe immer unleidlich. Eine sonnenfarbene prangt dagegen mit dem glänzendsten Namen. Die Ostgothin und die Fränkin, beide Zeitgenossinen, müssen sich wechselseitig erklären. Eben deßwegen bestehe die überschriebene Deutung!

Die gelbe, die goldne Freundin in Geleswinde sähe doch auch wirklich der sonnenfarbenen sehr ähnlich. Wissen wir aber nicht, daß G und H in den ältesten Sprachen sehr gewöhnlich verwechselt werden? Und so gewiß sich Geleswinde in ihrer Reihe als Heleswinde rechtfertigen wird; so sicher ist Athelswinde die adelige Freundin. — Wird sie mit Amalswinde vertauscht, so behält doch diese auch einen eigenthümlichen schönen Sinn: die ämsige Freundinn, von Ami, häufig, munter.

Adilulph
Adeliger Helfer.

An Abil, eitel, wird wohl niemand an den Namen denken, welchem Abilo: begütert, vorzüglich, mächtig, einen sehr guten Sinn giebt. Ulf, Olf, deuten auf das keltische Stammwort Help, Hülfe, woraus nachher das altdeutsche Hulpi wurde, zurück. Hulpilos war teutonisch: hülflos. Das brittische Help, Hülfe, ist bekannt. Die Verwandlung des P in Ph, denn dieß fordert die Abstammung, milderte die holperige gothische Aussprache des Namens, welcher verkürzt, unweit gefälliger, und noch immer sehr geschätzt, als:

Adolph,

seinen Rang, als einer der schönsten deutschen Mannsnamen, behauptet. Wie der nordische Gustav, wird er in der dankbaren Verehrung Deutschlands für den gekrönten Helden, dessen Thaten und dessen Tod für unsere Freiheit er uns vergegenwärtigt, vor dem Schicksale, welches andere treffliche Namen traf, gewiß noch auf Jahrhunderte geschirmt seyn.

Das einfachste Denkmahl der Liebe ehrt den, der es setzt, und den, dem es gewidmet wird.

Deutsche! Ein zweiter Gustav Adolph erhob sich siegreich kämpfend für eure Befreiung von Drangsalen, wie sie nie eure Väter gefühlt hatten; stellte eure zerrissene Verfassung, eure entweihten Gesetze, eure zertrümmerten Staaten, eure zur schmählichsten Knechtschaft erniedrigten Völkerschaften, eure ganze Selbstständigkeit, wieder her; riß euch aus dem Strome der Zerstörung, der, sich von Westen schrecklich daher wälzend, bald Sprache, Sitten, Bildung, Kraft, kurz alles, was unsere Deutschheit auszeichnet, würde verschlungen haben; kam dem Reiche der Vandalen zuvor, womit wir bedrohet waren, und trieb den Vandalismus mit seinen Gräueln wieder über den Rhein zurück, wo ihn, im muthlosen Volke Würgerwuth und Ehrenkreuze nun nicht mehr bewachen konnten: das that Alexander, der Erhabene. Und darum möge sein Name bald als schöner Schmuck eurer Söhne, in ihnen und in euch, Empfindungen erneuern, wie wir sie bisher bei Gustav Adolphs Namen fühlten.

Aistulph
Schneller Helfer.

Der Gothe hauchte dem gefälligern Namen Hastülf, schnelle Hülfe, der in schwäbischer Mundart Hastilf wurde, einen weit gähnendern Doppellaut ein, und so erwuchs der breite Name, den wir dem Zeitalter Pipins nicht mißgönnen wollen.

Alard
Adeliger Held.

Athelhart, Adelhart, Ailhard, Ailward, Eilard, Eilhard, Eilward, alles

Namen einer Bedeutung. Sogar als **Agilhard**, **Egilhard** kommt unser Alard vor von **Edelhard** dem sächsischen Herzog, den Falk, im Register seiner Tradit. Corbeiens. anführt. **Adil** und **Hardo** sind seine Wurzeln. **Elert** ist noch jetzt niederdeutscher Volksname, minder verbildet lebt er auch in unserm **Eilard** fort.

Alarich
Güterreich.

Aus **Odal** oder **Adelo**, was davon herstammt, und **rich, reich**, zusammengezogen. Der sehr Begüterte vermag auch viel, daher die zweite passendere Bedeutung: **Mächtiger Herr**. Uebrigens fort zur Vergessenheit mit dem Namen eines Kriegers, der bloß durch Eroberungen mächtig, und eine schreckliche Geißel der Menschheit war! Wo er wüthete, das bezeugen, noch vierzehn Jahrhunderte nach ihm, tausend Spuren. Kein Sterblicher aber hat nach ihm die Stätte gesehen, wo er ausruhen mußte von seinen blutigen Anstrengungen: denn sein Gothenschwarm begrub ihn im Bette eines, zu dem Zwecke abgeleiteten, Flusses, und neben ihm seine erpreßten Schätze. Wären doch auch so alle Spuren eines jüngern Alarichs vertilgt!

Alboin
Der hehre Schildträger.

Der Römer **Albinus** könnte sich uns leicht als Namensgenosse unsers Longobarden ankündigen; aber unsere Aeltesten waren nicht so geneigt, als wir es leiber sind, angestammte Namen gegen fremde auszuwechseln.

Wen sollen wir uns aber unter Alboin denken? Stände ihm nicht seine Alpais zur Seite, die den Stamm des seltsamen und seltenen Namens unverfälschter bewahrt hat; so müßten wir fast verzichten auf die Deutung desselben, wegen der Vielsinnigkeit seines ersten, und der Unverständlichkeit seines zweiten Gliedes.

Al, von Adal abgeleitet, wie in Albrecht und vielen andern Namen, ließe uns an den Edeln denken, ohne die zweite Silbe ihrer Dunkelheit zu entreißen. Denn vorausgesetzt, daß boin von pain verbildet worden, und das teutonische paz sey, was beim alten Dollmetscher Kero: besser, bedeutet, und unser baß nachgelassen hat: „Dieß gefällt mir baß"; so könnte uns doch der Besser-Edle wohl nicht befriedigen.

Al von All, wie ihn Altwin erklärt, gäbe den leidlichern, aber doch nichts bestimmenden, sehr gemeinen Sinn des Allerbesten. Weder diese noch die erste Erklärung nähmen auf das (warum müssig eingeschobene)? B und P Rücksicht.

Alp ist keltisch: ein hoher Berg, das Hohe, Drückende. In letzterer Bedeutung kennen wir noch den Angstberg, den uns nächtlich drückenden Alp.

Ais war die Rippe, und — der gerippte bretterne Schild. Im Französischen behielt es die Bedeutung Brett.

Der weibliche Name Alpais wäre also die hohe Beschildete. Kann der männliche etwas anders bedeuten, als den hohen, hehren, das heißt, im Heere hervorragenden Schildträger? — So sagt uns Alboin weit mehr, als der schimmernde Albinus. Er winkt uns hin auf den Hocherhabenen, auf ewigen Säulen unbewegt ruhenden, den Stürmen und der Vergänglichkeit trotzenden, Wolken und Wetter spaltenden Alp.

Jener Longobarde, der Eroberer Ober-Italiens, vor dem einst Rom bebte, war so ziemlich, was er hieß.

Albrecht
Der prächtige Adelige.

Auch Adelbert.

Alda.

Eine gar liebliche Verkürzung der Adelheid. Sie erzeugte den, in der Geschichte der wieder auflebenden Wissenschaften so berühmten, Aldus.

Alkuin
Allen Befreundet.

Längst ausgestorben in Teutonia's Gränzen ist dieser Name, alten Stamms und achtungswerther Bedeutung. In England schob man ihm, statt des unmilden K, den ihm doch nur die sächsische Mundart aufgedrungen hatte, ein zweites L ein, und nun lautet er als Alwin, auch ohne brittische Aussprache, so gefällig, daß ich ihn zur Wiederaufnahme in unsere Hausgesinde, undeutsch Familien genannt, empfehlen muß.

Daß ihn Niederdeutschland verbildet habe, erhellet aus dem eckigen K, von dem das ursprüngliche

Allu, Alle, nichts weiß. Elf, ein Jeder, ist noch in der niedersächsischen Volks= wie in der niederländischen Sprache allgemein.

Wine war altdeutsch, der Geliebte, der Bräutigam, vielleicht von Wenne, Gewöhnen, was noch, zusammengesetzt, im plattdeutschen (man erlaube mir, dieß im Folgenden ausschließend: niederdeutsch zu nennen) in Towennen, Zugewöhnen, zum Beispiel: das Weiberthier der Heerde, und Anwennen, Angewöhnen, geblieben ist. Liebe gewöhnt und gewinnt ja, durch ihre sanfte Gewalt. Win, gewinnen, besiegen, könnte doch wirklich keinen edlern Quell haben.

Alkuin, oder richtiger Allwin, ist der Allen Befreundete, Alle Gewinnende.

Empfiehlt sich der Name schon durch seinen Sinn, so ist er uns nicht minder ehrwürdig wegen des Mannes von seltener, vielseitiger Geistesbildung, den er uns als des großen Karls Lehrer und Freund, darstellt.

Alkuin, in England geboren, anfangs zu York Lehrer der Sprachen und Wissenschaften, dann von Karl an den fränkischen Hof gezogen, durch seine tiefen Kenntnisse, durch seine, damals, in dem Umfange, einzige Kunde der Alten, als Bibelforscher, Vernunftlehrer oder Dialektiker, Redner, Dichter — Flaccus nannte ihn sein gekrönter Zögling — als Geheimerrath im engsten Bunde mit dem Bildner Deutschlands, und durch ihn bis auf uns herabwirkend, das war er, und deßwegen müsse nicht bloß in den Jahrbüchern der Pariser hohen Schule, deren Mitstifter er war, sein Name genannt werden, sondern

dern auch in unsern Sippschaften, um deren Bildung er sich die größten Verdienste erwarb.

Alfker
Der hehre Krieger.

Ob in diesen gestaltlosen Trümmern, in diesem unbeholfenen, verdorbenen Namen der Alf, chaucisch: das Gespenst, unser Alp, spucke?

Die nordischen Elfen, Verwandte der Kobolde, denen wir doch unsern Gobbelin nicht so unbedingt einräumen wollen, sind ja so unbekannt nicht!

Oder ob Alfker, das Gebürge, den Alp, der jene erdrückende Nachtgeister benannte, darstellen möge? Ich vermuthe das Letztere, weil doch Niemand, noch dazu bei Leibes Leben, als Spuckgeist zu gelten Lust haben dürfte.

Die Endung ker erscheint auch in Rotker, Otker, Notker. Sie ist das vergröberte ger, kriegerisch, oder gar, gerüstet.

Alpais
Die hehre Beschildete.

Man vergleiche Alboin.

Altwin oder Alwin
Aller Freund.

Al bedeutet bei den Kelten: ein Jeder. Daraus bildete der Altdeutsche sein Ellu, späterhin sein All. Altwin ist also nur der verschriebene Alwin, und gleichbedeutend mit Alkuin.

Abgeleitet vom teutonischen Elbi, Alter, würde der Name einen „alten Freund" darstellen, und weder einen Kindes- noch einen Jünglingsnamen bezeichnen.

Daß der Kelte schon Al, ein Jeder, mit All, ein Anderer, verwechselte, bezeugt sein Alltüb, eigentlich: allen Völkern angehörend, kein bestimmtes Vaterland habend. Denn das uralte Tüb ist Geschlecht. Mit Diet eines Stamms.

Alverich
Reich an Allem.
Von Allu und rich.

Amalar
Der Aemsige.
Das Wurzelwort ist Ami, in abgeleiteter Bedeutung, fleißig; denn zunächst heißt es häufig, stets. Daher Immer oder Emmer.

Man vergleiche Emma.

Amalie
Die Aemsige.
Nicht so alt, als sinnvoll, ist dieser Name; denn man findet ihn weder in weit hinaufreichenden Geschlechtstafeln, noch unter ältern Volksnamen. Dieß berechtigt uns indeß nicht, ihm seine nächste Verwandtschaft mit Amalar abzusprechen, und auf ihn sogleich zu verzichten.

Amalrich
Sehr ämsig.

Amulph
Steter Helfer.

Aus Ami und Helpe, Hülfe, daher das teutonische hulpilos, hülflos. Aus Amihulph wurde Amulph.

Andagis
Der Schönstirnige?

Wir kennen den baierschen Berg Andechs, und eine uralte Grafenfamilie von Andechs. Dieser Name scheint unser Andagis, bei lateinischen Chronikern Andagisus, zu seyn. Sogar als Andecker kommt er in der ältesten Geschichte der Angelsachsen vor.

Schwierig bleibt immer seine Erklärung. Von Ando, Eifer, abgeleitet, wäre seine Endung gis wohl nichts anders als wis, und das Ganze bezeichnete den weisen Eiferer.

Aneta und gis, oder wis, weiß, deutete auf eine weiße Ente, als Helm und Schildzeichen hin.

Leiten wir dagegen den Namen vom alten verlohrnen Endi, Andi, ab, was Abraham Mylius, ein genauer Forscher der altdeutschen Sprache, aus dem siebenzehnten Jahrhundert, beim Hraban Maurus mit der Bedeutung: Stirn, gefunden zu haben bezeugt; so erscheint uns ein Schönstirniger, und der Berg Andechs verdankte diesen Namen seinem schönen Gipfel. Denn Endi, Stirn, ist wohl ursprünglich Enti, das Aeußerste, Ende, weil die Stirn äußerster Theil des Gesichts ist. Jemanden beim Ende nehmen, ist noch Volksredensart, statt: beim Schopfe fassen.

Daß diese Auslegung weder an eine weise noch an eine weiße Stirn denken lasse, sondern das gis, als Stammwort des Gisiuni, des Scheinbaren, Schönen darstellen müße, ist begreiflich.

Doch in Beziehung auf Andagis gestehe ich ehrlich, daß mir eine sichere Auslegung dieses Namens unmöglich scheint, weil G und W in den ältesten Zeiten so leicht verwechselt wurden, und weil gis, wo es nicht Bildungssylbe ist, vielleicht mit mehrerm Rechte von Gast, Gaest, der Geist, als von Gisiuni, abgeleitet wird.

Andarich
Der Feurige.

Von Ando, Eifer, und rich, reichlich ausgestattet, zusammen gesetzt, deutet Andarich auf einen Mann voll glühenden Eifers.

Angelbert
Ruhmvoller Jüngling.

Siehe Engelbrecht.

Ansbert
Von hoher Abkunft.

Aus der Mönchsfabrik; der verhunzte Andelbert: denn an ein verlohrnes Wort Ando, Eifer, woraus im Dänischen und Schwedischen vielleicht Ande, der Geist, wurde; oder an die teutonischen Endi, Ende, und Engil, Engel, dabei denken, das führt zu nichts. — Azo ist Adelo, und Azobert wurde Ansbert.

Anselm
Adelig Behelmter.

Dem man, so lange er Azelm hieß, seine Abkunft von Azo leichter anmerken konnte.

Will man ihm den Helm nehmen, da er auch als Asellus erscheint, und ihn bloß für Adelig halten, so fällt die Frage von selbst weg: ob und wodurch sich der Helm des gestrengen Ritters von dem des freien Mannes ausgezeichnet habe?

Ansgar
Gerüsteter Herr.

Von Adelo und Gero, der Fertige, zusammen geschmolzen. Sind doch auch Azelin, Ascelin, Ezo, Ezilo, Söhne des ruhmvollen Azo.

Arbobast
Der Pfeilwetzer.

Er hat mit Arfast, dem Unfeinen, eine so große Aehnlichkeit, unser pausbackige Gothe, daß man sie fast mit einander verwechseln möchte. Arv war den Urdeutschen ihr Erbe an Waffen überhaupt. Besonders hieß der Pfeil so. Vase bedeutete Schärfen, davon vassus, scharf. Unser Wetzen ist Nachlaß dieses Stammworts.

Gefällt uns dagegen der Arvwasse, der Pfeilknecht, Waffenträger, besser, so verträgt der gothische Mißwuchs auch diese Bedeutung: denn Wasso, der Diener, lebt noch in Vasall.

Ardowin
Der standhafte Freund.

Man verdollmetscht diesen Namen gewöhnlich Erdwin, und giebt ihm damit einen sehr gefälligen Sinn. Doch ist er wahrscheinlicher unser Hartwin.

Arend
Der Ehrenmann.

Fast verdrängt hat ihn aus den höhern Ständen der schön gerundete Arnold; doch ist er noch, besonders in Niedersachsen, ein nicht ungewöhnlicher Volksname.

Zu Karls des Großen Zeiten findet man ihn auch als Arn.

Arfast
Der Kriegsheld.

Ariovist im Bauernkittel.

Ariomir
Berühmter Krieger.

Ehrenmeier nennt mein ehrlicher Chronifer — ich kann seinen Namen nicht verrathen; denn das Titelblatt vor seinem dickleibigen Werke fehlt — den Altfranken Ariomir. Er hätte Recht, wenn das Ari durchaus Ehre heißen müßte. Wir denken uns freilich unter dem Meier unserer Zeit einen Landmann, den einige Hufen Landes zum Ersten im Dorfe machen. — Unsern Urahnen galt der Mar, fränkisch Mayr: daher der Pallastpräfect, Oberhofmarschall, Major domus, der französische Maire, der englische Mayor, auch der lateinische Magister und unser Meister als Vorstand, als Herr. Ein Mar, späterhin Meyer, war der erste Anbauer des Dorfs, der Villicus, welcher dann seine Gesellen (Vasallen), entweder Söhne und Knechte, oder fremde Ansiedler, mit Hofgütern belehnte. Er war oberster Lehnsherr im Dorfe, und behauptete ausschließend den Namen des Vorzüglichen, des Mari oder Berühmten, daher Marum, der Ruf, die Mähre. Noch jetzt hat jedes ältere Dorf, wenigstens in Niedersachsen, einen ausschließend so genannten Meier.

Dieß alles eingeräumt, und den altdeutschen Meiern die Rechte der Ersten und Vorzüglichsten zugestanden: was ist denn nun ein Ehrenmeier? Ein geachteter Mann? Der Sinn wäre eines Namens werth; nur bezeichnet er den Namen Ariomir nicht. Denn Mari, woraus Mir verbildet worden ist, spricht ja den Geehrte schon aus, und Ario stünde ganz überflüßig voran. Nehmen wir dieß aber, wie in den zunächst folgenden Namen, nach seiner ältesten Bedeutung, für Herr, so tritt statt des Ehrenmeiers, in unserm, jetzt längst vergessenen, aber doch seiner Stelle nicht unwürdigen Namen, ein berühmter Mann im Heere auf.

Ariovist
Kriegsheld.

Ari und Er, bald Hari, Her, dann Ger, Wer: Urwörter, die den Begriff des Kriegerischen,

Wehrhaften andeuten, drückten in der anfangs sehr einfachen und wortarmen Sprache des Teutonen auch das aus, was den Helden bezeichnet. Seine Verbindung war Heer, sein Geschäft Wehren, sein Lager Heerberge, sein Anführer Heerzog, seine Werkzeuge Gweer, Speer, sein Rang Herun oder Herr, sein Lohn Heroti, Herrschaft, oder gar Era, eine Krone. Ari oder Er, das ist Heer und Ehre, waren ihm also in seiner Vorstellung und in der Benennung so eins, daß er zwischen Ariman und Ehrenmann, keinen Unterschied kannte: denn außer dem Heere gab es für den Mann keine Ehre.

Fast mögte ich also vermuthen, daß die Allemannen, eigentlich die oberdeutschen Stämme, woraus man einen Gesammtnamen aller deutschen Stämme gemacht hat, Ariomannen, Hermänner, Germanier, und der berühmte Ariovist nicht Ehrenfest, sondern Kriegsheld heißen sollten.

Dem Ariovist gegen über erscheint Cäsar, in seiner angenommenen stolzen Haltung, ziemlich klein. Er giebt sich das Ansehen eines Befreiers von Gallien, Ariovist durchschaut ihn, beruft sich auf die Rechte des ältern Besitzes und des Eroberers, wie sie Rom selbst allenthalben für sich geltend machte. Und mit edelm Stolz die Ehre eines Freundes, das heißt eines Vasallen der Republik verschmähend, läßt er in der kraftvollsten Rede, die je aus dem Munde eines freien Mannes floß, seinem Gegner die Wahl zwischen einem schimpflichen Rückzuge, oder einem Kampfe auf Leben und Tod. Der Römer muß sich schlagen: denn er war seinen gallischen Schützlingen, für ihre Thränen

—ob wohl deutsche Heermänner sie geweint hätten?—
als Beistand wider den furchtbaren Mann verhaftet,
und wie leicht hätten die Legionen, denen beim Anblicke der Deutschen gar nicht wohl war, den Imperator für ihres Gleichen halten mögen, weil auch er sich
schon durch Ariovist's Leibwache hatte aus seiner Rede
sprengen lassen? Natürlich dabei seines Muthes Herr,
und lediglich um von seiner Seite die Heiligkeit der
Verträge nicht zu verletzen, wie denn auch seine Wachen sich bei der Gelegenheit nicht wehrten, weil sie
sich nicht wehren sollten; — kurz, Cäsar schlug sich
nun, Ariovist wurde wieder über den Rhein zurück
gedrängt, die Römer morden seine Gattin und Töchter, weil sie seiner selbst nicht mächtig werden können,
und der große Mann überlebte nicht lange, tief betrauert von Deutschland, ihren Verlust.

Arnold
Kampflustiger.

Unsern Ehrenhold finden wir nicht im Arnold.
Die Silbe hold, von halten, festhalten, anziehen,
deutet im Arihold auf den Freund des Heers.

Das eingeschobene n beweiset nichts wider diese
Deutung. Ari, auch als Ehre erklärt, hätte es sich
nur durch die Aussprache aufdringen lassen, um die
zusammenfließenden gähnenden Mittellauter zu trennen?

Arnulph
Der Vertheidiger.

Heershelfer ist jeder wackere Krieger, und mehr
als jetzt war er es damals, als man die Heersmacht

noch nicht nach Sechspfündern abwog, als Mann mit
Mann kämpfte, und Schnellblick, Armkraft, Beherzt-
heit jedes Einzelnen über den Ausgang der mörderi-
schen, aber doch menschlichen, Schlachten entschied; nicht
des Schlachtens, worin tausend Feuerschlünde,
und einige hunderttausend Feuerröhre, ihre mörderi-
schen Wirkungen auf eine halbe Million, nicht sowohl
Streiter, als Opfer, so lange fortsetzen, bis der
menschliche Feldherr die Hälfte seiner Schaaren dem
Tode entreißt, und der erbarmungslose zwischen den
aufgethürmten Haufen seiner Erschlagenen die letzte
Anstrengung versucht, oder wie er sich ausdrückt:
noch einen glänzenden Angriff wagt — ja wohl,
gräßlich glänzend von Blut! — um den Sieg an
sich zu fesseln, und die Trümmer seines Heers sich
mit Ruhm bedecken zu lassen: das heißt,
noch eine Stunde länger auf dem Mordfelde zu ver-
weilen. Arnulph ist in solchen Mordspielen der
unbedeutendste Name des Kriegers, den nicht Pflichtgefühl, Vaterland, nicht die heilige Sache der Menschheit, auffordern, auch da Kraft und Leben zu wagen,
wo sich seine Selbstständigkeit im künstlichen Zwange
nur wenig bewegen kann, und der größte Heldenmuth
wider die niederschmetternde Gewalt des Geschützes
nichts vermag.

Schlachtopfer der Tyrannei, Sklaven eines eingebildeten Weltunterjochers, der die Frechheit hatte,
sich als den letzten Zweck der Völker aufzustellen, und
die Verwüstng der Völker als seinen letzten Zweck; —
seine Heershelfer mochten Wunder des Heldenmuths
thun; Ehre kann es für sie nicht geben! Sie wagten
für einen verderblichen Zweck. Indem sie fielen,

feierte die Menschheit den Sieg der gerechten Sache, den sie verzögerten. Und — wer selbst keine Ehre hat, kann sie auch andern nicht geben.

Athanhild
Der nachsetzende Held.

Ahtan oder achtan, verfolgen, ist Urwort. Achter niedersächsisch, davon After, liegen darin.

Die Acht, Strafe, Verfolgung und Ausschließung von der bürgerlichen Freiheit, so wie das Aechten — was uns nicht an ächt, unverfälscht, erinnern darf; denn dieses stammt vom keltischen Ach, Geschlecht, her — sind noch vollgültig.

Auch mit achten, merken, hat unser achtan nur eine zufällige Aehnlichkeit. Es ist abzuleiten von Atum, Geist, Hauch, unser Athem. Ahton wird schon von Otfried, in dem noch gewöhnlichen Sinne, als Glauben und Wahrnehmen, gebraucht.

Attila.

Was soll der Hunne, der Asiate unter den Deutschen? Wohl weiß ich, daß er nicht unseres Stamms ist, und daß er von Herrmanns Söhnen seinen Namen nicht entlehnte. Aber stammen denn nicht unsere Aeltesten auch aus Asien? Brachten sie nicht ihre Namen mit? Warum sollte ich also nicht auch einen morgenländischen Namen unter den abendländischen mit aufführen, der in diese doch übergegangen zu seyn — freilich nur scheint?

Wie nahe stehen sich der Kelte Atta und der Hunne Attia? Noch jetzt heißt dieser den Ungarn

Vater, wie jener seinen Sinn auf Tad, Theut, Diet, übertrug. Den Stamm des Kelten, wie des Hunnen, finden wir im ältern דד, Dad, das die Mutterbrust bezeichnet. Und sollten nicht Π-ατερ, P-ater, V-ater, und ihre spätern Zweige, Sprossen jenes asiatischen Stammes seyn?

Möge also Attila, der Schreckliche, uns noch so fern bleiben; sein Name ist dem unsrigen ursprünglich verwandt, und geht sogar unsern ahnenreichsten Volksstand, den Adel, vielleicht näher an, als wir glaubten. — Oefter werde ich mich im Folgenden darauf beziehen müssen, daß Il in der Ursprache die Nachkommenschaft bezeichne. Att=Il ist also des Vaters Nachkommenschaft, der Stamm. Abdil, Adil, Edil, sehen diesem Urworte ähnlicher, als dem Ach=Deel, Geschlechts=Theile, dessen erstes Glied wieder aus Att erwuchs; ähnlicher als dem Odal, dessen Stammwort Od, begütert, mächtig, auch auf den Erwerber und Vorstand des Familienguts, den Att, Vater, zurückleitet.

Alles vielleicht — Traum! Wenigstens hat er, wie ich glaube, Schein und Zusammenhang. Mischt er sich in viele meiner Erklärungs=Versuche; so gelobe ich doch fest, ihn als Traum, als leere Einbildung, einzugestehen, sobald man mir eine wahrscheinlichere Quelle des Worts Adal nachweisen wird. Denn mit Wahrscheinlichkeiten müssen wir uns, in Beziehung darauf, wohl gern begnügen.

Ascelin.

Siehe Azo.

Aswin
Gottes Freund.

Auch als Aschwin findet sich dieser Name häufig. Mit dem urdeutschen Worte Asche, Clinis, hat er in seiner Entstellung, die erste Silbe, aber nicht ihren Sinn gemein. Er ist Oswin, eigentlich Odeswin oder Godeswin. Aus dem sehr verbildeten Aschwin wurde nun in der flüchtigen Volkssprache Aschen, was in Urkunden des Mittelalters oft vorkommt, und die Mißhandlung ursprünglich ganz leiblicher Namen, — was fehlt unserm Aswin oder Godwin? — durch den Geist der Gemeinheit und Roheit, beurkundet.

Azelin
Siehe Azo.

Azo.

Azo, Ascelin und Acelin sind Verwandlungen des Adelo.

Wen solche seltsame Umformungen der einfachsten Namen befremden, der wird sich noch mehr wundern, aus Ehrenfried, Ezo — aus Günther, Gunzo — aus Sighard, Sizo — und mehrere ähnliche Mißgestalten, in Urkunden des Mittelalters zu finden. Kaum giebt es einen Namen, der dem Deutschen ehrwürdiger seyn müßte, als Azo. Wer blickt nicht mit Achtung hinauf zu dem longobardischen Urahn des mächtigen, glorreichen Stammes der Welfen?

Baldechilde
Kühne Heldin.

Man vergleiche Hibba.

Balderich
Kühner Herr.

Von baldo, dem teutonischen kühn, hurtig. Noch jetzt haben wir bald. Das englische bold ist daraus gebildet.

Rich, reich, vermögend. Balderich, der durch Kühnheit viel Vermögende.

Baldwin
Heldenmüthiger Freund.

Schneller Entschluß, Geistesgegenwart, und dann schnelle That, bezeichnen den kühnen Mann. Die zweite Bedeutung des baldo, entschlossen, waghaft, ist also mit der ersten, flink, sehr nahe verwandt.

Baldwin, gewöhnlicher Balduin, ist ein ehrenwerther Name, dem unsere neuern, oft nichts sagenden, wenigstens durchaus nicht verstandenen, undeutschen Benennungen, endlich wieder weichen sollten. Aber mißlich wird es immer mit der Deutschheit unserer Namen stehen, so lange selbst einer der geistvollsten Schriftsteller Deutschlands, aus seinem, beinahe unter uns eingebürgerten, frommen Johann einen Jean macht. Ob aus Laune, oder weil ihm ein M. Jean sein französisches Zeichen gab? Jetzt sollten wir aber doch wirklich Namen ausmerzen, die uns erinnern können, wie nahe es daran war, daß wir unsern Söhnen hätten französische Ammen halten müssen, um ihre Sprachwerkzeuge früh für das Vive l'Empereur! zu bilden.

Nicht besser ist die hochgelehrte Verwandlung des Gottlieb in Theophilus, und des Dieterich in Theodoricus, womit er doch gar keine Verwandtschaft hat. —

Was kann, ich bitte Sie, meine Herren Schriftsteller, eine solche Umkleidung Vernünftiges bezwecken? Schwer kann sie es einst dem Bücherkenner, dem Stammforscher und — dem Erbschaftsschlichter machen, sich von der Einheit des Doctor Theodorich mit dem Doctor Dieterich zu überzeugen.

Bathilde
Beherzte Heldin.

Bach, die Wange, Backe, kommt in dieser Bedeutung schon beim Hrabanus Maurus, einem gelehrten deutschen Sprachbildner, und Erzbischof von Mainz, in der Hälfte des neunten Jahrhunderts vor.

Bildete sich nicht Bachilde, eigentlich Bakilde, daraus, welches man zu Bathilde milderte? Oder sind nicht vielleicht noch wahrscheinlicher Bathilde und Mathilde eins?

Vielleicht könnte man dieß annehmen, wenn nicht noch eine Bothilde folgte, die ihre Schwester mit in die Reihe der Heldinnen einführte.

Beerwald
Der gewaltige Eber.

Hier sehen wir das Beer, woraus man sogar

einen Bären machen will, um ihn, wie man sich ein-
bildet, zu veredeln, in seiner ältesten und neuesten
Gestalt. Denn jeder niederdeutsche Landwirth weiß,
was er mit dem Beer bezeichnet, nämlich nichts anders, als was der Sachsenspiegel und die ältesten Gesetze der Städte Hamburg, Bremen und
Braunschweig, damit sagen — keinen Bären, der
wohl an der Gränze des Landes, das uns noch seine
Bären sendet, aber zwischen der Elbe und Weser nie
heimisch war; sondern den Zucht=Eber. — Beer-
wald drang aus Friesland, durch Westphalen, nach
Franken vor, wo ihn aber Dagobert bei Ingel-
heim so unfreundlich empfing, daß ihm selbst, dem
gewaltigen Keuler, das Leben ausging, und seine
wilde Heerde sich zerstreute (Im J. 689).

Benno.
Friesische Zusammenschrumpfung unsers Bernhard.

Berchter
Der Roßhaarige.
So arg verunstaltete man den longobardischen
Fürstennamen Perthar, der doch gewiß nicht viel
zu verlieren hatte.

Berengar
Der wehrhafte Eber.
Bernhards Sinnverwandter. Die letzte Silbe
ist das, in der deutschen Urzeit, so allbeliebte ger,
welches sich auch als ker hören läßt in Notker,
und als kar in Ottokar und Askar.

Wo

Wo die Geschichte Berengare nennt, da nennt sie Männer, die ihren Namen verdienen, und sich mit Unerschrockenheit dem Uebermuthe der Gewissenszwinger widersetzen.

Welch einen Sturm erregte jener Erzketzer, der sich nicht entblödete, trotz Pabst und heiligen Concilien, trotz Verdammung und Verjagung, an der leibhaften Verwandlung des Leibes und Bluts im Abendmahle zu zweifeln? Er wurde freilich neunzig Jahre dabei alt: denn zum Verbrennen solcher dreisten Zweifler hatte die Kirche noch nicht so viele Macht als Lust; aber wegen seines ewigen Schicksals blieb diese barmherzige Mutter doch nun um so mehr besorgt, und ließ, gegen acht Jahrhunderte lang, jährlich sein Grab auf der Insel St. Cosmá mit Weihwasser besprengen und von Benedictiner-Mönchen mit dem Gebet für die Seele des Berengar umschreien. Welche Drangsale sein Zeitgenosse, der König Berenger von Italien, über die Bischöfe verhängte, indem er sich unterstand, von ihnen Huld und Treue zu fodern, davon sang Bischof Otto, einer dieser Bedrängten, ein jämmerliches Klaglied in seinem noch zu lesenden Briefe. Aber dasmahl sang er umsonst.

Daß deswegen die Christenheit dem wackern Namen Berengar abhold wurde, ließ sich wohl erwarten. Sollten wir uns indeß nicht endlich mit ihm aussöhnen, da ihn Laut, Bedeutung und unbezweifelte Deutschheit so sehr empfehlen?

Bernhard

Der Eberkühne.

Bären gab es allerdings wenigstens im nördlichen

Waldlande unserer Urahnen, und noch gemeiner sind sie in der ersten asiatischen Heimath unserer Namenbilder; aber fehlte es denn da auch an Ebern? Warum will man nun durchaus jene in die Ehren- und n die Schimpfnamen des alten und jungen Deutschen bringen, und den furchtbaren Keuler, der doch gewiß ein eben so sprechendes Bild der Festigkeit, Kühnheit und des Trotzes ist, als sein zeitiger Waldbruder, davon ausschließen? Auf den Eberhard ist sein Recht klar; auch Bernhard gehört ihm.

Kaum stand bei den Teutonen und Galliern ein anderes Thier in so hoher Achtung, als der Eber.

Insigne superstitionis, sagt Tacitus, formas aprorum gestant (Germani). Dumnorix, der Gallier, erscheint auf einer Münze als Krieger, einen Eber tragend.

Bern ist im Sachsenspiegel und in den ältesten Statuten der Stadt Hamburg und Bremen, was dem niedersächsischen Landwirthe das Beer oder Borgschwein ist. Aber der berüchtigte Bärenhäuter? Ist Fabelmensch! Woher weiß man, daß Bärenhäute Ruhelager, Lungerpolster der Deutschen waren? Aus dem Namen? Der könnte ja auch den feigen, in eine Bärenhaut gehüllten, Feind beschimpft haben!

Doch vielleicht ist er ein Bernhüter, ein träger, zum Kampfe und zur Jagd unfähiger — Sauhirt, und die erste Silbe unsers Heldennamen hätte ihr Licht. Harbo ist dem Teutonen: hart, schwer. Dann, da das Harte Widerstand leistet, fest; anhaltenden Widerstand, dauerhaft; obsiegenden Widerstand, gefährlich. Der feste ist herzhafter Mann.

In allen diesen Bedeutungen gilt harb noch dem Deutschen und Britten.

Hart daran, in großer Gefahr seyn. Harter, schwerer, gefahrvoller, kühner Kampf. Hard, schwer, mißlich. Hardly, kühnlich. Hardiness, Entschlossenheit. Endlich hatte und hat noch harb den Sinn: sehr, nahe daran. Das Haus liegt hart am Berge. Wo es sich aber den altgermanischen Lieblingsbildern anschließt, wie in Bernhard, da spricht es den Geherzten aus.

Bernold
Der Eberkühne.

Gewöhnlicher Bernald. Wäre er ein eigener Name, und nicht unser Bernhard in veränderter Mundart, wie Gerald gleichnamig ist mit Gerhard; so stände es wahrlich schlecht um die vorstehende Erklärung des Bernhard! denn so ehrlich der Eber auch seyn mag, hold ist und war er in den hercynischen Forsten doch nimmermehr! Auch der Bär würde indeß seine ihm allgemein eingeräumten Ansprüche an Bernhard verlieren, weil er sie, nach seiner unholden Natur, an Bernold nicht behaupten könnte. So aber kann uns dieser nicht irre machen in unserer gegebenen Deutung des Wurzelworts Ber. Denn aus Bernhard wurde Bernard, wie ihn die Franzosen noch haben; hieraus Bernald und Bernold, auch fränkische Umbildungen.

Unter allen Bernolds ist wohl der merkwürdigste jener Bote aus dem Geisterreiche, dessen Bericht uns Fleury im 11ten Bande seiner Kirchengeschichte, Seite 371, treuherzig und umständlich erzählt, allen Ungläubigen, die die Wiederkehr aus dem großen Jenseits in diese Zeitlichkeit, und — den Segen der Meßopfer, wie der Schenkungen an Stifter und Kirchen, bezweifeln, zur Beschämung. Im Jahr 877 empfing ein gewisser Bernold, ein nescio quidam, aber wenigstens kein Laie, die letzte Oelung. Drei Tage lang lag er nun sprachlos; am vierten verlohr er den Athem bis Mitternacht: dann kehrten Leben und Stimme ihm wieder, und er berichtete unter heftigem Schluchzen: er sey entrückt worden zur andern Welt; dort habe er vierzig Bischöfe im Fegefeuer, bald glühend vor Hitze, bald erstarrt von Todtenkälte gesehen, und ihr Flehen vernommen, er möge doch ihren Zinsmännern entbieten, sie durch kirchliche Opfer an die Kirchen zu erlösen aus ihrer Quaal.

Weiterhin, in einem grauenvollen Düster, habe König Karl (der Dicke) im Schlamm, Molchen und Würmern ein ewiges Mahl, gelegen; aber doch noch König genug, um ihn zum Bischof Hincmar von Rheims (kennen Sie nun den frommen Betrüger?) abzuordnen, damit er mit seiner ganzen Geistlichkeit, das heißt mit mehrern hundert Pfründnern, für die Abtretung beträchtlicher Königsgüter, die Seele, oder vielmehr den feisten Körper Sr. Majestät, losbete. Was gilts, Bernold, deine Reise in die Oberwelt wurde dir reichlich vergolten!

Berta
Die Prächtige.

Brecht kommt als Geschichtsname gewöhnlich nur in Zusammensetzungen vor, war aber ohne Zweifel auch einfach Benennung der Edeln im Volke. Brechta tönte als Bezeichnung des sanften Geschlechts zu hart, und wurde zu Berta, die unter den schönsten Namen der Vorzeit glänzt, und jetzt zu einer wahren Seltenheit geworden ist. Belesene Deutsche verknüpfen damit die Erinnerung an Heinrichs des Vierten Gemahlin.

Fünfzehn Jahre alt, wurde Berta, Markgrafs Otto von Italien Tochter, dem achtzehnjährigen Kaiser vermählt. Er liebte bis zur Ausschweifung, nur nicht seine ihm durch Staatsklugheit aufgedrungene Gemahlin. Das junge Weib hatte sich freilich einmahl an ihm so handgreiflich gerächt, daß er Wochen lang nicht öffentlich erscheinen konnte. Aber warum war sie auch noch, nach einigen Jahren ihrer Verbindung, wie er auf dem Reichstage zu Worms, als Scheidungsgrund, öffentlich angab, Jungfrau?

Weder Pabst Alexander, noch der Reichstag wollte den Grund für kirchenrechtlich ausreichend anerkennen. Heinrich mußte seine Berta behalten, schmollte einige Monate, liebte sie dann, und fühlte sich endlich, als Vater von fünf Kindern, die sie ihm schenkte, fortdauernd glücklich mit ihr. Wäre Worms Paris, und der Reichs- ein — Staatsrath gewesen, Berta hätte in einer Talleyrand'schen Rede, ihrem Heinrich und seinem Throne, mit äußerm Prunk und innerer Verzweiflung entsagt.

Berthold
Holdglänzend.

Den Eber, der aus unserm Bernhard trotzig hervor blitzt, bemerken wir nicht im Berthold, später

Barthold. Eher muß uns das bekannte brecht, berth, schön, prächtig, einfallen, der Schönholde ist dann ein leibhafter Amadis. Indeß scheint es, dem Heer- und Wehrmann, in römischer Mundart Germanier genannt, habe gerade so viel an den Schönheitszügen seines Gesichts gelegen, als dem Narciß an der Streitart. Waffen waren sein Wunsch und sein Werth. Helm, Schwerdt, Schild und Fahne sprechen deswegen aus seinem Namen, und dießmal käme wohl ein Speer, urdeutsch: Ber, an die Reihe. Wem der Spieß nicht gefiele, der schöbe statt seiner leicht den Bart ein, oder doch ein Aehnliches, was vom Bart den Namen trägt, und Manchem den Bart dergestalt schor, daß er nie wieder wuchs. Diese Barte verhielte sich denn zum Speer als Theil zum Ganzen. Was hinderte uns nämlich an eine Hellebarte zu denken?

Auch als Berold kommt der Name vor, und dadurch gewönne ja wohl die angegebene Ableitung an Wahrscheinlichkeit?

Fühlen wir aber nicht das Gezwungene einer solchen Deutung? Nicht den Uebelstand des Holden zum Speer, zum Bart oder zur Streitart? Brecht oder Bert ist ja nicht der Schöne, sondern der Mann in prächtiger Rüstung!

Wahrscheinlicher dürfte daher noch immer die Ableitung von diesem Brecht, nach der Aehnlichkeit mit Bertram seyn, um so mehr, da man auch den Berthold als Bechtold kennt, welcher das r der ersten Stammsilbe, der gefälligen Aussprache wegen, weggeworfen hat. Ich gestehe bei dem allem gern,

daß mir der Prächtigholde in unserm Namen
eben so wenig zusprechen will, als der Trefflichgute.

Bertrade
Das Mädchen voll Pracht und Leben.

Hold lächelte uns Berta, die Schöne, an;
eben so lieblich steht Bertrade, die Herrliche, da!
Jene herrscht durch stille Reize; diese durch ihre
hohe Lebendigkeit. Rade, schnell wie des Rades
Umschwung, ist sie in allen ihren Bewegungen, Empfindungen, Zügen und Handlungen.

Wie behende sie, die aufblühende Tochter der
Natur, ihren Gespielinnen voranschwebt, und sie alle
erregt durch ihre rastlose Beweglichkeit! Wie sie
später, nichts begehrend, nichts fürchtend, bloß ihrem Gefühle folgend, auch das grämlichste Alter zu
versöhnen weiß, durch den Geist, der da lebendig
macht: der sie fortreißt von einem frohen Bilde zum
andern: der in jeden ihrer Blicke Bedeutung, in
jedes ihrer Worte Gefühl, in ihr ganzes Wesen
einen Abdruck des Unbeschreiblichen legt, wogegen
alle Schönheit, die sich uns nur anzuschauen giebt,
gemein wird.

Wirkt Bertrade, die Unaufhaltsame, da scheint
die ganze Bühne ihres Handelns durch sie zu leben,
nirgend ist Stillstand. Ihre Thätigkeit ist schnell, als
ihr Wille. Zwischen Beschließen und Beginnen liegt
kein Raum, zwischen Anfang und Vollendung dehnt
sich keine Ermüdung. Als die Gottheit beschloß: ich
will ihm eine Gehülfin, ein zweifaches Leben geben,
da dachte sie sich eine Bertrade, ein Weib, schön

durch Geist und nie erschlaffende Kraft des Gefühls. Du kannst als Künstler eine mediceische Venus vielleicht meisterhaft mahlen, eine Bertrade nimmermehr!

Bertram
Ruhmvoller Kraftmann.

Wohl wußten die ersten Bildner der Namen, was sie damit bezeichnen wollten, und ihr Zeitalter verstand sie. Wir dagegen sinnen, schließen, vergleichen, spalten, setzen zusammen, errathen, und — leiten dann im eigentlichen Sinne ab, das heißt: abwärts vom wahren Sinne.

Kunstrüger. Wenn Sie befürchten, so abzuleiten: warum wagen Sie sich an ein so mißliches als langweiliges und undankbares Unternehmen?

Verfasser. Weil ich ein Deutscher bin, weil die Namen deutsch und dunkel sind, weil das Dunkle Licht bedarf.

Kunstrüger. Aber keine Zauberlampe! Unsere länderreichen Wortklitterer —

Verfasser. Sagen so gut bei diesem und jenem veralteten, verlassen dastehenden Worte: Videtur, als ich. Doch erlauben Sie mir eine Frage: Was ist diese graue Trümmer hier?

Kunstrüger. Sehen Sie das nicht? Ein wohlbehaltener Pfeiler?

Verfasser. Jetzt kein Pfeiler, denn er stützt nichts.

Kunstrüger. Hat er denn nichts gestützt? Nicht eine Mauer, eine Burg, einen Tempel, ein —

Verfasser. Von alle dem vielleicht nichts. Ich frage aber: was deutete er?

Kunstrüger. Ihre Frage kommt um ein Jahrtausend zu spät! Jetzt, wo alles hier im Schutt liegt, läßt sich die erste Verbindung dieses einzelnen Nachbleibsels nur höchstens errathen.

Verfasser. Oder aus der Aehnlichkeit anderer Pfeiler bestimmen.

Kunstrüger. Aehnlichkeit bestimmt nichts!

Verfasser. Sie sprechen als Geweihter Ihrer Kunst. So schlagen Sie doch wenigstens einige Werke über die Bauart der Alten nach!

Kunstrüger. Haben denn die ältesten Katten, Gothen, oder gar die Kelten nach unserer Baukunst gearbeitet?

Verfasser. Wohl! — so verzage ich nicht an mir, und rechne auf Ihre Billigkeit, wenn mir die Deutung mancher ganz einzeln dastehenden Trümmer der ältesten Sprache nicht so gelingt, als wir es beide wünschen.

Eine solche Trümmer ist nun die Silbe ram, in Bertram, Gundram, Waldram.

Was das altdeutsche Wort: die Ramme bedeutet, wissen unsere Zimmerleute und Pflasterer: einen Stoßkloben. Den Alten war es auch ein Mauerbrecher. Im Englischen hat a Ram noch diese Bedeutungen. Der römische Aries war Widder unter Belagerern und in der Heerde. So auch der teutonische Ram. Daher noch Rammen und Ramler in der Jägersprache.

Das Wort deutet überall auf Sinnbilder der Kraft hin. Also Bertram, von brecht, rühmlich und ram, würde den Starken, den ruhmvollen Held bezeichnen.

Gundmann könnte älteste Form des Gundram seyn, und dann wäre auch Bertram von Bertmann gebildet. Der Sinn bliebe immer derselbe.

Bikterik
Mächtiger Biedermann.

Als er oben aussieht, gehe er vor dem Blicke der Leser vorüber, der Angelsachse, mit seinem Schnabellaut.

Stammt er vom uralten keltischen Bikre, Kampf, oder von Biherriga, dem kurzen zottigen Kriegskleide ab, was der heilige Martin, zum Zeugnisse seiner Heiligkeit, nach Sulpitius Severus soll getragen haben?

Schwerlich! Bikterik war ja unser Landsmann, ein Niedersachse, und würde uns wenigstens bei seiner Ueberfahrt nach England seines Namens Spur hinterlassen haben. Wir müssen also glauben, seinen ungenauen Geschichtschreibern sey es nicht darauf angekommen, aus Biker ein Bikter zu machen. Bitherve aber bezeichnete unsern Aeltesten den Wackern, unsern Biedermann.

Bilibald
Der beharrliche Held.

Bilibo, bleiben, niedersächsisch bliven, scheint auf diesen sehr lieblichen Namen einige Ansprüche zu haben. Ich habe sie ihm eingeräumt, weil der ausdauernde Held doch gewiß ein sehr ehrenwerther Mann ist. Selbst in der Bedeutung sterben, die jenes Wurzelwort beim Otfried und noch jetzt hat, wenn wir sagen: er blieb in der Schlacht, stellt es den sterbenden Helden dar, dem wir kostbare Denkmähler widmen. Doch welcher Vater sähe wohl gern in seinem Neugebornen den sterbenden Helden?

Am wahrscheinlichsten ist aber Bilibald eins mit Wilibald, der weit öfterer in der Vorzeit erscheint, und den willigen Helden bezeichnet.

Blanka
Die Weiße.

Nach Kleiderpracht schlug den Teutoninnen keine Ader, und ich wette, daß in dieser Hinsicht unsere, mit allen Erzeugnissen und Kunstwerken von vier Welttheilen überladenen Schönen, tausendmahl mehr Geschmack und Bedürfnisse haben, als ihre Urmütter. Nur der einzige Name Blanka, der in den benachbarten Sprachen, als Blank, Blanche, Bianca, fast unverändert in Form und Bedeutung geblieben ist, winkt auf die, nicht tunikenförmige, sondern sich dem Körper eng anschließende weibliche Bekleidung der altgermanischen Weiber von Stande hin, wenn zwanzig andere uns nur an ihre kriegerische Rüstung und Haltung denken lassen. Daß aber Blanka die, sich nicht wie Weiber gemeinen Schlags mit Schürzen nach dem Zuschnitte paradiesischer Feigenblätter, sondern ganz wie sie leibte und lebte, in die anspruch- und farbenloseste Farbe, in die Farbe der Unschuld sich Kleidende bezeichne, ist klar. Eine Weißhaarige wäre da, wo die Rothilden den Ton angaben, unbedeutend, und eine Weißhäutige, als Deutsche, gemein gewesen. Blanka war unwidersprechlich die, deren einfaches, dem Körper nicht anfließendes, sondern ganz, aber züchtig, darstellendes Gewand, mit dem Lilienweiß der Haut, und mit der Reinheit der Seele in vollkommenster Harmonie stand.

Blithilde
Blitzende Heldin.

Stammwort Clieb, keltisch: das Licht, die Farbe. Blithe, lichtstrahlend. Davon unser Blitz, unser Flitter. Das Schimmernde erregt Freude, die der Teutone deswegen Blide nannte. To be blide heißt im Englischen noch: sich in einem behaglichen Zustande befinden.

Blithilde könnte also die frohe Heldin seyn. Natürlicher erinnert sie indeß an den ersten Sinn ihres Stammworts, an die strahlende Rüstung, in der sie auftritt.

Bodo
Held.

Die Söhne dieses Urdeutschen: Marbod, Radbot und Reinbod, sind vorlängst entschlafen. Er selbst lebt noch, aber man duldet ihn nur, man sucht ihn nicht, so hohe Würde und ächte Deutschheit auch aus ihm spricht.

Ein Bote ist er nicht. Auch das Bodi, Boden, geht ihn nichts an. Uranfänglich hieß er Baldo. Durch Aussprache wurde hieraus Boldo, welches in die angelsächsische Sprache als Bold überging. Endlich nahm man ihm sein l. Selbst als Verstümmelter bleibt er doch unweit bedeutender und männlicher, als so viele Fremdlinge, die sich seiner schämen und ihn gern vom väterlichen Boden ganz verdrängen möchten.

Boemund
Mann mit gebogenem Munde.

Bw, ausgesprochen Bo, hieß ursprünglich der Bogen. Das englische Bow, giebt es noch fast unverändert wieder. In Beugen, Bucht, Bock, dem seine krummen Hörner diesen Namen gaben, ist das Stammwort ebenfalls noch erkennbar.

Bimund würde den Beistimmenden bezeichnen. Davon bildete sich bimunigo: ich bezeuge eidlich.

Borchers
Starker Schirmer.

Niedersächsische Verunstaltung des edeln Burghard. Sogar hört und lieset man diesen Namen Borjes und Börjes.

Boso
Der Böse.

Nicht der Arge, sondern wie ein König Peter von Arragonien, der Zornmüthige. Uns empfiehlt sich auch diese Bedeutung nicht. Dachten sich aber die ältesten Namenbildner einen leidenschaftlichen Widersacher des Unrechts, also gerade das Entgegengesetzte unsers Widerspenstigen gegen das Pflichtgebot, unsers Bösen, darunter: wer dürfte dann den weiland von der Lombardey bis nach Britanien hin geltenden Namen für entehrend halten?

Bothilde
Die kühne Heldin.

Ihr Fuß läßt uns ihres Kopfes wegen nicht ungewiß. Mit dem Bob, Boten, steht eine Hilde in keiner Berührung. Auch der Boddi, Boden, Tiefe, daher der Bodensee, ist ihr fremd; aber Boldo, Baldo seyn, (noch zu Otfrieds Zeiten kannte man bei Vorsetzwörtern keinen Unterschied der Geschlechter) dieß war ihr Wesen. —

Bothilde ist also nur verschiedene Aussprache der Bathilde, welche nun mit Mathilden keine Gemeinschaft behält, sondern für sich besteht. Gleich schön sind beide.

Brenno
Der Erhabene.

Der Name des Kelten Brenno, vor dem das Capitol einst zitterte, lebt nicht nur in seiner Brennenburg, sondern auch im Tyroler Brenner fort.

Bre war keltisch eine Anhöhe, daher unser Berg, Bryan, Hügel, sächsisch: Brink, Brynn, hoher Berg. Brenno, der Hervorgehende, daher Brenin, in der altbrittischen Sprache: ein Fürst. Zwei furchtbare Altgallier nennt die Geschichte mit jenem Namen. Der ältere war, an der Spitze der Bojer, Ananer und Senonen im Jahre der Erbauung Roms 364, Verheerer dieser Stadt, wurde aber endlich von Camill besiegt. Der andere, Strabo nennt ihn einen Prausier, führte hundert Jahre später ein Heer von 216,000 Galliern diesseits des Rheins, zu denen auch die Tolistobogier, Bojer und

Prausier gehörten, verheerend nach Thracien und Kleinasien, welche die Provinz Galatien behaupteten und benannten. Daß Teutonen sich unter dem allgemeinen Namen Kelten diesem Heere anschlossen, verrathen die Namen ihrer Anführer. Ortiagor, Herzog, Leonor, Leonhard, Luther. War nicht später ihr König Dejotar, den Cicero vertheidigte, unser Diether?

Brigitte
Die Prächtige.

Mit Berta gleichnamig. Brecht bildet Brechta, was, durch Einschiebung eines Selbstlauters gemildert, in der Aussprache Brechita wurde.

Unser ist also der Name, welcher mit der Schwedin, die ihn trug, dreimal heilig gesprochen wurde. Zuerst vom Pabst Bonifacius IX. im Jahr 1391, und zweimal zu Costnitz. Und doch, deutsches Mädchen! verarge ichs dir nicht, wenn dir vor dem Namen einer Heiligen grauet, die ihren Gatten und ihre hülflosen Kinder verließ, um einen Mönchs-Orden zu stiften und nach dem heiligen Lande zu pilgern. Dein Himmel sey unter Herzen, die mit reiner Liebe für dich schlagen, und deine Herrlichkeit — sie zu verdienen!

Brunhilde
Geharnischte Heldin.

Nur näher, du kleine braunlockige Tochter Thuisto's! „Mir das? Weder klein bin ich, noch braun gelockt!" — So müßte dein Name gewaltig trügen! Spricht nicht das Child ganz vernehmlich darin?

Und wissen wir nicht, was der Angelsachse davon mitnahm nach Britannien: was uns jetzt der Britte wieder giebt? Ein Kind, eine Kleine. *)

„Wer heißt dich aber, mein Hildis vom Hil, dem Stammworte deines Child, abzuleiten? Eben so viel Recht hätte auch Hill, von Hidl, die Höhle, darauf. Eine Fränkin bin ich, und was meinem Stamme **Child** oder **Hild** war, solltest du wissen. Er nannte den Helden!" **) — Ganz entsprechend deiner Rüstung! Also auch dein **Childerich** und **Childebert** treten nun aus der Kinder= in die Heldenreihe?

„So gewiß, als mein Bruno nie ein Brauner war, und ich den Töchtern Hellens den Schmuck ihrer braunen Locken gern gönne!" — Seltsame du! konntet ihr denn alle Rothilden seyn?

„Die Frage ist: ob wir es alle seyn wollten? Und dann sage ich ja! Keine unseres Stammes hätte sich ungerächt die Braune schelten lassen. Aber siehe hier diese Brunia, diesen Panzer, der meine Bron, Brust nennt ihr sie, schirmt, und das Räthsel meines Namens ist dir gelöset!"

Bruno
Bepanzert.

Ungern gebe ich, nach vorstehender Weisung meine, und ich glaube die gewöhnlichste Verjüngerung, der Braune, auf. Denn wer würde nicht, im
Geiste

---

*) Ayrer, Hermannus Billingus. pag. 30.
**) Wachter. Glossar.

Geiste des Altdeutschen, den Mann in der Farbe seiner Kriegs- und Jagdrüstung schön finden? Und wäre nicht im Geiste unserer Schönheitskenner die Brunhildis, als braune Heldin, noch schöner? Indeß unsere Brünetten nennen wir nun einmahl nach ihrem Haar, nicht nach ihrer Haut, und der Teutone, das wissen wir, hatte nur Sinn für falbes Haar. Bron ist keltisch die Brust, daher das altfränkische in den Capitul. Karls des Großen öfter vorkommende Brunie, Brustharnisch, und Bruno, der Bepanzerte. Dem jetzt so seltenen, so wenig verstandenen Namen entspricht der niederdeutsche Volksname Brüning, Brünje.

Bucco, Buco.

Der deutsche Burchhard in friesischer Abkürzung. So wurde auch Bernhard im Friesenstamme zum Bereo und Benno.

Burghard

Starker Schirmer.

Unrichtig ist die Schreibart Burchhard, oder gar Burkard, weil der Name offenbar von Burg, die Feste, abstammt. Schon zu Tacitus Zeiten hatten die Deutschen ihre Burgen, oder Oerter, in denen sie sich hinter Wällen und Mauern bergen konnten. Alle Städte waren solche Schutzörter, und hießen Burgen: daher der Name Bürger.

Das älteste Stammwort ist wohl Bre, daher Bryne, ein hoher Berg, und als solcher der sichere Ort. Burgo span., Bourg franz., Burgh, Bury und Borow engl., Borg schwedisch, winken uns auf die weite Ausbreitung unseres Völkerstammes in Europa hin. Das griechische πυργη, kriegerischer Thurm, ist mit unserm Burg ohne Zweifel eines ältern Ursprungs, selbst wenn man dabei an die Aehnlichkeit mit der Flamme πυρ dachte, was unserm Fuir, teuton. Feuer, so nahe, und dem Bre, Erhöhung, nicht fern liegt, wovon brennen, hoch aufflammen, entstand.

Keinen wahrhaften Vertheidiger, sondern ein wehrloses verlassenes Opfer seiner Treulosigkeit und der Wuth einer lange von ihm gereizten, mächtigen, auf ihre Freiheit eifersüchtigen, deutschen Bürgerschaft: ein warnendes Beispiel aller größern und kleinern Volkshudler, stellt uns die Geschichte des Mittelalters in Burghard von Schrapelau, genannt Lappe, Erzbischof von Magdeburg dar (1307 bis 1325). Herzlich war ihm in den ersten Jahren seiner Regierung diese Stadt ergeben. Sie machte ihm, dem kriegslustigen üppigen Erzhirten, dessen Schatzkammer immer erschöpft war, Geschenke über Geschenke; besoldete freiwillig seine Lanzenknechte; ließ sich manche Beeinträchtigung gefallen, und wurde dafür unaufhörlich von ihm durch Auflagen, durch Kränkung ihrer Handels- und städtischen Freiheiten, durch Befehdungen, durch den Bruch beschworner Verträge, je länger je ärger gemißhandelt. Der Pabst versagte der Flehenden seinen Schutz; der Kaiser war zu schwach, sich selbst und ihr gegen die Priestermacht Recht zu verschaffen, Brandenburg und Sachsen fürchteten den gern hadernden Nachbar; da war Empörung der Städte des Stifts die Losung. Die Magdeburger wurden seiner mächtig, und bestellten ihm vier Wächter, die ihn mit dem eisernen Riegel seiner Kerkerthür erschlugen.

Ein ganzes Jahr lang blieb die Mordthat verschwiegen, und der Leichnam eines der ersten Prälaten Deutschlands war halbverweset auf der Mordstätte kaum noch kenntlich, als endlich das Domkapitel nach dem Vermißten fragte.

Nun brach ein schreckliches Zorngericht über Magdeburg aus. Bann und Reichsacht, erster auf vier und zwanzig Jahre: nach der Lossprechung davon noch sehr schwere Büßungen, gänzliche Unterwerfung der zur Reichsfreiheit emporstrebenden Stadt unter die erzbischöfliche Gewalt, das waren die Folgen dieser Unthat trunkener Wächter, aus der man, ohne alle weitere Untersuchung, ein öffentliches, ausgesonnenes Verbrechen machte.

Ein Thürriegel kostete also Magdeburg nicht weniger als — die Reichsfreiheit. —

Catualda
Der kühne Katte.

Leser des Tacitus wissen, daß unter diesem Namen ein kriegerischer deutscher Mann, ein Besieger des furchtbaren Marbod und seiner Markomannen erscheint. Hat nun der römische Geschichtschreiber, verwandte Laute und Lautzeichen willkührlich verwechselnd, seinen Catualda aus Gottwald, begüterter Herr, einem noch geltenden, auch als Oswald vorkommenden, Namen gebildet? Oder war er ursprünglich Catt-

baldo, der kühne Katte? Ich vermuthe das
Letztere. Wir haben ja unsere Sebald, Wilibald
noch, und wissen, daß das baldo, kühn, sehr gut zu
dem Katten paßt, wie ihn schon Tacitus kannte.

Charibert
Prächtig gerüstet.

Gerbert und Herbert sind die ächten Gestalten dieses Namens.

Childerich
Kinderreich.

Hil, die Nachkommenschaft, lebt noch im englischen Child. Daß der fränkische Stamm den einfachen Hauchbuchstaben H zu einem Gurgel=Hauchzeichen machte, und dieses wieder in manchen Namen als G K und C aussprach, bezeugen Hlodwig (Chlodwig, Klodwig) und seine Brüder.

Unser Childerich dürfte auch den mächtigen Sohn, den Hochgebohrnen bedeuten, weil rich, oder rik, nicht bloß reich, sondern überhaupt, im höhern Grade, durch irgend etwas ausgezeichnet, ist. Balderich, durch Kühnheit, Erig, durch Ehre, Friedrich, durch Sanftheit, Ulrich, durch Adel oder Güter, ausgezeichnet.

Gerade die Wahrnehmung indeß, daß in diesen ähnlichen Namen das Auszeichnende voransteht, bestätigt die angegebene Deutung unsers Childerich; er ist durch Kinder ausgezeichnet.

Ehre dem Zeitalter und dem Volke, was den Kinderreichthum für etwas Großes hielt, und ohne diesen Reichthum die Nachwelt nicht durch die Ausströmungen so vieler Hunderttausende über alle Reiche Europens in Erstaunen gesetzt haben würde!

Alles gut! Es hat Gründe für sich, und wird dadurch noch scheinbarer, daß der Angelsachse Chintill, wie Tassilo, Totilas, und selbst Diet, leibhaftige Kinderväter sind.

Allen Childs, Hilds und Gilds in deutschen Namen — es mögen ihrer leicht ein halbes Hundert seyn — gäbe das Kind eine ganz holde Bedeutung, die ihnen auch Wachter in seinem Glossar einräumt, so lange von Angelsachsen die Rede ist.

Die allemannischen Hilds läßt er dagegen als Helden auftreten. Natürlich entsteht nun aber in hundert Fällen neun und neunzig mahl die Frage: ist der vorkommende Hild Franke oder Sachse? Und bei der Verschmelzung deutscher Volksstämme ist diese Frage immer unbeantwortlich. Ist es also nicht entschieden, daß die Namen unserer Väter nur Wünsche für den künftigen Mann, nicht Thaten des wirklichen Mannes bezeichneten: haben die südlichen Stämme Teutonia's unläugbar ihre Hilds als Helden aufgestellt, nicht als Kinder, und befriedigen uns Hildebrand, Hildebold, Hildebert durchaus nicht als Säuglinge, so bleibt uns keine Wahl. Wo wir auf einen Child treffen, da steht der Held vor uns, und unser Childerich ist der mächtige Held.

Dago
Der Begürtete.

Was machte doch dem Kindesalter der Menschheit in allen Weltgegenden die Nacht, diese stille, erquickende, freundliche, oft so herrlich geschmückte Freundin aller Lebenden, so widrig, daß sie nur als Bild des Traurigen, Schauervollen ihm erschien, während ihr Sohn, der Tag, nicht etwa nur dem Dichter, sondern schon dem ältern Wortbildner, als fröhlicher, glanzvoller, Heil und Segen bringender Allbeleber, da steht? Wollen die Sprachen des Morgen- und Abendlandes das Oede, Arge, Gräßliche darstellen: was nennen sie? die Nacht! die Nacht des Irrthums, des Frevels, des Todes. Und wo sie in den Sprachen erscheint, da bringt sie selten Gedankenbilder mit, wie das der Nachtigall, der man in Griechenland und Latium ihren Namen, ja nicht nach den Stunden gab, die sie verherrlichte, um ihr nicht Züge der noctua zu leihen. In Hinsicht ihrer, und der auf sie bezogenen Nacht, waren doch nordische Völker gerechter. Doch wir wollen es der Kindheit jener Völker und unserer gebildetsten Stände nicht verargen, daß über dem Düster, über dem Grauen- und Gefahrvollen, was die Nacht wirklich auszeichnet, diese Licht und Leben, Lebensgenuß und Lebensgeschäfte hemmende, den Erdkreis mit Todtenstille überziehende, oder durch tobende Stürme erschütternde Gesellin des Irrthums, Verbrechens und — Todes, ihre Reize übersahen. Wir wollen dem Tage seine Vorzüge gönnen, und uns darüber nur wundern, daß er nicht auch in deutschen Eigennamen glänzt. Denn Dago hat nichts mit dem Tage gemein. Dag war freilich der Tag. Aus Daga konnte leicht Dago werden. So kühn war aber des Heermannen Einbildungskraft nicht, den Tag zur Person, und die Person zum Tage zu machen. Dager, Däger, in der Ursprache das Schwerdt, ist Wurzel unsers Namens. Daher das altgallische Dague, und Degen. Otfried hat dago fragen, engl. to take, nehmen; denn das Schwerdt ist ja Werkzeug der Gefangennehmung. Im Mittelalter war, nach dem Zeugnisse des Hund, Degen auch der Degenführende, der Ritter. Daher noch unser: „Er war ein braver Degen."

Dagobert
Prächtig gegürtet.

Abermals ein verschmähter männlich-schöner Name, ernst und gefällig in der Aussprache, dabei voll kräftigen Sinns! In erster Bedeutung heißt er: der prächtig Gegürtete, dann bezeichnet er den glänzenden Ritter, der sich ausschließend nach seinem Degen nannte.

„Dägan", sagt Hund in seinem Verzeichniß altdeutscher Wörter, „sind die von der Ritterschaft." Ein Erzbischof von Magdeburg nennt in seiner Urkunde die Ritterschaft Togan.

Hat vielleicht die Tages-Satzung der Schweizer, die Versammlung der Ritter und Edeln des Volks, ihren Namen hievon?

Dako
Der Gegürtete.

Dago, in friesischer Aussprache.

Debd, auch Dido
Der Mächtige.

Diet in friesischer Form.

Darulph
Der augenblickliche Helfer.

Thar: da, und Hulpe, die Hülfe, der Helfer, sind wahrscheinlich die Wurzeln dieses Namens, und bilden aus ihm einen Helfer zur Stelle. Oder Darulph ist aus Andarulph entstanden, und bezeichnet den Helfer Anderer.

Degenhard
Der starke Ritter.

Eigentlich Dagon — oder Dägenharb.

Deodwin
Der freundliche Deutsche.

Als Deod erscheint hier, nach seiner ältesten Aussprache, Theut. Von dieser Aussprache schreibt sich auch das beim Kero, einem der ältesten Ausleger unserer Sprache, vorkommende Deoti, das Volk, her.

Und wir dürfen noch zweifeln: ob wir Deutsche sind? Gefallen wir uns als solche nicht, so schreiben wir uns Theutsche, und sorgen vor allen Dingen dafür, daß wir das Th darin nicht mit oberdeutscher Härte aussprechen. Was gewinnt es dann aber wider das unschuldige D?

Win als der Freund, der Gefällige, ist bekannt.

Dethard
Starker Held.

Detlev
Löwenmüthiger Herr.

Der Leu Diet. Die jetzt gewöhnliche Schreibart dieses Namens von großer Bedeutung, der sich unter den eingewanderten Ausländern noch auf väterlichem Boden zu erhalten wüßte, während mehrere seiner Brüder, und selbst der große Diet, verdrängt oder bis zur Unkenntlichkeit verstümmelt wurden. Die Verwandlung des lev in lef ist also unzuläßig, wiewohl sie das Ansehen des hohen Alterthums für sich hat.

Diebold.
Held Diet.

An Weichheit und Wohllaut kommen ihm wenige Namen bei. Auch unser beliebter Dieterich ist nicht so milde, und sagt nicht mehr als er. Und doch ließ man ihn ganz aussterben! Seine älteste Gestalt ist Dietbold, seine neuere Dippold.

Diet
Urahn.

In höchster Achtung stand Diet's Name bei den ältesten und alten Deutschen. Er erscheint deswegen in sehr vielen, zum Theil höchst seltsamen, Zusammensetzungen, und wird in einigen fast unkenntlich. Ein Zeugniß seines grauen Alterthums und seiner Geltung unter allen Heermannischen Urstämmen, deren jeder ihn nach seiner Mundart umprägte. — Einfach ist er seit Jahrhunderten außer Gebrauch. Manche Spracherklärer lassen ihn daher nicht als Eigennamen gelten, und geben ihm die ausschließende Bedeutung Geschlecht.

Irrig: denn er kommt in Heldenbüchern als ritterlicher Name vor. Ein Beispiel davon findet man in Hunds Auszügen.

„Und da so mancher stolzer Diet
Zu Hof dem König Engel rieth."

Andere machen gar den ägyptischen Teutates, den phönicischen Taaut, den griechischen Θ-ος, den keltischen Diu und Thautates daraus. In so fern sich jedes Volk in seinem Uhran einen Deus dachte, haben diese Zurückleitungen ihren guten Grund, und unser Theut, Thuisko, Diet ist gleicher Hoheit, ist sogar gleichen Wesens mit dem ägyptischen Teutat, mit dem griechischen Θεός. So lange die Menschheit ein Ungetheiltes war, verehrte sie nur einen Theut. Jede Völkerschaft, die sich nachher absonderte vom Mutterstamme, nahm diesen Theut mit, eignete sich ihn ausschließend zu, und versetzte ihn, in Griechenland auf den Olymp, in Rom aufs Capitol, und im Lande unserer Väter auf den Sohn des Od, God, Wodan, Odan, der befruchtenden Allmacht, und der Hertha, der Erde. Da trieb er sich nicht als wollüstiger Stier, nicht als schreckender Donnerer, bald in den Lüften, bald auf dem Meere umher: er blieb und wirkte auf heimathlichem Boden, der nun von ihm Theutsland hieß, zeugte seine Mannen, und diese ehrten sich durch den Namen ihres Geschlechtsherrn als Theuts, Tüds oder

Diets. Keusche, kräftige Söhne der Natur wirkten sie ihrem Ahnherrn nach, lebten in zahlreicher Nachkommenschaft fort, und einem Diet, oder einem mächtigen Geschlecht angehören, war bald eins; Geschlecht und Geschlechtsherren bezeichnete man mit einem Namen. Schwächere, überwundene Familien begaben sich bald unter den Schutz der mächtigern als Vasallen (Gesellen) und Dienstmannen. Ihr Schutzherr hieß nun Diet, nicht mehr als Ahnherr, sondern als freier, ritterlicher Herr, als Mächtiger. Hier ist die, sich unter Namen von den abweichendsten Lauten und Gebilden allmählig verlierende, Sippschaft des ältesten und fruchtbarsten deutschen Namens, unsers Diet. Beschwören kann ich sie nicht. Sehr unvollständig ist sie, wie ich sie vorlege.

Wie viele Ot, Os, Theut, Ethel, Adel und Al hätte ich noch eintragen müssen, wenn es mir nicht allein daran läge, meinen Lesern zu zeigen, daß man bei Otto und Tilemann, bei Dippold und Albrecht, auf eine gemeinsame Wurzel zurück zu weisen Gründe haben könne, die aber nur den befriedigen werden, welcher die vielen Mittelglieder zwischen solchen Namen nicht übersieht. Keine Volksnamen Europa's sind so unstät, sind von dem Volke selbst, dem sie angehören, so seltsam, so bis zur Unkenntlichkeit entstellt, als die deutschen. Aber was war auch bis zum sechszehnten Jahrhundert unsere Schriftsprache? Von ihr hing die Bildung, die Erhaltung der Namen ab. Die höchst verschiedenen und wandelbaren Mundarten Deutschlands konnten sie nur — zerarbeiten, wie es jetzt am Tage liegt. Jene Schriftsprache war aber selbst eine erbärmliche Skla-

vin deutscher Mundarten! Daburch werden die Miß-
gebilde deutscher Namen begreiflich, die man, ich sage
nicht zu viel, zu Tausenden in den Urkundensamm-
lungen des Mittelalters, zum Beispiel in Falkii Tradit. Corbeiens. antrifft. Wie oft erscheint hier die
Unterschrift esic, soll seyn der Name Asigo. Was
ist aber dieser? Unser Adalbert ist es! Nun, sie
haben ja beide noch den Anfangsbuchstaben mit einander gemein.

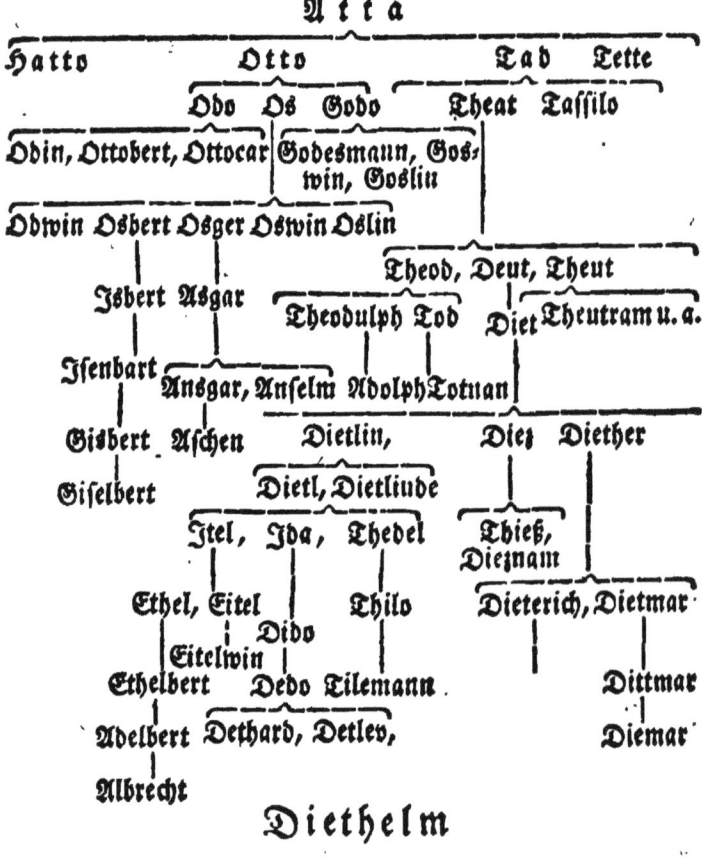

Diethelm
Ritterlich behelmt.

Bloße Laune früherer Zeitalter, die zum Emporkommen und Sinken der Namen, wie der Sitten, wirkte, ließ diesen Namen verschwinden, und unsern Wilhelm unter so vielen eingewanderten Fremdlingen seinen verdienten Stand nach wie vor behaupten. Beide sind doch, in jeder Hinsicht, gleiches Werths.

Diether
Herr.

Das Th wurde darin, wie gewöhnlich, weich ausgesprochen. Daher ging er nicht nur in Dietrich, sondern auch in Diederich über.

Dietlin
Der Junker.

O ihr deutschen Sprachforscher und Sprachfreunde! wenn ihr viele veraltete Wörter und Weisen unsers Volks mit dem besten Willen und mit vereintem Streben, aber daran fehlt es noch bisher! *)

---

*) Wie wenig bekümmerte man sich bisher in der gelehrten Welt um unsere Muttersprache! Viel ist für sie geschehen, aber mehr ist noch für sie zu thun. Nur wenige Männer des Bundes, der seit vierzig Jahren mit hoher Geisteskraft und edler Wärme aufräumte und schuf, zur Läuterung und Vollendung unserer kräftigen, so bildungsfähigen Mund- und Schriftsprache, leben und wirken noch fort für ihren großen Zweck, Göthe und Voß, die Hochverdienten. Aber welchen zweiten Bund hat ihr herrliches Beispiel geweckt? Oder bedarf es keines neuen Vereins zur Vollendung ihrer herrlich begonnenen Schöpfung? Sprich als Deutscher nur eine Viertelstunde mit deinem gebildeten Mitbürger: lis nur ein Blatt gelehrter Deutschen für unterrichtete Stände, und achte

nicht wieder herzustellen vermöget, die unter dem heiligen Gepräge des Alterthums einen unersetzten innern Werth haben, so fordern wir doch das durchaus zarte und liebliche Verkleinerungswörtchen lin, von euch,

dabei auf die Unbehülflichkeit, womit sich der Geist unserer Sprache noch immer in seinen alten Fesseln bewegt! mit welchem Wust fremder Wörter noch immer unsere gesprochenen und geschriebenen Mittheilungen überladen sind: wie manche Männer von tiefem Wissen durch seltsam hereingezwungene fremde Ausdrücke die beleidigende Einbildung recht absichtlich unterhalten, zu arm sey deutsche Sprache für die Gegenstände eines höhern Erkennens. So soll sie zu arm seyn für den Gelehrten, zu unfein für den Hofmann, zu ungeläufig für den Geschäftsmann. O! ihr verschmäht, was ihr nicht kennt! Fördert doch die alte gediegene Sprache aus den reichen Fundgruben, aus den Klostergewölben, zu Tage, ohngeachtet sie keinen Schlagschatz abwerfen! Stiftet neue Vereine zum Sichten und, wenn es seyn muß, zum Aufbringen des Gefundenen! Denket deutsch! Züchtigt die Schleichhändler mit fremden Wörtern in Werken für Deutsche! Errichtet unsern Adelungs und Campen Denkmähler für das, was sie, trotz der Kälte, womit man ihr Verdienst würdigte, zur Läuterung und Bereicherung deutscher Rede thaten! So heischt es der Wille der Edeln in unserm sich zur Freiheit wieder erhebenden Volke! Wir werden es ja nicht länger leiden, was wir in unsern letzten unglückseligen Verhältnissen mit bitterm Lächeln bemerken mußten: daß deutsche gelehrte Beurtheiler den deutschen Schriftsteller höhnten, wenn er von seinem Vaterlande, von seinem Volksgeiste sprach. Selbstständig fühlen wir uns; stark, um in der Väter Geiste zu kämpfen; mündig, um in der Väter Sprache zu reden. Nur führe man uns hin zu unsern Vorbildern!

für unsere Sprache zurück. Wie zärtlich lautet es in den Minnesängern und im Volkston von Oberdeutschland! Wie unglücklich vertauschte man es mit dem breiten lein! Ein Knäblin, Mägdlin, Fräulin, Hertlin, Aeuglin, sind holde Bezeichnungen des Holden, wozu sich unser Knäblein, Aeuglein verhält, wie die niedersächsische Volks- zur Meißner Mundart. Auch die aus lin gebildete Endung ling, die man glücklicherweise noch beibehalten hat, ist wahre Empfehlung der Sprache.

Entweder lin erstehe nun wieder mit seinem ersten Laut, oder ling werde verbildet zu leing, Jüngling zu Jüngleing, Liebleing, Hänfleing!

Sie lächeln, meine Leser! Wohlan, lassen Sie uns eine stille Uebereinkunft treffen, von nun an das unleidliche lein immer als lin auszusprechen, und hat sich das deutsche Ohr lange genug daran gewöhnt, so verträgt, so fodert endlich auch das Auge unser Wörtlein wieder in seiner schönen Urgestalt.

Ueber Dietlin darf ich weiter nichts hinzusetzen. Er ist der kleine Herr, der Junker, das heißt: der Prinz. Denn so lange der Name Diet herrschte, galt des Ritters Sohn noch nicht als Junker.

Dietlinde
Die Stammhalterin.

Auch bei Ethelinde habe ich die Endung linde bloß als Verweiblichung des lin dargestellt, ohne ihr eine besondere Bedeutung unterzulegen.

Und doch denkt man so leicht, so gern an die linde, sanfte Edle, an die sanfte Freundin Diets.

Stammt denn linde nicht vom teutonischen lisno, leise, sanft, ab? Ist nicht das älteste gilinde, gelinde, da, welches unser linde voraussetzt? Hat nicht der schöne Lindenbaum seinen Namen von dem weichen, zarten Holze, oder von der lieblichen Blüthe, die ihn auszeichnet? Alles dieß gebe ich zu, ohne unsern Richlinden, Weigelinden, einzuräumen, was Goblin und Dietlin nicht haben. Die männliche Endung lin, ist unser lein, ohne Bezeichnung des Sanften. Daraus wurde das weibliche linde, wie aus win: winde oder suinde. Mittheilen konnte aber der lin seiner linde keinen Sinn, dessen er selbst ermangelte.

Genau zugesehen gehört das l, welches hier die Zweideutigkeit veranlaßt, nicht einmal zur weiblichen Endung, sondern zum Namen, dem sie angehängt ist. Es heißt Dietel=inde, Weigel=inde, Richel=inde, und so haben diese, übrigens äußerst gefälligen, Namen mit unserm linde gar nichts gemein.

Ditmar

Ruhmvoller Herr.

Auch als Diemar, Detmar und Thiemar kommt dieser Name vor. Wem fiele nicht dabei der so treuherzige als genau beobachtende Verfasser der Merseburger Chronik ein? Sie umfaßt nur die Geschichte einiger Kaiser, deren Vertrauter Bischof Ditmar war; aber sie giebt darin eine lebendige, und für die Zeiten ihres Verfassers, der im Jahre 1019

1019 an der Pest starb, treffliche Schilderung des frühern Geistes unsers Volks.

Dietrich
Ahnenreich: mächtig.

Ohne Bedenken machen selbst unsere Gelehrten im Lateinischen einen Theodoricus daraus. Dieser griechische Name, der den von Gott Geschenkten bezeichnet, hat ja mit unserm unweit ältern ächt deutschen, einen ganz andern Sinn enthaltenden Dietrich, nicht Diederich, nur ganz zufällig einige Aehnlichkeit. Will man denn auch Theut durch Θεος übersetzen? — Will man den römischen Deus und den deutschen Diet, nach einer mehr als tausendjährigen Trennung, wieder unter einen Namen bringen?

Ließe man doch alle Eigennamen unübersetzt, und schämte sich seiner Heimath nicht! — Auswärtige Sammler zur Gelehrtengeschichte würden gewiß nie errathen, und auch wir würden nach einigen Jahrzehenden kaum wissen, ob der große Heyne nicht etwa zur Familie Heyn, oder Heyni, gehört habe, wenn er sich Heynius unterschrieben hätte. Eine solche Namenumkleidung ist wohl absichtlose, aber doch wahre Neckerei, und noch ärgerlicher ist es, wenn sich Männer unter der Ueberschrift ihrer Werke nur mit einzelnen vielbeutigen Anfangsbuchstaben nennen. J. G. H.; heißt das Ignaz Gregor Hieronymus? Wozu solche Räthsel?

Diet heißt jetzt Dietrich, weil der Urahn Diet und sein Dietlin ausgestorben sind. Können sie aber nicht erstehen?

Sogar unsere bewährtesten Geschichtschreiber machen den furchtbaren Völkerzerschmetterer — Odoakers Ueberwinder — zum Theodorich. — Dietrich hieß er mit dem Zunamen Verona, weil er da Hof hielt. Aus diesem Namen schmolzen die Heldenbücher den kräftigern Bern, und nun eignen sich Bern und Baiern den Ueberwältiger zu.

In Beziehung auf die im zweiten Bande der Bragur (vom Jahr 1792) mitgetheilte Stammtafel dieses Dietrich darf ich bemerken, daß sie so glaubwürdig ist, als das Heldenbuch, das heißt die Rittermährchen, woraus sie entlehnt wurde. Geschichtsgemäßer, aber doch nicht sicherer zu verbürgen ist folgende Abstammung:

Winhard
|
Walamir
|
Theutomir
|
Dietrich.
Gem. Otfriede, Klodowis,
K. der alten Franken, Tochter.

Bis 472 wurde Dietrich am byzantinischen Hofe erzogen, stieg dann durch seine Heldenthaten zum Obergeneral — ferner zum König von Bosnien und Servien empor; Kaiser Zeno erbot sich ihm als Vater. Im J. 490 schlug er den Odoaker bei Verona, und drei Jahre später erhob er sich zum König von Italien, allen abendländischen Völkern seiner Zeit furchtbar.

Dogan
Der Tapfere.

Durch Verwandlung verwandter Selbstlaute entstand der Name aus Dago, Degen.

Drago
Herr.

Drochton war in der altdeutschen, was Drot noch in der schwedischen Sprache ist, ein Herr. Nur bezeichnet das Letztere den regierenden Herrn, den König. Drotning ist schwedisch: die Königin. Daher der Name des Lustschlosses Drotningholm. Von jenem Drochton, welches späterhin Druchton ausgesprochen wurde, ist wahrscheinlich der, längst veraltete, Name abzuleiten, wenn er nicht etwa Trochto, die Treue, seyn sollte.

Ebarich
Stark als ein Eber.

Aus dem mittlern e hat die Aussprache ein a gemacht. Daß rich oder rik nicht bloß reich, sondern auch gewaltig bedeute, wissen wir aus vielen andern Beispielen.

Eberhard
Stark wie ein Eber.

Keine Gefahr kennt der Eber, keinem Feinde weicht er. Schon als Frischling dringt er unerschrocken auf den Jäger ein, und rennt den oft zu Boden, der ihn mit einer Hand aufheben könnte. Freiheit ist sein Gesetz; aber kein Thier des Waldes stört er in der seinigen, keins fällt er aus Mördlust an. Und wie könnte Raubsucht den treiben, dem Kräuter und Wurzeln zu seiner Nahrung genügen? Gehe an seinem Lager vorüber: das Gefühl seiner Furchtbarkeit läßt ihn, bloß von dichtem Gebüsch überschattet, fest und sicher schlafen. Weckst du ihn aber, so rafft er sich auf, deinen Angriff erwartend. Ist dieser erfolgt, so verwirrt nicht das tödtliche Blei, was er fühlt, nicht die Gelenkheit der ihn packenden Hunde, seinen Blick, seinen Muth. Grimmiger als jeder gereizte Würger, wüthet er in deinen Koppeln; aber immer sucht und sieht sein Blick nur dich. Den ungleichsten Kampf gleicht jetzt noch einmal seine wilde Wuth aus. Er bäumt sich, stürzt ein auf dich, und nur die Flucht vor dem sterbenden Feinde kann dich retten, daß er dich nicht mit dahin reiße in den Tod.

Der Eber, als Bild der Kraft und Unerschrockenheit, hat also Züge, worin sich unsere kriegerischen Vorfahren am liebsten erkannten. Nicht ungereizt, aber dann fürchterlich, erhoben sie sich zum Kampfe. Gerechtigkeit war, wie sie glaubten, immer für sie. Schlauheit und Ländersucht bestimmten sie nicht. Die Kimbern entboten auf der Gränze Italiens den Römern Frieden, wenn sie ihnen eine Einwanderung in ihr Gebiet verstatten würden. Sie wollten als Volk einen mildern Himmel, nicht, als erwürgendes Kriegsheer, die Vertilgung fremder Völkerschaften. Von den Aeduern gerufen, zogen die Heermannen nach Gallien. Cäsar bekriegte sie dort, nicht sie den Römer.

Eben so folgten sie späterhin einer Einladung nach Britannien. Angefallen aber von fremden Eroberern, oder betrogen durch die Schliche einer gleissenden auswärtigen Staatskunst, kämpften sie mit unaufhaltsamer Gewalt den Unterdrücker zu Boden, oder erlagen sterbend der Uebermacht, als freies Volk.

Ebermut
Ebermüthiger.

Er ist ein Angelsachse, dessen Sinn uns nicht zweifelhaft bleibt, und der es, dünkt mich, nicht verdiente, seit Jahrhunderten so schnöde von einem Volke verschmäht zu seyn, welches seinen Heldenmuth noch immer aufs herrlichste rechtfertigte, und wegen seiner gefährlichen Nachbarschaft nie der Gelegenheiten ermangeln wird, ihn zu beweisen.

Eberwin
Muthvoller Freund.

In der angelsächsischen Geschichte heißt er auch Everwin. Das bestimme uns aber eben so wenig, als die Schreibart Everhard und Evermod, hier an das Ewo, die Zeitlänge, zu denken, dem wir unser ewig, und der Britte sein ever, verdanken.

Everwin als steter Freund ließe sich wohl hören; aber das hard und mod weisen uns in den beiden übrigen Namen, denen wir ganz natürlich den überschriebenen beigesellen, auf den muthvollen Eber hin.

Ebo.

Friesische Zusammenziehung unsers Eberhard.

Ebano oder Ebino würde den Billigen bezeich‌nen, vom altdeutschen Wurzelworte, was uns noch, fast unverändert, in eben geblieben ist, und schöne Zusammenfügungen bildete, ebankeherziba: gleich‌gestimmt, eigentlich gleichgeherzt; ebankesizzan: zusammensitzen; Ebanlozzon: Theilnehmer, Gleich‌belosete; ebanprinken: gemeinschaftlich bringen; ebanstante: zusammenstehen.

Waren diese ältesten Ausdrücke nicht weit darstel‌lender, als ihre spätern Stellvertreter? In der Sprache ist das Neuere wahrlich nicht immer das Bessere!

Ecbald

Heldenentsprossen.

Eckii oder Egii heißt teutonisch die Wissen‌schaft, Eike ist der Eichbaum.

Die Ecke stammt her von dem keltischen Awch, eine scharfe Seite, Spitze, das auch dem Tuch-Ende seinen Namen, die Egge, gab, und das mit eisernen Spitzen versehene Werkzeug des Pflügners Egge nen‌nen ließ.

Ob die Eigennamen, welche sich mit Ec, Eck, anfangen, ihre Bedeutung von einem dieser Wurzel‌wörter haben, und welchem unter ihnen sie ihre Bil‌dung verdanken? dieß läßt sich kaum mit einiger Wahrscheinlichkeit bestimmen. Die Endsilben geben dabei nur wenig Licht, weil sie mehrere Bedeutungen haben. So würden wir in Ecbald, wenn wir an Eckii dächten, einen schnellen, oder auch einen küh‌nen, Gelehrten sehen. Aber gelehrtes, und noch dazu kühnes, Wissen war des Germanen Sache nicht. Ein

Stammwort: Ach, das Geschlecht, wovon einige Adel (als Achdeel, Geschlechts- oder Erbtheil, das Vererbte) ableiten, dessen Wurzel doch gewiß weit wahrscheinlicher Odal, das Erbgut, von Tad-Deel, ist, — eben dieß Wort, wovon ächt, das heißt: seinem Geschlechte angemessen, herkommt, stellt mir in Achbald den Mann des kühnen Geschlechts dar. A und E wurden häufig mit einander vertauscht. Zum Beispiel: anthebo und enthebo, ich verhindere, überhebe.

Ecbert
Der Hochgebohrne.

Der Mann von glänzender Abkunft. Weder Eckii noch Ecke, scheint zu dem bert, prächtig, so gut zu passen, als Ach. Und wirklich ist der Friese Aggo kein anderer als unser Ecbert, wie Athelinde und Ethelinde verschiedene Aussprachen eines Namens sind. Auch Arnold und Ehrenhold sind eins.

Daß die beiden Angelsachsen, Ecbald und Ecbert, mit Eckhard und Eginhard vielleicht sinnverwandt sind; oder daß ihr Ec vielleicht das alte Ego, ein Jedes, ausdrücken mag, wie in der niederdeutschen Volkssprache Elk, eine, eine Jede, bedeutet — sie hießen dann: durchaus kühn, durchaus prächtig — räume ich ein. Kurz, ich erkläre, sie sind für mich noch Fremdlinge.

Eckhard
Der Eichenfeste,

erinnert doch zu natürlich an den heiligen, stolzen, ra-

terländischen Baum, der uns noch jetzt Bild der
Stärke und Dauer ist, an die Eiche, als daß wir
eines andern Schlüssels für ihn bedürften.

Unbeständigkeit ist es übrigens nicht, wenn ich
dem deutschen Eck so verschiedene Bedeutungen un-
terlege, so wenig es dem Gesetze der Stetigkeit widerspricht, anders zu deuten die Hand, in: die
Hand geben; sie worauf geben; sie jemanden lassen; Jemanden bieten, eine Hand schreiben. Der
Fremde wird sich hier oft irren. In der Deutung
uralter deutscher Namen bleiben wir noch immer
Fremde.

Niederdeutsch ist Eckhard, Eggert, Eggerts
(Sohn) Eggers.

Ecko
Der Eichenfeste.

Friesischer Eckhard. Soll dieser aber als der
tief Einschneidende gelten, wie denn das englische An edge, und das deutsche Egge, Schneide,
diese Bedeutung zulassen, welcher indeß, nach meinem
Bedünken, die deutsche Eiche mächtig im Wege steht;
so schreibe nur unter Eckhart und Ecko: der tief
Verwundende.

Edburga
Die edle Schirmerin.

Das Land der Eigenheiten ist Britannien. Auch
die Namenverkürzungen sind dort seltsam. Aus William wird Bill, aus Elizabet, Betty; aus Edburga
wurde schon zu Winfrieds Zeiten Bugge. Zwei

Sendschreiben erließ der deutsche Apostel an eine
Aebtissin dieses Namens, welche mit den Angeln,
wie so viele andere, sich auf dem großen Eilande
angesiedelt hatte, und mit Thietberga gleichen
Ursprung, gleiche Bedeutung hat. Denn Ed oder
Ethel, edel, stammt von Thedel her, und burga
ist mit berga von bergen, schirmen, entsprossen.

Editha
Edle Frau.

Der Buchstabe W ist unsern westlichen Nach=
barn noch immer ein Aergerniß. Warum können sie,
die sich doch der größten Geschmeidigkeit ihrer Sprach=
werkzeuge, wie ihres ganzen Wesens rühmen — und
freilich sind sie, die Geschichte ihrer Regierungsverän=
derungen seit 13 Jahren lehrt es, geschmeidiger als
irgend ein Volk in der Welt! Wären Deutsche
und Spanier es eben so, wie sie: eine halbe Million
ihrer Krieger lebte noch, und das W, als Zeichen
unserer Deutschheit, verschwände bald! — Warum
können sie aber des widerspenstigen Buchstabens nicht
mächtig werden! Ist er doch nur eine schnelle Aus=
sprache des Ui, das ihm seine Form gab! So war
er es von Anbeginn. Das altdeutsche Witti, Klug=
heit, Wittut, Gesetz, Wittutdragern, Gesetz=
geber, ließen keinen voranstehenden Mitlauter, son=
dern einen Doppellauter hören. — Schon Otfried
fand es unleidlich, und beklagte sich laut gegen den
Erzbischof Luitbert von Mainz darüber, daß im
Deutschen, wie man es damals schrieb, oft ein Uuu,
zum Beispiel Uuunder, Wunder, zusammen gerie=

then. So waren das allemannische Ouitha und das nordische Edda ursprünglich eins. Leite man den Namen der frommen Gemahlin Otto's des Ersten, will man ihn als angelsächsisch nicht ausschließen, immer von Eduita her, um ihn nur nicht in der Judith suchen zu dürfen, die von alten Chronikenschreibern hie und da, aber aus Unverstand, in ihre Stelle gerückt wurde.

Doch sicherer ist es, das Ed in Editha, wie in vielen angelsächsischen Namen, für das verkürzte Ethel zu nehmen, welches vor der Dieta die überschriebene Bedeutung darstellt.

Edmund

Edler Redner.

Anglo-brittisch ist der Name, sinnverwandt dem Kunemund. Warum wollen wir aber den schönen Ausgewanderten nicht endlich in seine Heimath wieder zurückrufen?

Wie der Britte aus Other, Ether, so machte er auch hier aus Odmund, Edmund. Man denke dabei an Odo, Ode, Gut. Daher Eddyl, das vom Guten Erzeugte: das Edle, und unser edler Sprecher, vielleicht auch Verkündiger des Guten, wie Siegmund der Siegesherold.

Eduard

Edler Wächter.

Auch diesen Namen fordere Deutschland vom Auslande endlich zurück! Vor fünfzehn hundert Jahren nahmen ihn die Angeln mit sich nach Britannien.

Hier bekam er das Bürgerrecht, und bald verläugnete der Sachse den Ausgewanderten, der doch so offenbar seiner Zunge war. Erst im letzten Jahrhundert nahmen wir ihn hie und da wieder in unsere Familien auf, um den Britten, oder auch, um uns mit den Britten, zu schmeicheln.

So gaben wir auch längst, zu Gunsten der Schweden, unsern Eingebohrnen Erich auf. Wie viele Eduards und Erichs kennen wir auf nordischen Thronen, und unter Deutschlands Fürsten des Mittel- und spätern Alters? — keinen einzigen! Hebräer, Griechen und Römer verdrängten unsere Söhne.

Ew war keltisch: Gesetz; Wart, die Wache, von wardan, hüten, einer Sache warten, Acht geben auf sie.

Die Warte, Wachtthurm, auf der Warte stehen; selbst unser Garten, engl. the garden, franz. le Jardin, den man so unverständig von Hortus abzuleiten sucht, als hätte der Germane nicht früher verwahrte, umzäunte Plätze, als römische Sprachmeister gehabt. Alles beurkundet, wie es scheint, den deutschen Namen Eward, Gesetzhüter, nachher Priester. Und doch bestimmt mich das d, wovon Ew, Gesetz, nichts weiß, und die Aehnlichkeit anderer Namen des Landes, worin Eduard herrscht, in ihm einen edeln Wächter darzustellen. In ritterlicher Rüstung und Stellung steht er da, auf der Zinne seiner Burg, des Feindes erwartend: denn er weiß, leichter mag er ihn abtreiben, als austreiben, wenn er da ist, und im Einverständniß mit dem feilen verrätherischen Gesindlin der Veste, manche eiserne Thür so offen findet, als weiland die Knappen des gewaltigen Raubritters unserer Zeit die Thore von Magdeburg.

Eginhard
Eichenfest.

Kein anderer als Eckhard, so geneigt wir auch seyn mögten, die Wissenschaft (Eckii, Egii) in den Namen zu legen, die des Mannes war, der ihn ehrte. Eginhard, Einhard, Aeginard, Aginard, war ein Höfling Karls des Großen, von kleinem Wuchse. Man will überhaupt mehr große Geister unter, als über sechsthalb Fuß gekannt haben. Eginhard vereinte in sich so viele gelehrte Kenntnisse, mit so vieler Liebenswürdigkeit, daß ihn der Kaiser zum Oberhofbauaufseher, sollte heißen Hofbauoberaufseher, ernannte, und das kaiserliche Fräulein, die holde Emma, sich ihm in treuer Minne hingab. Was hätte nun ein abgefundener Reichsgraf gethan? Was Karl nicht that. Er erklärte den Majestätsverbrecher aus Liebe, zu seinem Eidam, und keine Ehe war glücklicher als Eginhards. Als seine Emma starb, gab es für ihn keine Welt mehr, außer der Mönchszelle. Seine gelehrten Werke, besonders sein „Leben Karls des Großen", und seine „fränkischen Jahrbücher", schätzt man noch. Verschlingen würde man die Geschichte seiner Liebe, aber der große Mann schrieb sie nicht, um nicht das Heiligthum zweier reinen Seelen zum Mährchen zu machen, und Eginhard's Zeitgenossen fanden es nicht unerhört, daß sich ein adeliches Mädchen dem edeln Manne vermählte, und daß der, eben so weise als erhabene, Vater seinen Segen dazu gab. Das Befremden der Nachwelt darüber erzeugte natürlich Zweifel an der Wahrheit der ganzen Sache.

Egino
Eichenfest.

Eginhard der Friese.

Ehrenbert
Herrlich geehrt.

Dem Haribert, Herbert, Gerbert, ursprünglich so nahe verwandt, als die Ehre dem Heere, welchem sie im kriegerischen Volke ausschließend beiwohnte. Bildet sich doch noch heuer dieser oder jener hohl- und engköpfige Mann des Heers ein, die Ehre hafte bloß am Degen.

Späterhin rief man indeß, zum Glücke derer, die weder zu Rosse, noch zu Fuße, übrigens mit Gut und Blut, dem Vaterlande dienen, die Ehre aus dem Feldlager auch ins bürgerliche Leben, und nannte Ereen nicht bloß: Jemanden mit gesenktem Degen, mit Trommelschlag und Fahnenschwenken begrüßen, oder sich soldatisch vor ihm richten: Er heban, nicht blos Jemanden zum Fahnenjunker befördern. Seitdem gab es nun Ehre auch in der Werkstätte und hinter dem Pfluge.

Eliko
Beflügelt.

Das uralte Stammwort gilt noch fast unverändert, als eilig.

Elrich
Hochgebohren.

Alarich oder Adelrich. Niemand denke also an Erlen, niederdeutsch Ellern, engl. Alders, dabei, die ohngeachtet ihrer Nutzbarkeit keine Empfehlung des Bodens sind, der sie treibt, und keine Verewigung in unsern Namen verdienen.

Elwin

Man vergleiche Alkuin, Alwin, Helwin.

Elwine
Die allen Befreundete.

Sie müssen es mit mir fühlen, meine Leser, daß in den meisten Namen der Töchter Teutonia's, der volle glücklichste Ausdruck der Weiblichkeit liegt, wie sie seyn sollte. Auch in dem Namen Elwine liegt er. Unsere Romane schmücken sich damit, und doch versagt man noch immer der schönen Bezeichnung des Liebenswürdigen, die auch als Alwine, nicht brittisch, sondern ächt deutsch ist, das Bürgerrecht unter uns. Dieß ist Ungerechtigkeit gegen uns selbst und unsere Töchter.

Emerbert
Der Mann von unvergänglichem Ruhm.
Der Immerberühmte.

Emma
Die Emsige.

Wie lieblich, wie sinnvoll, und doch wie selten ist der Name. Aecht deutsch erinnert er an das Bild des wohlgeordneten, erfolgreichen Fleißes: die Biene, niedersächsisch Imme: an die behende, rastlose Ameise, niedersächs. Emelke, engl. Emmet, und an den fleißigen Kornsammler Hamster, wenn dieser nicht als Winterschläfer vom kelt. Hamdden, Ruhe, so heißt. Auch der Emmerling verdient seinen Namen des Regsamen. In der Stammtafel der Freiherren von Campe kommt Emma in niederdeutscher Form als Immeke vor, und Karls des Großen holde Tochter Emma erscheint in den alten Geschichten hier und da als Imme. Wurzelwort war das keltische emmen, beharren, von Ami. Daher immer, altgermanisch jemer, niedersächsisch ümmer, jümmer, beharrlich, fortgehend. Emma, die Aemsigkeit, Empte (schwedisch) unser Amt, was Fleiß erfordert.

An unsern Lebens- und Liebesgemälden liegt es nicht, daß sich der liebliche Name so selten macht. Vielleicht haben sie ihn gerade deutschen Müttern, die sich wider alles sträuben, was mährchenhaft klingt, verleidet. Oder bedürfen unsere Töchter nicht des Fleißes und einer so milden Erinnerung daran?

Lassen Sie uns, meine Leser, nun nicht mehr ämsig, sondern der Abstammung gemäß emsig, schreiben.

Emmerich
Der immer Reiche.

Jemer ist das teutonische Stammwort, was vom keltischen Ami entsproß, und unser immer ausdrückt. Immer reich ist nun nicht der, welcher Zinsen von Darlehen wieder in Verzinsung geben, seine angestammten Güter von Jahren zu Jahren durch Ankauf vermehren, und seine Zeit zwischen Mäcklergeschäften, Mahnbriefen und Goldwägen theilen kann. So viel Fluren und Heerden, um seine eßlustige Familie mit wirthlicher Kost zu sättigen, und ein Paar Streitrosse auszufüttern, eine eigne freie Hütte: und der Altgermane war immer reich, blieb immer reich: denn kein gezwungenes Darlehen war auf seinen Reichthum berechnet.

Engelbrecht
Ruhmvoller Jüngling.

Ing oder jung kommt schon im Inguiomarus des Tacitus, und in den Inguionen, jungen oder spätern Einwohnern, vor. Weder der Angel, noch ein Engel, haben Theil an unserm Namen.

Engelhard
Beherzter Jüngling.

Ercanrad
Mann von schnellen Begriffen.

Fränkischer Name. Er für Herr kommt noch im spätern Alter häufig vor. Und wer hätte wohl auf das Ehrenwort Herr geltendere Ansprüche, als des Königs Räthe, denen, wenn sie sind, was sie oft seyn wollen, seyn können und seyn sollen, nur die Krone fehlt?

Wir wissen, daß jenem fränkischen Pallastherrn — im Franken-Latein Major domus, in unserer Hofsprache, die über Grundsätze der Schule erhaben ist, Oberhofmarschall, sollte heißen: Hofober-mar-

marschall, genannt — Pipin, sein Griff darnach gelang, und daß er seinen Monarchen Hilderich nicht zum Rathe, sondern zum Mönch erniedrigte. Schade also um diese Erklärung, meine Leser, wenn sie fehl treffen sollte! Und ich fürchte, sie leidet an zwei Gebrechen. Erstlich deutet sie auf einen Konrad, wo ein Canrad steht, und dann macht sie den Rad, dessen Sinn wir noch in vielen Namen finden werden, zum Rath. Wie oft man auch diesen Rath, der sich von Rato, Anreizer, herschreibt, in altdeutschen Namen zu finden glaubt, wo Rades, der Schnelle, Rasche, steht, so dürfen wir uns dadurch nicht irre machen lassen. Erchenne, teutonisch: ich erkenne, in einer andern Mundart: Erkanne, und Rades, stellen in dem seltsamen Namen einen schnell Erkennenden dar.

Ercanwald
Der kenntnißreiche Herr.

Erchinfried
Der verständige Friedsame.

Erchennen, erkennen, ist Wurzelwort. — Den ganzen Namen verdienen, dieß setzt mehr Selbstverläugnung voraus, als die meisten Männer von ausgezeichneter Denkkraft besitzen. Eine neue Lehre, ohne Ungestüm, ohne Schelten und Toben, ohne Aergernisse für die unbefangene gesittete Welt eingeführt, ist in der gelehrten Geschichte die größte Seltenheit. Mit welchem Gepraffel erhoben sich Kants, Fichtes, Schellings, Browns Grundsätze! Muß denn das Wahre eingeschimpft werden, um zu gefallen und zu

herrschen? Tantaene animis coelestibus irae? Drei
Bruststücke müßten unsere gelehrten Streitsäle zieren,
und drei Schattenrisse über unsern gelehrten Zeitungen
stehen: des Sokrates, Gamaliel und Garve,
wahrer Ehrenfrieds!

Erdmann.

Der Sohn schämt sich seiner Mutter nicht; sollte
sich der Deutsche der göttlichen Ertha schämen, von
der er abstammt?

Hier ist Erdmann, ihr Erstgeborner, kräftig und
bescheiden wie sie, und deutschen Zungen, deutschen
Ohren zusprechender, als der Grieche Georg, der
ihn, im niederdeutschen Volksstande, gar als ein
plumper Jürgen, verdrängt hat. Ich wette, das
ist wieder das Werk eines Heiligen! Sanct Jürgen
schämte sich der Nähe des Heidensohns Erdmann, der
den furchtbaren Lindwurm in seinen Schluchten geborgen
hatte, und wurde nun an beiden zum Ritter.
Doch der wunderliche Heilige ruhe unter dem Staube
seiner Mährchen!

Einen andern Georg verehren die Völker Europens
als den Bekämpfer des scheuslichsten Lindwurms,
der je die Völker heimsuchte, als ihren mächtigen Befreier.
Und jeder Britte, jeder Hannoveraner, nennt
ihn, voll der heißesten Segenswünsche, mit edelm
Stolz, seinen König!

Wenn einst unsere Enkel vor dem Gemälde der
Zertrümmerungen, deren Zeugen und Opfer wir waren,
staunend da stehen, und bann uns fragen: „Wer
rettete endlich die Reiche unsers Welttheils aus der Gewalt
jenes Grauen und Tod verbreitenden Molchs?"

so nennen wir ihnen vorzüglich den König der Britten, und seine unerschütterliche Beharrlichkeit. Zwanzig Jahre lang kämpfte er, und er allein nie besiegt, mit dem Weltverheerer. Aus Aegypten vertrieb er ihn, Portugall entriß er seiner Gewalt, Spanien seiner Verwüstung, und als er, im Wahnsinn, sein Grab in Rußland suchte, da beschwor Georg, jetzt fortwirkend durch sein Beispiel der Gerechtigkeit und unerschütterlichen Festigkeit auf den ruhmvollen Erben des väterlichen Throns und Sinns, die Völker und ihre Mächtigen wider den Verderber. Sie erhoben sich in Heldenkraft, und — bald stürzte der erschlichene Kaiserthron Napoleons zusammen!

Deswegen behaupte Georg der Grieche sein Bürgerrecht, besonders in dem Lande der Welfen, so lange die Welt die Verdienste der Georgs aus dem Welfenstamm anerkennt! Aber auch Erdmann, der Ernste, Biedere, trete wieder ein in seine Rechte!

Ehrenfried
Sanfter Ehrenmann.

In der ältesten Gestalt seines Stammworts Ero, sollte er ohne h geschrieben werden. Daß unsere Urväter keine so rohen Krieger waren, als sie in den Darstellungen der Römer, in des so fleißigen und gründlichen Cluveri Germania antiqua, und in den Köpfen mancher Hofmeister erscheinen, die ihnen nur Eicheln und Wurzeln zur Vor-, ungesottenes Fleisch zur Nachkost geben, und ja der Bärenhaut nicht vergessen: daß jene vermeintlichen Wilden doch wenigstens der Milde des Sinns ihre verdiente Ehre zuerkannten, bezeugt der Name Ehrenfried. Möchte doch ein guter Geist den Sinkenden, vor seinem völligen Untergange, schützen!

Erhard
Geehrter Held.

Wir kennen die Wurzeln dieses schönen Namens, der sich schon seltener macht, als er sollte.

Erich
Ehrenreich.

Wer darf uns diesen uralten Namen unserer Väter absprechen? Wiewohl seit Jahrhunderten unsere nördlichen Stammgenossen fast ausschließend in seinem Besitze sind. Warum aber verläugneten wir das Gefühl seines innern Werths? Wenigstens nicht aus Gleichgültigkeit gegen das, was er ausdrückt! Nein, der Deutsche wetteifert mit seinem schwedischen Bruder in der Achtung für Ehre, Freiheit und Gerechtigkeit. Einst unter Gustav Adolphs, und jetzt unter den Fahnen seines erhabenen Thronerben, des siegreichen Mitbefreiers Deutschlands, erwarben und erkämpften sie sich gleiche Ansprüche auf den Namen der Ehrenreichen.

Ermenfried
Sanfter Hermann.

Sanftheit denkt man sich nicht als den ersten Zug des Helden; aber sein zweiter muß sie seyn und unter so vielen Versuchungen zur Härte, zur Abstumpfung und Ertödtung seines Gefühls, bleiben, wenn er nicht der Schrecken, der Abscheu des Edeln werden will. Das blutige Handwerk des Krieges in den Händen eines Mannes, der es eben so muthwillig als muthvoll treibt, ist gräuelvoll. Wilde Leidenschaften setzt es in Bewegung, tollen Ehrgeiz, empörende Verhöhnung der Rechte und der Leiden der Menschheit, läßt es fortwüthen, bis nichts mehr zu gewinnen oder zu verlieren ist für den frevelnden Eroberer, das heißt, bis er die Welt, so weit er sie erreichen kann, vom Guadiana bis zur Moskwa, untertreten hat, oder bis er seine Krieger, die Werkzeuge seines Frevels, zu Hunderttausenden auf Schlachtfeldern begraben hat, und mit ihnen — sich selbst. Denn sein Daseyn verliert nun alle Bedeutung, weil er nicht mehr schrecken und zerstören kann.

Ermenfried, der friedliche Held, wird nie ein solcher Mann unserer Zeit. Er hat ein Vaterland, und vertheidigt es mit Wärme und Kraft; aber er kennt auch keinen andern Zweck der Heldenthaten, als diesen. Mit Verläugnung heiliger Pflichten der Menschlichkeit und Gerechtigkeit will er ihn nicht erreichen. Er tritt nie als Selbstzweck hervor, und wenn er deßwegen einst in der Geschichte neben einem Bajazeth und Tamerlan nicht fürchterlich glänzt, so wird sie ihn doch mit Bewunderung und Liebe dem größten Feldherrn unserer thatenreichen Zeit, dem unüberwundenen Befreier Spaniens und Portugalls, Wellington, dem Menschlichen, zur Seite stellen.

Ermengard

Hermanns Wächterin.

Gewöhnlicher Irmengard. Auch dieser Name

stellt das Weib in seinem schönen Berufe dar, als ein schützender Engel dem Manne zur Seite zu gehen; aber auch durch mütterliche Pflege, in dem Kinde und Knaben, den künftigen Mann zu bewahren.

Ermengard erspäht mit schnellem Blicke, und mit lebhafter Einbildung, Gefahren, wo sie der Mann verachtet, und der Knabe nicht ahnt. Jenem reicht sie den Schild, diesem hält sie ihn vor. Dort weht ein Fähnlein; flugs gürtet sie ihren Streiter gegen Unrecht und Gewalt, oder heftet ihm das Kreuz an, zum Zuge ins heilige Land. Ihr Auge voll Liebe warnt den Ungestümmen, im Schlachtgewühle — sich selbst und sie nicht zu verläugnen durch Verwegenheit. Mehr vermag sie für ihn nicht; aber, als wäre er nie von ihrer Seite gewichen, so sicher bleibt ihm, bis zur Heimkehr, seine Burg, und ihr Köstlichstes für ihn, die Ehre seiner heilig Verlobten: so sicher bleiben ihm Leben, Liebe, Blüthe und Freudigkeit seiner Kinder. Wehe dem, der ihr Argwohn wider den Geschiedenen einfleißen, oder Untreue ansinnen wollte!

Edles Weib! du hast noch unter uns viele Töchter, deines Namens werth! Es sind die Gattinnen, deren einzige Liebe ihr Mann, deren stärkster Wunsch sein Glück, seine Ehre, deren stille Größe ihr Leben für ihn ist. Und seiner zu schonen, tragen sie manche Sorge, manche Bekümmernisse allein, und das aufblühende Geschlecht wird unter der Hut solcher deutschen Mütter nie zu ohnmächtigen, weinerlichen, thatenlosen Wesen verbildet werden. Jenes heldenmüthige deutsche Mädchen, welches in kriegerischer Rüstung seinen Geliebten aufsuchte, aber nicht fand, und, da es nichts für ihn zu thun vermochte, gegen den Feind zog, der ihn den Armen der Liebe entrissen hatte; wie ehrt ihr Muth, ihr Tod, im Treffen bei der Göhrde, das Geschlecht, das Volk, dem sie angehörte! Möge die Gewalt der Liebe zu einem Einzigen sie zur Heldin erhoben haben: sie starb doch, den Einzigen im Herzen, für alle! Und was ist unsere Liebe zum Vaterlande? Entweder ein leeres Blendwerk, oder eine warme Theilnahme an Einzelnen, die uns das Ganze, womit sie, und wir durch sie, verbunden sind, des größten Opfers werth machen.

Ermentrud
Hermanns Traute.

Oder überhaupt, das traute Weib: denn jeder Teutone dachte sich als Heersmann. Oefter erscheint der, den höchsten Werth und das größte Glück der Gattin ausdrückende, Name als Irmentrud und Irmentraut.

Drud in keltischer, und Drut in allemannischer Sprache, bezeichnet das Theure, und ist entsprossen vom Wurzelworte Dru, Lieber, oder von tru, treu, welches letztere vom teutonischen Trochtin, die Treue, herstammt.

Ermold
Der Milde.

Arame, die Armen, verändert in Erm und hold, genügt, bilden diesen Namen, der also den Freund der Armen bezeichnet.

Aus jener Wurzel erwuchs auch unser barm-
herzig, das ist: bi Armen herzig, wenn man
es nicht etwa von warmherzig ableiten will.

Daß unser Name auch als Hermold erscheint,
darf uns seinen Sinn nicht verrücken, und an Harm,
Gram (davon Harmann, beim Otfried, Gram
verursachen, schaden), erinnern. Wer möchte den
künftigen Weltbürger wohl zum Gramhold, zum
Schwermüthigen, weihen?

Ernst
Der Ernsthafte.

Seiner vier zusammenstoßenden Mitlauter wegen
ist er nicht der gefälligste unter seinen Brüdern in der
Aussprache; aber doch verdient er allgemeine Achtung,
weil er den Geist der Deutschen, ihre Bedächtigkeit
und Würde, darstellt. Ero ist ohne Zweifel sein
Wurzelwort, und vielleicht Situ, Sito, die Ge-
wohnheit, Sitte. Ersit, ist die ehrbare Sitte, die
Sittsamkeit, vom Ernst unzertrennlich. Erst in
den spätern Jahrhunderten des Mittelalters erscheint
dieser Name öfter.

Ethelbald
Edler Herr.

Ethelbert
Ruhmvoller Edler.

Kein anderer als Adelbert.

Ethelfried
Der Großmüthige.

Ethelinde
Die Adelige.

Man sage was man will, die ersten Sprachbildner aller Zungen trafen weit besser, als die spätern, übrigens noch so aufgeklärten, Wortpräger. Ihre Gebilde sind wahre Ausdrücke, nicht willkührliche Zeichen. Sie gaben die Dinge, wie sie sind. Jeder Laut, den sie darstellten, hat seine wahre Bedeutung, jedes Tonzeichen ist ein Zug im Gemälde der Natur, die sie anschaulich machten, und da, wo wir jetzt Angemessenheit und Bestimmtheit in ihren Wörtern vermissen, vermissen wir eigentlich unser eigenes richtiges Gefühl, oder bekennen, daß sich das Veränderliche in der Natur — nicht alles aber ist gleich wandelbar darin — seit seiner ersten Darstellung umgestaltet habe.

Hören wir, um dieß auf persönliche Namen zu beziehen, den Alonzo, so schreitet vor unserer Einbildung mit feierlichem Ernst, in seinem schwarzen Mantel ein Don daher, den man sicher im Lanzelot und Etienne nicht sucht. Unsern Mann, Hard, Ram, Mar, machten Kraft und Festigkeit, unsere Hilde und Ide sprechen Muth und weibliche Zartheit aus. Was liegt dagegen in der Barbara, zusammengezogen Bärbchen? Sinn wohl, aber gewiß kein solcher, der das deutsche Mädchen ehrt. Edelinde, denn das th war ursprünglich unser weiches d, wie freundlich lächelt sie uns an! Aber wir sind einmal durch die Mißtöne fremder Namen so verwöhnt, daß man die Rüge ihres Mißbrauchs wohl gar für — eitle Neuerungssucht hält.

Die Hebräerin Anna, die Griechin Sophia, die Römerin Augusta, vertragen sich als mütterliche Namen; eben so schwesterlich werden sich im Namen der Tochter die Brittin Betty, die Französin Louise, und die Spanerin Elvira, die Hand reichen. Und wie schön runden sie sich! Wie einklingend füllen sie das Ohr! Gut, meine Gnädige! Wie gefällt Ihnen das Wort Anyא? Bunt genug sieht es aus. Es ist der Name ihrer Tochter, eine Deutsche, durch morgen= und abendländische Zeichen dargestellt. Ich wiederhohle meinen Spruch: keine Sprache ist reicher an edeln Namen, als die unsere; setzet sie wieder in ihre Rechte! Gebet euern Kindern Namen, die sie verstehen, die sie gern hören und schreiben, und deren Sinn für sie sittlicher Wink wird!

Ethelwald
Edler Herr.

Waldo, der Herr, ist wahrscheinlich aus Baldo, der Waghafte, entsprossen: denn nur ein hoher Muth bahnte dem kriegerischen Teutonen den Weg zur Herrschaft.

Ethelwolf
Edler Wolf.

Ethico
Sanfter Hermann,

Wie Ezo und Etzel, gänzliche Verunstaltung des Ermenfried, mit dem diese Namen deßwegen in alten Urkunden verwechselt werden.

Etzel
Ehrenmann.

Mißgestalt des Ehrenfried, nicht des Azo, das ist: unsers verbildeten Adelo, womit er mehr Aehnlichkeit hat. *)

Evermod
Ebermüthiger.

Wie wir in unserer Sprache einen Löwenmüthigen haben. Ever ist unser Eber, woraus durch Weglassung des ersten Mitlauters der Bere wurde. — Muod ist Muth, und hat im niederdeutschen Moet, und im niederländischen Muat, noch, seine, beinahe unveränderte, erste Gestalt.

Ewald
Edler Herr.

In der angelsächsischen Geschichte gewöhnlicher Edwald, überhebt er uns der Versuchung, an Ewo oder Eckii zu denken, die auch zu Wald, eigentlich Walt, dem Waltenden, dem Herrscher, nicht so gut passen würden, als Ed oder Eddi, was so viele angelsächsische Namen bildet.

Fastrade
Standhafte Rathgeberin.

So hieß Karls des Großen zweite Gemah-

---

*) Vergl. Feller genealog. Geschichte des Braunschweig-Lüneb. Hauses. S. 119.

lin. Die erste, **Luitgard**, starb in Spanien. Vier Gattinnen hatte der Kaiser, und nebenher hing er sich noch — nicht seine einzige Schwäche! — an Buhlerinnen, die ihm oft das Leben saurer machten, als Wittechind, Taffilo und Defiderius. In der Zusammensetzung mit Faft, ist Raba wohl nicht von Rabes oder Rabino, sondern von Rathan, rathgeben, abzuleiten. Die Wurzel desselben, Rate, ist als Rath, Concilium, noch unverändert geblieben.

In dem alten Heldengedichte des neunten Jahrhunderts:

Diz Puoch ist von Chunig Karl und von Ruoland gemacht, wie sie die Heidenschaft (das Heldenthum) überchomen:

heißt es: „daz chom von Gottes rate."

Ferdinand
Dienstmann.

Ueber die Bedeutung dieses ächt deutschen männlichen Namens wünsche ich dem Freunde vaterländischer Urkunden, und mir selbst von Männern, denen reichhaltige Hülfsquellen ihr Forschen erleichtern und sichern, einen gründlichern Aufschluß, als ich hier zu geben vermag. Far ist teutonisch, als Vorsetzsylbe, was unser ver ist. Farfitho, verfechten, farkebo, vergeben, Farnuft, Vernunft, Farstand, Verstand, fartribo, vertreiben.

Die Silbe for ist vor, fort, fortifuaro, fortfahren, forawesan, vorstehen, forasuano, vorahnden. — Deonon, später thinan, ist teutonisch: dienen.

Ferdinand würde also entweder ein Verdienender, oder ein Zuvorkommender, oder ein Dienender seyn.

Als Ferdinand, Pferde-dienend, wäre der Name gleichbedeutend mit Marschalk. Nur scheint der Name Ferd, niedersächsisch Pert, erst späterhin von den Niederdeutschen, ich meine den Sachsen, Longobarden, Chauzen, zu den Oberländern übergewandert zu seyn: denn die allgemeine älteste deutsche Bezeichnung des Pferdes war Horsa, daher englisch Horse, und das tonverwandte Roß. Ferden, oder Verden, die niedersächsische Stadt, verdankt ihren Namen auch nicht den Pferden, die dort von jeher eine magere Weide gefunden haben würden, sondern der Fehrt oder Fährte über die Aller, vom ältesten Worte, Feord, Weg, Furt.

Leichter, und ich glaube wahrscheinlicher, ist die Ableitung des Namens vom keltischen Feor, Mann, und thinan, dienen. Sie giebt den Sinn: Dienender oder Dienstmann.

Filobert

Herrlicher.

Als Philibert, das heißt unrichtig geschrieben, sieht der Name griechisch genug aus. Das hätte ihn doch vom Untergange retten müssen! Aber der Grieche hat kein Jota daran.

Filo ist unser viel. Auch in Filohard erscheint es. Es drückte wie mera, mehr, oft die vergleichende Stufe aus.

Noch jetzt heißt: viel schlimmer, viel

theuer, in der niederdeutschen Volkssprache, sehr schlimm, sehr theuer. Was dünkt Ihnen aber von dem sanften, zärtlichen Filobert?

Flodoard
Starker Herr.

Aus Frothohard, durch die weichere fränkische Mundart gebildet.

Franke
Der Freie.

Woher der Volksname Franken? Die Untersuchung hat viele Forscher beschäftigt, und die seltsamsten Wagesätze erzeugt. Erst im dritten Jahrhundert erscheint der Stamm der Franken unter diesem Namen in der Geschichte. Er macht da seinen Heerszug über die Elbe und Weser an den Rhein. Bald bricht er in Gallien ein, und gründet dort auf den Trümmern der römischen Herrschaft sein Reich. Die furchtbare Volksmasse der Kimbern war zerstreut, und bis auf einen kleinen Ueberrest vertilgt.

Dieser suchte seine Sicherheit an der Ostsee, zog sich dann links am Gestade der Nordsee hin, und machte sich den angränzenden Völkern unter dem Namen der Warengen, das heißt Umherstreifenden, oder durch seine Seeräubereien, unter dem der Breker, Braker, kund.

Aus Warengien bildete sich hernach Wagrien, dessen Hauptstadt zuerst Oldenburg, nachher Lübeck wurde. Daß von den Warengern zuerst der Zugfisch in der Nord- und Ostsee seine Benennung

Hering erhielt, ist klar. Die Breken, das heißt die frechen, die tollkühnen Räuber, sandten nun ein Heer über den Rhein, welches seinen Namen rechtfertigte, und ihn, in Branken verwandelt, überall furchtbar machte. Ganz natürlich folgt nun aus dieser Herleitung: Erstlich, daß der Name Brank, oder Frech, älter seyn müße, als der Name frank, frei; was denn freilich unsern Urahnen, die man für das ehrlichste Volk in der Welt gehalten hat, nicht zur Ehre gereichen kann.

Zweitens: daß die Frechheit für den Franken ein angestammtes Volksübel sey.

Lassen Sie uns indeß nicht so rasch folgern aus einem leeren, luftigen Traume! Der Franke lebte schon in jedem ächten Deutschen, ehe der Volksname, der sich bis ins Herz von Gallien einen Weg bahnte, sein Streben nach Unabhängigkeit durch seinen Namen bezeichnete. Und Franke ist dem Branke so fremd, als Branke dem Bargus und dem Frebige oder Frech. Er ist der freie Mann.

Franz
Der Freie.

Seitdem die überrheinischen Franken sich als François *) besser gefielen, mußte auch der Mannsname Franc ein Schwänzchen an sein c hängen.

---

*) Sie hießen anfangs die Frankisken, oder Fränkischen. Für das k wurde nach damaliger Weise ein c geschrieben. So entstanden die Franciscen. Schon zu Karls des Großen Zeiten machten fränkische Schriftsteller Franciscos hieraus.

Uebersetzt hieß er nun nicht mehr Francus, Franco, sondern Franciscus, Franceses. Grund genug für den nachahmungssüchtigen Deutschen, ihn auch zum Franz zu stempeln.

Freculph
Friedensstifter.

Ueber Frede vergleiche man Fredegunde. Das H in Hulpe, Hülpe, die Hülfe, würde, nach fränkischer Weise, in Ch, und dieses in das härtere K, oder C, verwandelt. Seinem rauhen Tone nach läßt Freculph eher an einen Vermittler mit der Keule, als an einen Besänftiger denken.

Friedrich ersetzt den Ausgestorbenen völlig.

Fredegunde
Sanfte Kriegerin.

Man vergleiche Günther und Kunigunde.

Fri das Urwort, frei, späterhin erscheinend als das breittönige vray, bezeichnete den Zustand der Sicherheit und Unabhängigkeit. Der Friu, Freie, war als Unabhängiger Fro, ein Herr. Der Frilicho als solcher ein Frolicho, Fröhlicher. Frigg, Freier, Frihof die Hausflur, eine häusliche Freistätte, Frihoven die Ruhestätte der Todten (wie sinn-

---

So sang Ermoldus Nigellus in seiner Elegie an Ludwig den Ersten: Seu quis Franciscam mavult reserare loquelam. Und Eginhard erzählt in seinen Vita Carol. Magn.: Vestitu patrio, hoc est Francisco, vtebatur.

sinnleer ist dagegen unser Kirchhof!) und nun Fridu, was dem Volke und jedem Einzelnen Sicherheit von außen gewährt, der Friede; alles schöne Zweige eines schönen Stamms! Aus Fridu wurde bald Fredo, Vrede, endlich Wrede. Fredegunde ist die friedliche, sanfte Kriegerin.

Schade um den trefflichen Namen, daß ihn ein weiblicher Unhold, oder, wie ältere Geschichtschreiber sie nennen, eine Fackel, die das ganze Reich in Glut setzte, König Hilperichs in Frankreich Buhlerin, Gemahlin und Mörderin, vor zwölfhundert Jahren so schändete! Aller Ungeheuer, die je des Himmels Zorn auf Throne setzte, war Fredegunde das scheuslichste. Und weil sich deswegen ihr Andenken unausweichlich mit ihrem Namen verbindet, so müssen wir wohl die Hoffnung aufgeben, ihn je wieder unter uns empor kommen zu sehen.

Fricco

So bildete der Friese unsern Friedrich um. — Fricco hieß einer der Obergötter des ältesten Schwebens! Im Tempel zu Upsal stand er zwischen dem Wodan und Thor, mit der Palme des Friedens.

Fridigis
Die Friedliche.

Weiblicher Name. Aus Friederich wurde, zusammengezogen, Fridig. Als Bildungswörtchen kennen wir die Endsilbe is in mehrern Namen, z. B. in Walpurgis, Haragis, Willigis und andern.

Friederich

Friedenvoller.

Dem Wesen des Friedens entspricht sein Ton. Mit 'Εἰρήνη hält er keine Vergleichung aus; aber Pax, Paix, Pace, tönen nicht milder als Friede. Auch Friederich kündigt, durch sanften Ton, seinen Sinn, sein stilles Geschäft an; nicht der harte Friedrich. Warum bringt man ihm aber, durch Auslassung des lindern zweiten e, eine Härte auf, die keine Regel für sich hat?

Und dieser sanfte Friederich möge dir, deutsches Volk, so lange du die Sprache deiner Väter, deinen Sinn, deine Eigenthümlichkeit, als ein kostbares Heiligthum bewahrst, immer Lieblingsname bleiben! Er warne deine Söhne, nie für unbedingten Volkszweck zu halten, was nur als Mittel zur Volksfreiheit gerechtfertigt werden kann; nie für Volksglück, was immer die schrecklichste Geißel der Menschheit bleibt. Der Deutschen Kriegsruhm ist so alt, als ihre Geschichte. Aber seit den Heerzügen ihrer Urstämme, welche, von schwächern Völkern gerufen, das Ausland überströmten, und dann, nach der Weise aller alten Völker, die das jus naturae et gentium nicht besser inne hatten als sie, da blieben, wo ihnen der Boden am besten gefiel, haben sie ihren Kriegsruhm nicht durch Eroberungssucht befleckt. Man vergleiche nur die älteste und neueste Karte von Deutschland!

Und die hohe Stufe der Bildung, auf welcher sie sich, wir dürfen dieß ohne Selbstsucht behaupten, über alle andern Völker erhoben, wie ihr natürlicher Hang zur Ruhe, ihre Besonnenheit, ihre Gerechtigkeit, würden es der Herrscher Willkühr wohl sehr schwer machen, sie durch Vorspiegelungen einer verderblichen Staatsweisheit, durch Blendwerke der Ehre, durch Zwang und Blutgräuel zu einem Geiste der Verwilderung und Raubsucht zu vereinigen; und das Ganze des Volks, in dem sich gebildete, freie, friedliche, gehorsame Stände zum herrlichen Bürgerverein die Hand bieten, zu einer Horde von Würgern zu erniedrigen, die bald weder eigenes noch fremdes Wohl, die nicht Flehen, die nicht Flüche der Menschheit, nicht Länderglück, nicht Staatenzertrümmerungen, nicht das Heiligste, nicht das Schändlichste: die nichts mehr berücksichtigte, als den Willen des Einen, der ihre Wuth entflammt, und sie — durch die Ehre der Hölle belohnt, daß sie auf Brandstätten und auf dem Mordanger, wo ihre Mitsklaven faulen, ausrufen können: „Wir haben gesiegt!"

Wofür habt ihr gesiegt? — Um den Schrecklichen, der euch austrieb, zum Ungeheuer zu machen! Um sein verheertes, ausgehungertes, entvölkertes Reich zu erweitern, um ihn und euch mit den Flüchen von Millionen neuer Mitbürger zu beladen!

Wie habt ihr gesiegt? Als Hunnen und Tataren! Nun so schmeichelt euch mit eurer Größe; nie werden Deutsche sie mit euch theilen!

Daß sie die Schlagfertigsten zu schlagen wissen, bezeugt ihre Nothwehr gegen Napoleons Heere in den Jahren 1813 und 1814. Aber sie hatten auch zehn Jahre lang das Unerträgliche von ihm ertragen, ehe sie Gewalt mit Gewalt abzutreiben, Vertilgung mit Vertilgung zu erwiedern, und so, ihre Unabhängigkeit zu retten, ihre furchtbaren Kräfte vereinigten. Denn freilich, wenn man der Deutschen Bedächtigkeit und Menschlichkeit, wenn man ihren gerechten Abscheu vor den Gräueln des Krieges, Schwäche schilt, wenn man ihre Volksgröße und Ehre frech verhöhnt: so erwacht in Friederich ein Hermann, und wo bleibt dann Napoleon?

Friso
Der Freie.

Vom altdeutschen vray, woraus späterhin fry, oder fri, engl. free, wurde.

Fromund
Ehrenvoller Sprecher.

Nicht vom Wollsacke, wie den Right Honorable Speaker im brittischen Volksrathe; sondern zwischen Bänken und Bechern, wenn es auf das Heil des Stamms ankam, wußte unser Fromund seinen Vorschlägen Achtung zu verschaffen, sobald er sie durch persönliches Ansehen, oder noch mehr, durch Verdienste um das Vaterland, unterstützen konnte. Dann war die Stimme die des Fron's, des Gebieters, von dem man voraussetzte, er wolle nur Fruma, nur was Nutz und Frommen dem Ganzen gewährt.

Dieß Fruma ist also nicht unsers Namens Stamm, und noch weniger dürfen wir dabei an den frommen Mund oder Sprecher denken, wenn gleich statt des ältesten Fruati: der Fromme, was von Forachta: die Furcht, abzuleiten ist, späterhin Frumo eingeführt wurde.

Frothar
Starker Herr.

Eigentlich Frothhard.

Frotho
Herr.

Fro ist beim Otfried Herr, daher Frohndienst, Herrendienst, Frohnleichnam, Frowe, Frau, nicht blos als Mitgebieterin, sondern auch als liebenswürdige Gehülfin: denn das keltische Frow bezeichnete die Schöne, und da sie als solche des Mannes Wonne ist, die Freude. Daher unser froh.

Frowiza
Die weise Frau.

Ist es nicht wahre Herabwürdigung des schönen Geschlechts, daß man weise Frauen und unbarmherzige Sittenrichterinnen, oder kecke Absprecherinnen, für eins hält? So gemein ist dieser widrige Nebenbegriff, daß man keine Frau weise nennen kann, ohne ihr eine Unverschämtheit zu sagen. Als wäre die Weisheit nur an den Mann gebunden! Als bestände sie je in der Spruchfertigkeit, die, wie wir wissen, der weiblichen Schnellkraft im Denken und Reden vorzüglich zu Gebote steht! Eine solche Weisheit ist freilich die gefährlichste Mitgift des Weibes. Lieber ewig allein, als mit einer Gattin beisammen seyn, die ihre Einbildungen für Denken, ihr Denken für Wissen, ihr Wissen für Allwissen, ihr Gelesenes für Verstandenes, ihren Schauspielflitter für gediegenes Gold hält, und sich der Beweglichkeit ihres Geistes über=

hebt, womit es sich wohl geben würde, wüßte sie immer, wovon die Rede wäre.

Solch eine **Frowiza** (von **Fraw**, keltisch: die Schöne, und **Wisun**, die Sittigkeit) hätte der Teutone wohl nicht vertragen.

Wisun, Bescheidenheit, Züchtigkeit, war die Krone weiblicher Weisheit, und ist es noch). Götter und Göttinnen theilten sich im Olymp und im Weihrauch, der auf ihren Altären dampfte. Apolls Priesterinnen, Roms Vestalinnen und unsere Wizzegäs, Weissagerinnen, beurkunden unsere Huldigung für die geistige Hoheit des Weibes. Will es aber glänzen damit, so wird es eben so verächtlich, als der Mann, der sich seiner körperlichen Reize überhebt. Herrschaft gebührt dem Weibe, so lang es sie nicht sucht.

Fulbect
Prachtvoll.

Wie **fil**, teutonisch unser viel, so ist **full voll**; **Filobert** und **Fullobert** sind deswegen gleichbedeutend. Die verwandten Lauter o und u wurden im ersten Gliede dieses Namens, durch die Aussprache, leicht verwechselt. **Foluissi**, die Fülle, **Fulleton**, der Ueberfluß, **follichomon**, vollkommen, **fulleisten**, helfen, eigentlich volles, alles, was man vermag, leisten.

Ob **Fulitha**, die Fäulniß, eines Stamms mit diesen Wörtern sey? Ich vermuthe es. Die höchste Reife ist anfangende Auflösung.

Fulbert hieß Heloisens Pflegevatter, der es freilich mit ihrem Verhältnisse zum Abälard (Eber-

harb) dem ersten Kopfe, und dem ärgsten Wollüstlinge seiner Zeit — und das sagte in Paris, schon zu
Anfange ¦des zwölften Jahrhunderts, sehr viel! —
etwas genauer nehmen mußte, als Rousseau und seine
Leser; aber doch eine zu fürchterliche, eine unerhört
schändliche Rache an ihm nahm, und nach wie vor
Canonicus blieb. Wie die Ordensverwandten Abä-
lards — denn was hatte er und seine Gattin noch für
eine Wahl als das Kloster? — ihn und seinen Unfall
beurtheilten, darüber läßt sich in einem Straf- und
Trost-Sendschreiben an ihn, voll greller Züge des
Geistes jener Zeit, der Prior des Klosters Deuil
vernehmen. Er hieß

Fulco
Der Vollkommene.

Unbeständig sey alles Erdenglück. Auch das seinige, sein Wohlleben, seine Vergötterung, in der ihm
Europa Jünglinge, sogar das ferne Britannien seine
jungen Thiere, zu bilden, gesandt habe, sey wechselnd
gewesen. Er möge sich dessen trösten, daß ihn seine
Mannheit viel, daß sie ihm seine ganze Erwerbung ge-
kostet, und nichts übrig gelassen habe, als einen Mantel, und tiefe Armuth. Entronnen sey er der Gefahr
zur Verschwendung an Buhlerinnen (die arme He-
loise!) und an Leidenschaften, welchen der volle, auch
der sonst heilige (?) Mann, nur zu oft erliege. Zeit
habe er gewonnen, diesen Leidenschaften nachzufor-
schen, und ihren Verheerungen zu steuern (Etwas zu
spät!). Arglos würde nun jeder Ehemann ihn beher-
bergen (wahrlich ein theures Vertrauen!), und ihn
bei seiner Gattin willkommen heißen: denn er ver-

möge ja nur in Gedanken zu sündigen. Ohne Sünde (das heißt also bei diesem Sittenlehrer: ohne öffentliche Unzucht) wandle er von nun an dahin (früher also nicht? O, Abälard, was war denn deine Treue gegen deine verlobte Gefallene!) zwischen Reizen blühender schöner Mädchen, die auch den eiskalten Greis noch entflammen könnten. (Wie alt warst du, lieber Prior?) Keine eheliche Liebkosungen, keine Kinderpflege, werde ihn nun von Gott entfremden. (O, der wahnsinnigen Mönchsfrömmigkeit!) Auch **Origenes, Paulus (?) Johannes (?) Proteus und Hyacinth**, preisen, als Auserwählte, Gott dafür, Verstümmelte gewesen zu seyn. (Die Apostel zu Verstümmelten zu machen, ist arg; aber ärger ist es noch, wenn der tröstende Prior, dessen Hauptgedanken ich nur anführen darf, weil er manches einwebt, wobei selbst seinen, mit verführerischen Bildern vertrauten, Freund eine Röthe anfliegen müßte; ärger ist es, wenn er diesen damit beruhigt, daß er in der Auferstehung das Verlohrne weit herrlicher wieder erhalten werde!) Endlich, wie allgemein sey der Jammer, wie unaufhaltsam der Thränenstrom aller Stände, über sein Unglück! Wie durchdringend das zärtliche Wehklagen der schönsten Standesfrauen von Paris, um den Fall ihres geliebten Ritters! (militis sui. Wahrlich ein kräftiger Trost, und ein schmeichelhafter Gruß, für den Magister divinarum rerum.) Bulaei Hist. Vniversit. Paris. Tom. II. 12. 50.

Wurde nun Abälard nicht getröstet durch solche Kraftsprüche mönchischer Weisheit, so hatte doch Fulco das Seinige gethan.

Fulrad
Der Kluge.

Zusammengesetzt von Fullo, Follo und Rate, nennt er den, der sich und andern immer zu rathen weiß.

Gänserich
Der Gänsereiche.

Ob die liebe Menschheit von Anbeginn, und besonders seitdem wir ihr angehören und ein Wort über sie mitsprechen können, mehr an der Vergrößerungs- oder Verkleinerungssucht gesiechet habe, und noch sieche, möchte sich wohl schwerlich bestimmen lassen. Es gehört ein weltumfassender Blick dazu, das Mehr oder Weniger darinnen, und selbst der äußern Uebel in unserm wandelbaren Geschlechte zu ergründen, und deswegen traue ich keinem menschlichen Urtheile darüber, und möchte mich nie des Spruchs erkühnen: **auf dieser Stufe sittlicher Weisheit oder Thorheit steht die Menschheit unfehlbar.** Genau zugesehen wogen und wiegen sich wohl Vergrößerungs- und Verkleinerungssucht einander völlig auf, und helfen sich schwesterlich fort. Und ihnen noch tiefer auf den Grund geblickt, sind sie durchaus eins.

Die arme Dirne, welche für ein Stückchen Brod und einige Pfenninge der Höfnerin einen ganzen Sommer verkauft, und es dabei noch bei jeder Gelegenheit hören muß: sie tauge doch zu nichts, als zum Gänsehüten; sie, die hinter der Pank des reichen Schäfers und plumpen Ochsenhirten sich als Handlangerin noch geehrt fühlt, ist ihrem Zustande nach weder einer Vergrößerung noch einer Verkleinerung fähig; aber, ihrem Sinne nach, **sehr**.

Welche Versuchung für sie zum Uebermuthe, daß ein unübersehbares Heer, ihrer Stimme und ihrem befiederten Stecken gehorchend, vor ihr her watschelt, seinen natürlichen Rechten entsagt, sich ihren Launen unbedingt fügt, und nie einen Aufstand wider sie, höchstens vielleicht einen bittern Tadel über ihre Anordnungen, einen widerspenstigen Schrei wagt! Wüßte sie nun gar, daß sie leibhaftig ist, was einst ein schrecklicher Bestürmer Rom's und Afrika's hieß, mit welchem Stolze würde sie auf den Sauhirten herabblicken!

Gänserich der Vandale erinnert uns natürlich daran, daß noch jetzt in der Heimath seines Stamms, an der Ostsee, Gänseheerden ein wahrer Reichthum sind. Von dort her scheinen früher, als die Vandalen selbst, ihre Gänse, beim Plinius schon Ganzas genannt, nach Italien gewandert zu seyn, wo man sie als Anseres aufnahm.

Glauben Sie übrigens nicht, meine Leser, daß sich dießmal unsere Alten im Namen ihrer Krieger, und noch dazu eines so furchtbaren Eroberers, vergriffen haben. Was geht unsern befiederten Gänserichen an Muth ab, sobald sie sich wider ihres Gleichen, und nur daran sollte der Tapfere sich versuchen, zur Beschirmung ihrer Völkchen, zur Befreiung ihrer Weiden von eingedungenen Beeinträchtigern erheben? Der Vandalenkönig blieb weit hinter seinem Vorbilde zurück. Hätte er aber nicht wahrer und

billiger von den Wächtern des Capitols gedacht, als
wir, so durfte er es ja nur machen, wie der weiland
erste Consul bei seiner Erhebung zum Kaiserthrone.

Galba
Der Feiste.

Ein kaiserlicher und doch kein Ehrenname, wenn
ihn gleich der gekrönte römische Schwelger dafür halten möchte. Ob Gallien oder Theutsland ältere Ansprüche an den Namen Galba haben dürfte, dessen
Bedeutung, wie schon Suetonius wußte, der Fet-
te, war, bleibt unentschieden. Wenigstens zeugt unser Gelb, als Farbe des Fettes, und im Zellischen
als üppig wachsend (die Pflanze steht gelb) für
sein hohes Alter unter Deutschen.

Auch unser Geil, und die Galle, gewöhnlich
als gelb bezeichnet, scheint Sprößling aus derselben
Wurzel zu seyn. Dem Kalbe aber ist diese fremd.
Von kal, rufen, englisch To call, und Welfa, das
Junge, abgeleitet, ist Kalwelf, Kalf, Kalb,
das blöckende Junge.

Was in dem Zeitraume vom Siege bei Actium
bis auf Galba die Mästung eines römischen Kaisers
kostete, davon haben wir keine Begriffe.

Caligula verschwelgte, nach Seneca, die Abgaben dreier Provinzen in einer Mahlzeit. Sie kostete
dritthalb Tonnen Goldes.

Nero fütterte auch den Sinn des Geruchs bei
einem Gastmahle, wozu er sich selbst eingeladen hatte,
mit Blumen- und Balsamdüften für — 10,000 Thaler.

Vitellius, unter allen, die regiert haben, das
gefräßigste Ungeheuer, verpraßte in wenigen Monaten

zwei und zwanzig Millionen Thaler, und veranlaßte, wie Dio Cassius bezeugt, eine wahre Theurung in Leckereien. —

Varus strengte sich vergebens an, ein solches Vorbild zu erreichen, beschenkte einst eilf Tischgäste mit goldnen Bechern, Edelsteinen und Lustwägen mit Silber beschlagen, und konnte doch den Preis des ganzen Gastmahls nicht über — 120,000 Thaler bringen.

Gebhard.
Milder Held.

Nicht Gesetzgeber? nicht Priester, dem die Verwaltung der Gesetze unter unsern Urvätern oblag? Eward wäre dann des Namens älteste Form, herstammend von Ew, Gesetz, und Warto, Bewahrer, Aufrechterhalter.

Vielleicht sprach man diesen Eward mit einem Hauche als Heward aus. H wandelte sich in Ch, wie bei Chlodwig, und dadurch wurde der leichtern Aussprache wegen G.

Die Vertauschung der Buchstaben H, Ch, G und W war ja sehr gewöhnlich, und deswegen darf das Hard, statt Ward, in diesem entstellten Namen nicht befremden. —

„Nicht befremden?" So möchte sich hier vielleicht ein zweifelmüthiger, übrigens ganz billiger, Beurtheiler vernehmen lassen: „Sie denken sich auch wirklich Ihre Leser zu leichtgläubig, wenn Sie ihnen einen Eward statt des trefflichen Gebhard aufdringen wollen. Was haben beide mit einander gemein?"

Den niederdeutschen Gewwert und Geffers darf ich Ihnen wohl nicht anführen: denn solche späte, platte Verhunzungen können nur verwirren, nicht erläutern.

„Wozu auch solche Spätlinge, da sich Gebhard in seiner ältern edeln Form selbst erläutert?"

Wie? Ich bitte Sie —

„Geban ist gewiß so alt, als unsere Sprache."

Dieß räume ich ein, aber —

„Kein Aber? Hard ist ja, wie Sie selbst bemerkten, nicht bloß das Harte, als fest, als stark, sondern auch als schwer."

Und Gebhard?

„Ein schwer Gegebener, oder Gebohrner, ein deutscher Benoni."

Sie nannten diesen Namen, diesen Erinnerer an die Lebensgefahr der Mutter und des Kindes, trefflich und edel?

„Ueberstandene Leiden sind Freuden."

Aber hätte wohl die teutonische Mutter ihre Gebrechlichkeit gern verewigt? Ich dächte, das Weib, wie es damals war, hätte sich seiner schwachen Nerven nicht als eines vornehmen Uebels gerühmt!

„Nicht ihre Gebrechlichkeit, sondern ihr Verdienst um den Schmerzenssohn, vereinigte sie, wenigstens bringt doch mein Gebhard sein G gleich mit."

Auch Ihr Gero und was ihm anhängt? Woher kam diesen das G? Lieber sey Gebhard Ebanhard! Dann retten wir doch seine Endung hard; Eban, Ebin und Ew sind ja sicher eines Urworts. Das Gesetz ist die Bestimmung des Gleichen, Billigen.

„Gern möchte ich Ihrer Meinung seyn, aber noch eins! Wir haben auch einen Geba, Geba-

win, Gevilieb. In allen diesen Namen tritt doch
der Geber zu stark hervor. Und ist nicht ein großmü-
thiger, milder Held der preiswürdigste Mann von der
Welt?"

Geilane
Die Beglückerin.

Dem Reinen ist alles rein. Daß durch Vertauschung des H mit G, die in der ältern Sprache so
häufig vorkommt, die Beglückerin, von Heile,
Glück und Segen, in den Schein der Wollüstigen treten könne, fiel weder jener Herzogin von Austrasien, noch ihrem gar zu ehrlichen Gosbert, noch
ihren Hoffräuleins ein.

Vor den Zeiten der heiligen Wandergesellen
(man sehe diesen Namen) Winfried, Kilian und
ihrer Mitläufer, war der Name Heil-And, warmer Beglücker, oder Heil-Hand, thätiger Helfer,
ohne Zweifel in deutschen Stämmen nicht ungewöhnlich! Woher hätten wir sonst unsere Heilane und
Hela? Nachher wurde er ausschließende Benennung
des Weltbeglückers, und die frommen Eiferer sorgten
dafür, daß niemand ihn hinfort sich als Namen zu
eignen, und dadurch, wie man fürchtete, entweihen
möchte. Einen Christträger, Christoph, dafür
in Umlauf zu bringen, das fanden sie nicht bedenklich.
Schon zu Otfrieds Zeiten hieß Jesus, wie er noch
jetzt heißt, der Heiland. Und in der ältesten Verdeutschung des Gesprächs Jesu mit der Samariterin,
die der Handschrift der ältesten Annal. Francorum an-
gefügt, und vielleicht vom heiligen Rembert ist,
heißt es: „Lesen wir thaz fuori ther Hei-

lant fart muobi zeuntaruuizzun. (Wir lesen: daß einmal der Heiland müde war, zu unterrichten.)

Geilane, Herzogin in Austrasien, war nun gewiß keine Beglückerin des heiligen Kilian; aber tückisch und unbarmherzig verfuhr auch dieser irländische Apostel mit ihr: Erst bekehrte er ihren Gemahl Gosbert, und dann bezeugte er ihm: als Christ müsse er seines verstorbenen Bruders Wittwe, jetzt seiner Gemahlin, einen Scheidebrief geben. Woher wußte das der unbefugte Gewissensrath? Gosbert hatte lange seine Geilane zärtlich geliebt, hatte Kinder mit ihr erzeugt: die Scheidung wurde ihm schwer; aber Kilian machte ihm die Hölle sehr heiß. Noch verschob Gosbert die Trennung, und zog erst schwermüthig zu Felde. Geilane benützte seine Abwesenheit; Kilian fiel, als Opfer ihrer Rache. Der Herzog erfuhr bald die ganze Sache, verzieh seiner Geilane, und begnadigte sogar den Mörder. Aber, o Wunder! Dieser zerfleischt sich nun Angesichts des ganzen Hofes, mit seinen eignen Zähnen! So rächt sich ein verrathenes Weib, und so ein geköpfter Heiliger!

Das alles geschah in Würzburg, dessen Bisthum Stiftung und Denkmal Sanct Kilians war. Wer dürfte wohl daran zweifeln?

Geisa
Die Geis.

Als Gese und Gesche im Hojaischen und Bremischen ein sehr beliebter weiblicher Volksname.

Geiso
Der Angreifende.

Bey Bucco stand uns der Bock sehr nahe, und wir waren schier daran, ihn in die Reihe unserer Helden einzuführen; um so mehr, da nicht nur Deutsche, sondern auch die fernsten Nordmänner, und die feinern Völker des Südens, ihn glänzen lassen in ihren Rittersälen.

Eine freiherrliche Familie Bock kennen wir. Auch der Schwede Steenbock, der, während der freiwilligen Gefangenschaft Karls des Zwölften in Bender, eine Holsteinische Festung, lange, jedoch bey weitem nicht so unmenschlich, als der Wüthrich Eckmühl unser Hamburg, vertheidigte, lebt noch in einem Volksliede: „Steenbock bist du noch verwegen?" Die Caprara in Italien aber sind Nobili der ersten Stufe.

Doch Bucco ist ein Friese, und unser Burghard dürfte sich seinen Sprößling wohl nicht absprechen lassen.

Geyso aber, der freilich seinem keltischen Stammvater Gittenbock, oder Hybb, wovon unsere Hindinn, nicht einmahl so ähnlich sieht als dem Griechischen 'Αιξ, gebeut uns, hier der Geis ihre Stelle einzuräumen, und uns dabei aller niedrigen Nebenvorstellungen zu entschlagen.

Ein leibhaftes Bild der Herzhaftigkeit ist der Geisbock. Längst erkiesete man ihn deswegen zum Schildhalter, längst erscheint er als waghafter Angreifer in unsern Wappen, und die stattlichen, in sanften Schlangenlinien gewundenen Hörner, womit
die

die Natur ihn gekrönt hat, steigen stolz aus unsern offenen Helmen empor.

Kein würdigeres Opfer konnte also wohl dem Bacchus, dem Gotte des fröhlichen Muths, geweihet werden, als ein kecker, wohlgemuther, und selbst bey seinem Eigensinn, der Franzmann nennt ihn böckische Laune (Caprico), noch allerliebster Bock.

Sehen wir zum Sternenhimmel hinauf, da prangt im ewigen Bilde sein Denkmal: denn die Böckin der Amalthea hatte ja den Donnerschleuderer zum Gewaltigsten des Olymp herangesäugt. — Wer nun dem Geiso noch einen andern Namen andichten, wer ihn vom teutonischen heiz, heiß, oder gar von Gisiuni, Gesicht, nicht das sehende, sondern das gesehene, die Erscheinung, ableiten will, oder wer sich gar vermisset, ihn unter den deutschen Urnamen zu streichen, und zum Hunnen herabzuwürdigen, um der Geis nicht ihre Ehre zu lassen — der — thue das auf seine Gefahr!

Gelesuinde
Holde Beglückerin.

Wie zweideutig uns auch anfangs dieser Name scheinen mag, so werden wir uns doch bald mit ihm aussöhnen. Wir denken uns dabei nicht die widrige Farbe des Neides, der ins Blut ergossenen Galle, oder gar das Gelb des Todes, so wenig als das Licht, was die Königin des Himmels umstrahlt. In dem nicht seltenen, aber längst veralteten, Gelesuinde wird uns unausweichlich Hela und Wine, die Heil und Segen bringende Freundin, dargestellt.

Daß Gelesuinde Gemahlin und Bekehrerin des fränkischen Königs Hlodwig zum Christenthum war, wissen alle, die diese Heilige kennen. Ob sie aber dafür in den Actis Sanctorum mit dem wohlverdienten Strahlenkranze prange, kann ich nicht bestimmen.

Gerald
Der starke Krieger.

Sagte uns auch die Geschichte nichts von dem kriegerischen Geiste unserer Väter, so würde uns doch die Reihe ihrer kriegerischen Namen den Sinn verrathen, dessen sie voll waren.

Gerald oder Gerhard, Gerberga, Gerbert, auch Herbert, Gertrud, Gerlach, eigentlich Gerlow, Gero, Gerold, welche Zweige eines Stammes!

Und dieser Stamm war vielleicht das keltische Gwr, der Mann, der den Römer Vir erzeugte, und — das niederdeutsche Göhr, die kleine Männin. Nur der Mann hat Kraft, den Bogen zu spannen, den Speer zu führen.

Die Amazonen lebten, wie die Kentauren, nur in übertreibenden Sagen der Alten, und selbst die deutschen Amazonen des Tacitus, diese Gertruds und Gerberga's, wehrten sich so lange durch Schreien, bis ihre Männer, auf die Wagenburg zurückgeworfen, die Angriffe der Unerschrockenen und Verzweifelnden leiten und unterstützen konnten. Allerdings blieben die Kämpferinnen von der Wagenburg den Römern, die doch ihre eigenen Weiber auch nicht als verzärtelte und verzagte Wesen kannten, ein fremdes, furchtbares Schauspiel, und noch weniger können sich natürlich unsere zarten Genossinnen in jenen Kunigunden und Brunhilden finden. Doch, wie gesagt, die Gerhards blieben immer ihre Verfechter.

Mögen nun die Altdeutschen ihr Ger, Her, Wer, dieses so höchst fruchtbare Stammwörtchen, den Kelten, ihren nahen Vettern, verdanken oder nicht, so bleibt es eine ihrer ältesten Bezeichnungen, weil Wehr und Angriff ihr ältestes Geschäft war. Unser Gerald ist wohl kein anderer, als der durch eine weichere Aussprache gemilderte, an sich freilich keiner Milderung bedürfende, Name Gerhard. So erscheint auch Bernhard hie und da als Beralb, ohne in dieser Gestalt zu gewinnen.

Gerberga
Schirmende Kriegerin.

Wahrlich ein seltsamer Name, der uns ganz natürlich an die Herberge erinnert, und — noch seltsamer! mit ihr eines Stammes ist.

Gerberge war den Teutonen das Feldlager, abzuleiten von Ger und Berge, ich berge, schirme.

Was dem Krieger nach ermüdenden Zügen das Lager, das ist dem Wanderer, der des Tages Last und Hitze getragen hat, die Herberge.

Aber — das Weib mit einer gastlichen Ruhestätte, oder gar mit einem festen Feldlager, bezeichnen? — ist nicht so ungereimt, als es scheint! Nichts dünkte dem Altdeutschen so herrlich, so sicher als sein Lager, und ein Mädchen, welches mehr in der Bewahrung, als in der Hingebung seines Persönlichen, Werth setzte, fühlte sich wohl gar geschmeichelt durch die Vergleichung damit.

Jetzt freilich soll die Belagerungskunst höher stehen, als die Befestigungskunst. Und unsere Töchter nun mit Heerlägern zu vergleichen, das hieße — uns selbst Bitterkeiten sagen. Denn warum verwöhnen und verweichlichen wir sie zu Wesen, die, ohne Selbstständigkeit, oft nur für die höchst zweideutige Bestimmung leben, sich hinzugeben?

So ließe sich, wie ich glaube, das Feldlager, die Gerberga, sehr wohl im uralten Namen vertheidigen. Doch Ger ist Gera, die Bewehrte, und Berga ist die Beschirmerin.

Thietberga in der feindlichen Hütte, und Gerberga im Heere; beide schienen des Mannes Leben, Frohsinn und Ehre.

Gerbert
Prächtiger Krieger.

Auch in einfacher Rüstung, auch mit Narben bedeckt, glänzt der deutsche Mann des Kriegs durch frohen Muth. — Er und sein Staat sollen doch nicht verarmen durch den Glanz seiner Pracht und Rüstung, damit das Heer blende?

Gerfried
Der traute Krieger.

Sanct Lüders Neffe hieß so, der, als sein Neffe, auch sein Nachfolger, Bischof von Münster, und einer der reichsten Pfründner Deutschlands wurde.

Konnten die obersten Stiftsherren in ihrem ehelosen Stande ihre Herrschaft nicht auf Söhne und Enkel vererben, so entschädigte die barmherzige Mutterkirche sie dafür durch das Recht, sich geistliche Söhne, als Nachfolger, zu erkiesen, und zu solchen Pfründerben nahmen sie gern ihre Neffen und Blutsfreunde: denn niemand hat jemahls sein eigen Fleisch gehasset.

Trieben aber die Herren, in dem Stande, wo Geist, Sinn, Kenntnisse und Verdienste, nie aber Blut und Sippschaft, zu Aemtern und Ehren befördern sollten, den Mißbrauch zu weit, zu ärgerlich; und er kann sehr ärgerlich werden! so erhoben sich Päbste und Concilien dagegen mit großem Ernst; aber doch nur zum Schein, denn jene hatten mehrentheils selbst sehr strebsame Nepoten, und diese bestanden mit aus Oheimen und Neffen.

Gerhard
Der starke Krieger.

So lange Sinn und Sprache uns auszeichnen als freies Urvolk, erhalte sich auch dieser männliche Name unter uns! Weise er so viele eingedrungene Ebräer, Griechen, Römer und Franzmänner aus unsern Gränzen und Kirchenbüchern in ihre Heimath zurück, und erinnere die Enkel an der Urväter Thaten, damit sie als rüstige Wehrmänner da stehen, jedem Bedroher ihrer Freiheit, und als friedliche Bürger vor keiner Gefahr ihres Standes beben!

Gerlach
Der handfeste Krieger.

Seine älteste Form ist Gerlow oder Gerloff. Die letzte Silbe ließe sich ableiten vom teutonischen Lob, was beim Mönch Otfried, als in Lobbuam, eigentlich das Lobthum, wie Eigenthum, vorkommt. Gerlach wäre dann der löbliche Krieger.

Doch scheint mir die Ableitung vom keltischen Lla oder Llaw, die Hand, daher Llabir, das Handschwerdt, wahrscheinlicher.

Will man aber lieber an Gerlev, den löwenmüthigen Krieger, denken, und sich dabei des Detlev erinnern, so darf man in der Auslegung des gewaltigen Namens nicht erst zum Keltischen zurückgehen.

Germer
Der berühmte Krieger.

Gero
Kriegsmann.

Ein verkürzter Gerhard, der aber durch die Einbuße des hard nichts von seinem Sinne verliert. Denn der Gewapnete ist Gero. Ob er vom keltischen ger, zugerichtet, daher noch unser Gerber, Lederbereiter, der die Haut gahr macht, und das Gähren, was die Zubereitung vollendet; ob er und das teutonische were, sich wehren, von jenem Urworte abstammen möge? dieß sicher zu bestimmen, leben wir um einige Jahrtausende zu spät.

Ist Ger älteste Wurzel, so wurde durch abweichende Aussprache Gar, wie Her oder Heer, hari, weran, sich wehren, in waran und wartan überging. Gwr erscheine nun als vollendeter Mann, Ger als schlagfertig. Wie äußerst fruchtbar war jenes Urwort! *)

---

*) Otfrieds verdeutschtes Vater-Unser, für seine Zeit ein wahres Meisterstück, wegen des freien, auf thätige Religion dringenden Geistes, der darin herrscht, erklärt den zweiten Theil der sechsten Bitte so:

Diese Bedingung vernehme männiglich, und Disen Sidingen firneme manniglich unde sey bereit zu vergeben das Kleine so wie si garo en firgebenen dajh lujhjhila also er will, daß ihm vergeben werde das er uulle dajh imo firgeben uuerde dajh Größere.
michila.

Garo war also schon damals bereit, fertig; und ist es noch. Auch unser Beisatzwort: gar, für durchaus: — ein gar trefflicher Mann; — gar sehr — ganz und gar: drückt doch den Begriff des Vollendeten, oder völlig Bereiteten aus.

Wenn nun gleich das Ger in so vielen Namen, die damit beginnen oder darauf ausgehen, an Gerre, Guerre, Wehr und Krieg, natürlich sogleich erinnern, wenn wir das Wort Her eben so natürlich, der alten Sprache gemäß, für dieß Heer- und Wehrzeichen in den Namen halten müssen; warum wollten wir denn auch das Gar, da wo es steht, ohne Noth, überall in Ger verwandeln? Beide haben in Eigennamen fast gleichen Sinn. Gar, der Fertige, und Ger, der Krieger, einigen sich im Gerüsteten. Wo aber die Verbindung des gar an keine Rüstung denken läßt, wie bei Ans-gar, da deutet es auf den Entschlossenen hin.

Gerold

Holder Krieger.

Man denke ja nicht an den holden Schäfer, oder an manchen holden Ritter von der Ehrenlegion, der gestern pour l'honneur, das hieß ihm: für ein Lächeln des Unmenschen, der nie lächelte, als wenn er berücken oder verderben wollte, glänzende Angriffe machte, und heute auf dem Lungerpolster den Zärtlichen spielt. Daß solch ein artiger Held mehr Unhold war, als der plündernde Kosak, ist unwidersprechlich.

Wegen solcher holden Krieger, an die sich der Deutsche wohl sehr ungern durch seine Kinder erinnern läßt, gebe ich meinen Lesern anheim, sich in Gerold einen Gerald zu denken, so natürlich es übrigens ist, daß der Held, nachdem er, Kraft seines Namens, den Feind packte, auch als Mann von Muth, Kraft und Verdienst, das Herz des deutschen Mädchens fesselte, vorzüglich sich Huld und Liebe erwarb, und so, nicht als Verführer, sondern als wackerer Kämpfer, den Namen des Helden verdiente.

Lautverwandt, und doch nicht gleichen Sinnes mit Gerold, ist der in den Ritterzeiten so bedeutende Herold, franz. Heraud, man glaubt Kriegsbote, vom keltischen Herod, der Bote, und hätte nach dieser Ableitung, wie es scheint, unrecht, ihn zum Ehrenhold zu machen. Doch wir wollen diesen nicht so leicht aufgeben. Denn entstand das keltische Herod, wie man annimmt, von Ar-Wybd (Ar, Fähnlein, wybd, weiß), so war Herod kein gemeiner, sondern ein mit dem Heerszeichen, das hieß:

mit dem Ehrenzeichen abgesandter Bote, der durch
dieß weiße Fähnlein ankündigte, er komme um Fehde
zu entbieten, und die Ehre seines Stamms, seines
Fürsten, dadurch zu halten.

Er war also ein Ehrenhold. Legt uns aber
die jüngere und bekanntere teutonische Sprache diese
Bedeutung nicht näher?

Ero war die Ehre, Ereen Ehren, Era die
Krone, das Sinnbild der Ehre, beim Koro: Hera.
Helt war der Haltende, daher unser hold, das
durch Reize uns Fesselnde.

Heroholt deutete nun auf den Mann hin, der
die Ehre seines Herrn, seines Landes behauptete, auf
einen Ehrenhalter. Mit seinem Wappenrocke
bekleidet, den Stab, das Zeichen der Entscheidung,
in seiner Rechten, trat ein solcher Ehrenhold, als der
wichtigste Mann, unter dem Namen des Fürsten
oder Ritters auf, der es ihm verliehen hatte, Krieg
und Frieden, Ehre und Schimpf, Sühne und Rache
öffentlich zu entbieten.

Jetzt müßen oft Feuerschlünde Heroldsdienste
vertreten, und wenn diese dem überfallenen Staate
des Angreifers Absicht schrecklich genug erklärt haben,
erscheinen ungelesene, unwahre, offene Kriegsbriefe.
Denn ist es nicht ehrhaft, so ist es doch auch
minder gewagt, seinen Gegner ungerüstet anzutasten.

Die letzte, durch Herolde verhandelte große An=
gelegenheit war der feierlich angekündigte, von beiden
Seiten angenommene, von beiden Seiten unter Dro=
hen, Schimpfen und Neckereien verzögerte, und end=
lich stillschweigend aufgegebene Zweikampf zwischen
Karl dem Fünften und Franz dem Ersten (1528).

Jener hatte diesem gelegentlich erklären lassen: „er wolle ihm seine Treulosigkeit persönlich als ehrlicher Ritter, mit Speer und Schwerdt beweisen." — Welch ein unwidersprechlicher Beweis! — Franz sandte seinen Wappenherold Guienne mit einer Ausfoderung ab, und bewies eben so überzeugend: „der zum Kaiser Erwählte lüge in seinen Hals, wenn er ihn treulos nenne." Der Kaiser erbietet sich durch seinen Herold Burgund zum Zweikampf, und bestimmt den Ort. Europa ist in der gespanntesten Erwartung des Ritterspiels, was von zwei Thronen einen entledigen, und einen endlosen Krieg abkürzen soll. Aber Burgund wird aufgehalten, geneckt, gescholten in Frankreich, und kann seines Kaisers Ausforderung dem tobenden Könige nicht anbringen. Der Gekrönten Leben ist nun geschont, nicht so ihrer Heere. Die Staats-Geheimschreiber wälzen die Schuld des Aufschubs so lange hin und her, bis sie sich schier abgerieben hatten. Karl und Franz erscheinen bei dem nicht gekämpften Kampfe als Helden; aber die Wappenherolde haben seitdem ausgegolten.

Gertrud
Die Heldentraute.

Gero's Trudis zusammengezogen. Als Gertrudis von Ger, die Wehr, wäre sie die Waffenvertraute, die treue Waffengefährtin.

Daß sich in der grauen Vorzeit deutsche Weiber durchaus nicht als das schwache Geschlecht, sondern als wahre Heldinnen gefielen: daß sie Gefahren, Kampf, Sieg und Tod getreulich mit ihren kriegerischen Männern theilten, und so den überschriebenen kräftigen Namen mit Ehren führten, wissen wir. Aber zu Trauten fremder Helden würdigten sie sich nicht herab. Lassen Sie sich, edle deutsche Mütter, nicht durch die etwas harten Laute des alten, schon viel zu selten gewordenen Namens, wider ihn einnehmen! Sie sind unserer Zunge nicht zu schwer, und thun unverwöhnten Ohren nicht wehe. Ihre Töchter sollen keine Waffengefährtinnen werden. Die Natur gab ihnen eine edlere Bestimmung als die der Schildknappen. Und es fehlte noch, daß sich nicht nur rüstige Jünglinge und Männer, sondern am Ende gar unsere zarten reizenden Lebensgenossinnen und Gespielinnen mit Schlachtschwerdtern und Feuerröhren zerfleischten!

Erhebt aber die Liebe das Weib über die Schwäche seines Geschlechts, zur Heldin in der Schlacht, so wird sie es auch unter dem Schutzgeiste des Friedens erfinderisch, unermüdet und standhaft machen, des Mannes Bürden zu erleichtern, die oft schwerer drücken, als Helm und Harnisch. Gertrud mahne es daran!

Gevilieb
Gütiger Geber.

War schon Miterklärer des an sich so räthselhaften Gebhard, und scheint sich selbst leicht zu erläutern. Doch liegt in Gevi noch immer eine Schwierigkeit. Ist es der Gebende oder der Gegebene? Ein lieber, milder Gebender verdiente auch durch einen Eigennamen ausgezeichnet zu werden. Ein harter Gebender aber, ein Gebhard, wäre wohl Name voll Widerspruchs. Selbst das hard als stark, männlich gedacht, besserte wenig. Denn zum Geben gehört ja keine große Kraft, keine Männlichkeit. Doch es ehrt den Starken wie den Schwachen.

War aber Gevilieb, Bischof von Mainz, einst ein liebes Söhnchen seines Vaters, des Bischof Gerold daselbst, gewesen — denn zu Bonifacius Zeiten waren Bischofs-Ehen noch kein Aergerniß — so wurde er vielleicht deswegen ein ehrloser Mörder, und ein ausgestoßener Sohn der Kirche.

Gerold war in die Schlacht wider die Sachsen, damals noch Heiden, das heißt Heroes, nicht Pagani, gezogen, und ritterlich gefallen.

Gevilieb, sein Nachfolger im Bisthum und im Heere, spähete den Besieger seines Vaters aus, heischte ihn zu einer Friedensverhandlung, und rächte, als der Arglose erschien, als Meuchelmörder den Tod seines Vaters. Das duldete sein christliches Heer! Noch mehr, es ließ ihm noch einige Jahre lang den Bischofsstab, bis Pabst Zacharias ihn seiner Würde entsetzte.

Nun lebte Gevilieb als Büßender (denn er wusch jährlich am Palmsonntage in der Domkirche zu Mainz den Armen die Füße) bis in sein hohes Alter — von Zinsen.

Konnten solche Hirten die ehrlichen Sachsen wohl geneigt machen zum Kirchenthume?

Gibbo
Held.

Kein anderer als Hibbo oder Hildo.

Gilbert
Der ruhmvolle Held.

Umgewandelt aus Hildebert.

Gildwin
Der heldenmüthige Freund.

Die gewöhnlichere Form Hilduin läßt uns nicht daran zweifeln, daß keine Gilde, kein Geld, sondern abermals ein waghafter Krieger in diesem Namen erscheint.

Gilimer
Der gepriesene Held.

Hat nichts mit dem teutonischen gilih, gleich, gemein, als eine zufällige Uebereinstimmung seiner Zeichen und Laute. Er ist Gildi- oder Hildi-Mar.

Als der letzte Vandalenkönig in Afrika, wo sein Volk hundert Jahre lang, gegen Sicilien über, die römischen Provinzen verheert, und das zerrüttete Italien bedroht hatte, rechtfertigte Gilimer seinen Heldennamen nicht, weil ein größerer Krieger Belisar über ihn kam. Wie Krösus der Lydier, erinnerte sich unser gefangene König beim Anblicke der Herrlichkeit seines Besiegers Theodosius, spät, aber doch, wenn ihm das Leben eines freien Bürgers in Rom genügte, das er sich dadurch erwarb, noch nicht zu spät des Spruchs eines alten Weisen: Vanitas vanitatum! Omnia vanitas!

Ahnete Theodosius, daß sich dieser salomonische Spruch auch bald an seinem, schon von allen Seiten bedrohten und erschütterten Reiche bewähren würde? Genug er lösete des Gefangenen Fesseln, und beschenkte ihn mit einigen Landgütern.

Gisbert
Der ruhmvolle Held.

Auch **Gisebert** und **Giselbert** genannt. Dem **Geiso** sehen diese Namen ähnlich genug. Wenn wir uns aber mit dem, wir haben es gesehn, nicht nur unschuldigen, sondern auch preiswürdigen **Bocke** versöhnen lassen; so ist doch der **Bocksbart** unleidlich. Und den ließe uns dießmahl das **bart**, als Anhängsel des gehörnten Helden, kaum wegerklären. **Gisbert** und seine Genossen sind aber in der That keine andere, als **Gildebert** oder **Hildebert**, und nur durch eine ungenaue Mundart verwandelt.

Gisla
Die Heldin.

Selbst von **Geiso** abstammend, würde sie diese Bedeutung haben.

Sie ist eine verkürzte und verzärtelte **Giselberta**.

Gobbelin
Der Behelmte.

Kobel war teutonisch: eine Kopfbinde, eine Kopfbedeckung, und noch jetzt heißt am Oberrhein ein gewisser Kopfputz der Frauenzimmer **Kobel**. Die zweite Bedeutung dieses Worts war: ein bedeckter Wagen, und davon blieb in Oberdeutschland die Benennung für ein Kutschenmagazin. Warum sollten wir nicht an die liebste Kopfbedeckung unserer Urväter, den Helm, denken?

Die an sich verjüngende Endsylbe lin ist vielen Namen, nur ihres zarten Lauts wegen, angehängt.

Du Fresne. Wie? Du würdest deinen Sohn Gobbelin nennen?

Ich. Warum nicht?

Er. Weil er der Name des leidigen Höllengeistes ist, oder doch —

Ich. Hu! Mich schaudert! —

Er. Oder doch seiner Possenreisser.

Ich. Unerhört! Diese sollten sich nicht entblöden, unter einem ächten edeln deutschen Namen ihr Wesen zu treiben?

Er. Geh' nach Frankreich. Da kennt jede Amme, jedes Kind die Gobelins, die nächtlichen Lärmgeister.

Ich. Mein ehrlicher Alter! Gobelin's sind keine Kobolde.

Er. Sie sind es! Wie willst du deine Poltergeister in Frankreich nennen? Doch ich sehe, du hast mein Glossarium ad Scriptores Mediae et Infimae latinitatis nicht gelesen; sonst würdest du wissen, wie man schon im ersten Mittelalter jene Spukgeister nannte — Gobelinos!

Ich. Den wackern Namen gestehen wir Deutschen ihnen immer zu. Sie sind Κοβαλοι, bösartige Wesen. Doch der ärgerlichen Entweihung wegen ruhe der Name Gobbelin neben dem gemißhandelten Ruprecht in ewiger Vergessenheit!

Godesmann
Wackerer Mann.

Die Stammsilbe ob, vortrefflich, läßt uns bey den Namen, die sie bildete, nicht gerade an den Inbegriff alles Vortrefflichen denken, den sie als Odin Wodan, God, bezeichnete; sondern an das Gute. Was sich aber die Urstämme Germaniens als gut dachten? darüber gab ich bereits mehrere Winke.

Wäre Godesmann der Mann Gottes, so hätten wir in Gotschalk einen Gottesknecht. Beide Bedeutungen würden keinen Widerspruch, sondern Beifall finden, und den frommen Geist des Teutonen, worin Ehrfurcht gegen die Götter vorherrschender Zug war, aussprechen.

Auch Gotfried gefiele uns dann als Gottesfreund. Eben so Godwin. Nun aber treten auch Gothard und Gothelm auf, und fordern für sich die älteste Bedeutung ihres got, als gut, vorzüglich. Natürlich eignen wir deswegen ihren übrigen Namensvettern denselben Sinn zu, und wenn dadurch ihre Bezeichnungen an Heiligkeit verlieren, so stellen sie doch immer das Preiswürdige dar.

Goldemar
Der berühmte Reiche.

Golud, keltisch: der Reichthum, oder auch das teutonische Cold, Gold, scheint den Namen gebildet zu haben, der mir, ich gestehe es, durchaus nicht gefällt, und doch auch als Holdemar, oder auch als Godemar, sich unter seinen trefflichen Brüdern nicht empfiehlt. Thatenruhm suchte der Sohn Thuiskos, keinen

keinen Geldruhm. Und Geldarm war er ja gewiß zu Herrmanns Zeiten.

Der Ruhm der Holdseligkeit ist — der Glanz des stillen Verdienstes, ein baarer Widerspruch! denn dieses will nicht glänzen, jene sich nicht preisen lassen. Sie ist so anspruchslos als anziehend, oder sie bleibt nicht Holdseligkeit mehr. Und nun — ein **holdseliger Deutscher**! —

Stände es bey mir, ich striche den Namen aus.

Doch ich besinne mich! Waldemar, der ruhmvolle Herrscher, wurde in Goldemar verwandelt.

Goslin
Wackeres Männchen.

Der verkleinerte, aus Zärtlichkeit, die gar zu gern tändelt, verkleinerte Godo, Gotho. Auch dieser Goslin läßt uns die, durch unser gedehntes, wirklich unleidliches, lein, schlecht ersetzte, liebliche Endsilbe lin, recht empfindlich vermissen.

Lin, von Lene oder Line abgeleitet, was im teutonischen Lineberga, Stützdecke, erscheint, gäbe den Sinn: Treffliche Stütze. Lanzelin, Hertlin, und andere Namen, lassen uns aber für die überschriebene Bedeutung stimmen.

Goswin
Redlicher Freund.

Auch Godeswin und Oswin. Warum ich ihn nicht Gottesfreund, oder, damit unser Theophilus — wann will man doch aufhören den Deutschen zu vergriechen? — in die Reihe komme, Gottlieb übersetze? Weil ich gewiß bin, daß er zur Familie der Goslin, Gothard, Gothelm, gehöre.

Goswinde
Die edle Freundin.

Darf ich hier noch einmahl wiederholen, daß die Gots, Gods, Os und Eds oder Edils, Adils, Odils, Als, der Aeltesten, wohl seltener die sittlich Guten und Edeln, als die Begüterten, die Mächtigen waren?

Die zahlreichen suinden unter den weiblichen Urnamen, die uns an unser schwinden, geschwinde, an die sunna, oder gar an das swin erinnern könnten, haben in ihrer Mitbürgerin Oswinde — denn diese ist wie alle übrigen swinden, westgothischen Stamms — die beste Auslegerin.

Sie steht ihrem Oswin zur Seite, und hat sich, statt des ne ein de angehängt, ohne dadurch ihre Bedeutung: Freundin, aufzugeben. Nichts anders als diese Freundin suche man also in den swinden!

Gotfried
Der wackere Friedliche.

oder, wenn wir lieber wollen, Freund; denn ein friedsamer, freundlicher Sinn, ist ja das Band vertrauter Seelen.

Mit einem tt in der Mitte ist Gottfried ein frommer Schreibfehler, auf den uns schon Godofredus aufmerksam machen sollte.

Auf stillen sanften Sinn deuten die zahlreichen deutschen Frieds, gewiß doch Söhne der grauesten

Urzeit, hin. Sonderbar aber, daß dieser Ausdruck sich in den Namen des sanftern Geschlechts so selten macht! Vielleicht weil die Männin schon an sich die Friedsame bezeichnet.

Gothard
Der wackere Held.

Der Geschmack wandelt sich im steten Wechsel der Zeiten. Hier schafft er Namen, dort schiebt er andere in Vergessenheit zurück.

Auch Gothard stand lange schon am Rande der Vergessenheit, und vielleicht hielt ihn nur noch — nicht der Heilige, welcher ihn führte, sondern ihn und den Heiligen hielt der allem Wandel des Vergänglichen trotzende Berg, der ihn ehrt.

So erinnert uns der Brenner an den Kelten Brenn, und um viele sinnvolle deutsche Urnamen stände es wohl besser, wenn man ihnen so unvergängliche Denkmähler gesetzt hätte.

Gothelm
Der Schönbehelmte.

Vom altdeutschen hilu, hehlen, hat der Helm seinen Namen. Ob die Kelten sich seiner schon bedienten, weiß ich nicht. Man macht sie zu Abgöttern ihrer Waffen; aber man nennt nur immer Panzer, Schild und Speer, wenn von keltischer Rüstung die Rede ist. Und selbst den Panzer legte das unerschrockene Volk selten an, um es im Kampfe allein auf Kraft und Behendigkeit ankommen zu lassen.

Auch den Teutonen schirmte und schmückte selten ein Helm. Vix uni alterive cassis (ein Lederhelm) sagt Tacitus.

Doch entlehnte er später diesen kriegerischen, immer zweckmäßigsten, Hauptschmuck von den Römern. In des Marius Heere befanden sich, nach Plutarchs Zeugnisse, schon 15,000 Behelmte. Löwen- und Wolfsrachen waren Sinnbilder, womit ihre Helme prangten, endlich erschienen sie auch mit stattlichen Federbüschen, und was hätte nun dem Guthelm noch gefehlt? Was dem Helm Bedeutung giebt, einen eisernen Kopf hatte der Sohn schon vom Vater geerbt.

Gotschalk
Der gute Knecht.

Seitdem der Scalc, der Knecht, gleichbedeutend mit Schelm gebraucht wurde, verlohr sich der fromme Name Godesschalk unter uns, und unsere Diener möchten sich wohl schwerlich die Wiedereinführung des unschuldigen Schalk gefallen lassen. Wir verzeihen uns also des ehrwürdigen Namens unserer Väter, da wir ihn von dem, ihm aufgedrungenen, übeln Nebenbegriffe nicht mehr befreien können, und uns durch seinen schnalzelnden Laut eben nicht bewogen fühlen, uns seinetwegen in Ehrenschändungsklagen zu verwickeln. Nur in einigen Namen bleibe er noch!

Was machte aber die Schälke aller Zeiten und Völker zu Schelmen? Des Plautus und Terentius Sklaven waren es alle im vollen Sinne des Worts, und Moliere's Scapin und Sganarellen übertrafen an Gaunerstreichen selbst ihre Vorbilder.

Ganz natürlich! Wer den Stand einer harten und rauhen Dienstbarkeit ohne Widerspruch ertragen könnte, taugte nicht einmal zum Leibeignen: denn wo sich keine Kraft wehret, wirkt auch keine Kraft.

Der Sklave sehnt sich nach Freiheit. Was er nicht erkämpfen kann, erschleicht er. Aus seines Herrn Geldschrein, von seines Herrn Gütern kauft er sich frei. Der wunderlichen Laune seines Gebieters schmeichelt er; das Vertrauen desselben berückt er durch Vorstellung, das Mißtrauen schläfert er ein durch Schlauheit. Kurz, der Sklave und der Sklavenstaat finden in der Schalkheit das einzige Mittel wider die unterdrückende Gewalt, und die Sklavenhäupter von Gottes Ungnade besolden zu ihrer Sicherheit, um den Schalksgeist der Verzweifelnden zu dämpfen, geheime Aufseher, das heißt: eine Verrätherzunft, die den Prediger auf der Kanzel, und den Bürger in der Schenke belauert, die Zwinger füllt, den Bütteln in die Hand arbeitet, Fürsten und Volk, Vater und Sohn wider einander in ängstlicher Spannung erhält, dumpfes Schweigen und stummen Ingrimm überall verbreitet, bis — das Volk sich als Volk fühlt, seine Ketten dem Vergewaltiger an die Krone schleudert, und die schändlichen feilen Buben, diese Werkzeuge und Beförderer der Schurkerei, an den Pranger der Oeffentlichkeit stellt, allen zum ewigen Abscheu, welche aus den Trümmern ihrer freien Verfassung noch ihren deutschen Sinn, der schlechterdings keine solchen Blindschleichen duldet, gerettet haben. Wohl dir, Germania, so lange deine Söhne lieber zu Hunderttausenden auf Schlachtfeldern bluten, als sich durch eine Schalksregierung, und durch die fluchwürdige Wachsamkeit geheimer Angeber, zu Schälken herabwürdigen lassen!

Belege zu diesen Bemerkungen wird doch keiner fodern, der die Verfassung des weiland Königreichs Westphalen beobachtete?

Doch wohin führt uns Gotschalk? Sollte er uns nicht natürlicher an den ehrlichen Mönch des neunten Jahrhunderts erinnern, den, als einen nasenweisen, versteckten Ketzer, der gestrenge Hincmar von Rheims nicht einmal durch Peitschenhiebe bekehren konnte?

Gotwald
Der biedere Herr.

Aus frommem Mißverstande prägte man ihn zum **Gotthold, Gottesfreunde**, um. **Oswald** ist eins mit ihm.

Walto heißt teutonisch: herrschen, Gewalt haben. Vergleiche Heinrich und Walter.

Gozechin
Das gute Kind.

Ueber das Stammwort Chin, woraus endlich Kunni und Kinder wurde, bitte ich die bald folgende Hibba zu vergleichen.

Möchte der Schatten jenes längst vergessenen Schullehrers zu Lüttich und Mainz, welcher als Schildknappe dem heiligen Erzverketzerer Lanfranc, im Kampfe mit dem argen Zweifler Berengar, die Bolzen zureichte, mir auch darob zürnen, daß ich ihn aus einem Gotteskinde zum guten Kinde mache; so kann ich doch, seines frommen Dünkels wegen, nicht wieder zerstören, was ich unter Goslin, Godesmann und andern gebauet habe. Denn ohne Zweifel heißt ja

Gozo,
der Gute.

Oder auch als umgebildeter Otto, der Begüterte.

Gramm
Der Ergrimmte.

Von Gremo, auch Kremo, altdeutsch: ich reize zum Zorn. Gram und Grimm sind desselben Ursprungs. Auch unser Harm, mit seinem Wurzelworte Harman, Schaden zufügen, stammen ohne Zweifel von Garman, Graman her.

Nur einen Gramm kenne ich in der altfränkischen Geschichte des sechsten Jahrhunderts, merkwürdig als Empörer gegen seinen Vater, König Lothar, noch merkwürdiger wegen des Todes, den er als Flüchtling in der, von einer Feuersbrunst ergriffenen, Hütte des angelsächsischen Landmanns fand, bei welchem er Schutz suchte.

Möge mit diesem fränkischen Absalom des sechsten Jahrhunderts auch sein Name auf immer vergessen bleiben!

Grimbald
Eisenfresser.

Nicht bloß kühn, baldo, sondern wüthend dabei. Crimmin ist unser Held. Stammwort hievon ist Crem , heftige Leidenschaft, nicht ausschließend den Zorn, aufregen.

Ergrimmen war, noch zu Luthers Zeit, sehr bewegt werden. Er übersetzt deswegen: „Jesus ergrimmte im Geist", für: wurde innig gerührt.

Unser Grämen ist von Cremen noch übrig.

Grimbald nennt aber den Zornmüthigen, wie Isegrimm, vielleicht Insichgrimm, den wüthenden Zerreißer.

Daß die erlauchte italienische Familie Grimaldi einen deutschen Grimbald zum Ahnherrn habe, ist nicht zu bezweifeln.

Grimmwald.
Der zornmüthige Herr.

Böse genug sieht auch dieser Name aus: denn wo der Zorn durch Macht bewaffnet wird, da können Zertrümmerung und Schrecken nicht weit seyn.

Scheußlich aber ist der Grimbalg, den die alten Chroniker in einem longobardischen Könige des siebenten Jahrhunderts aufstellen.

Solche Umkleidungen nach Gutdünken machen natürlich dem Ausleger, der ihnen trauet, sein Geschäft eben nicht leichter.

Gripho
Der Greifer.

Ich darf nur wiedergeben was, und so wiedergeben, als ichs finde, ohne zu verschönern; sonst würde ich keinen Greifer unter meinen Heiligen aufnehmen.

Gripho, eigentlich Gr... bezeichnet den gierig Zugreifenden von Girripo. Nicht den Plünderer, sondern den handfesten Kriegsmann, sollte der Name ehren. Oder ist er der Greif?

Grothilde
Große Heldin.

Holdseligkeit soll sich selten einigen mit hervorragender Größe. Der Begriff des Zarten liegt dem des Lieblichen zum Grunde; aber doch nicht so nothwendig, daß ein richtiges Gefühl jenes ohne dieses nicht anerkennen dürfte. —

Die sehr schlanke Dirne fand nicht nur bei den ältesten Söhnen Thuisko's Gnade. — Unsere Grothilde fodert aber keine Huldigung für ihre Reize; sondern Bewunderung ihrer Kriegsthaten, und dazu bedarf sie für ihr Zeitalter eines hervorragenden Wuchses, wo Gewicht, Höhe, Umfang und Spannkraft im Heere herrliche Empfehlungen waren.

Teutobock oder Teutobod, Herzog der Kimbern, soll, wie Saul, der Sohn Kis, über sein ganzes Volk hervor geragt haben. Und doch war das Kriegesmaas seiner Hünen um einen Fuß höher, als das römische, wenn anders die bange Einbildung der Marssöhne, die doch wahrlich auch keine Zwerge waren, hier nicht mitgemessen hat.

Gruno
Der Schreckliche.

Grauen erregend durch Laut und Sinn, wenn man ihn, wie ichs hier versuche, vom altdeutschen

Grunni, das Schauderhafte, ableitet, ist dieser friesische Name. Seine erste Wurzel ist wohl gru, bange, was das niederdeutsche gruen, wie unser Graus, Grausen und grau, erzeugte. *)

Von gron, grun entsprossen, wäre Gruno der Graugekleidete, ein Mann von minder schreckhafter, oder eigentlich von gar keiner Bedeutung.

Günther
Kriegesmann.

Das h steht müßig und unwichtig in diesem Namen, wenn man nicht voraussetzen dürfte, t dürfte nicht in seiner gewöhnlichen Härte hier gehört werden, und längst hat es ja aufgehört, ein Zeichen der Milderung dieses seines Nachbarn zu seyn. Längst sind wir ja verwöhnt, das älteste Th als ein hartes T auszusprechen. Wie könnte sich sonst immer noch der alte Streit unter uns erneuern: ob wir uns Deutsche oder Teutsche nennen und schreiben sollen? Teutsche nun gewiß nicht, wohl aber sind wir Theutsche, und da wir das Th als weichen Mit-

---

*) Warum hat man das alte Greinen, was jetzt im niederdeutschen Volke — hier Weinen, dort Lachen bedeutet, fallen lassen? Sein ursprünglicher Sinn ist: schmerzhaft, krampfhaft lachen. Welcher neuere Ausdruck ersetzt es? Und das liebliche Volkswort Smunzeln, vom ältesten mwyt, oder muyt, sanft, milde, engl. smooth, wird es durch unser Lächeln, was doch auch bitter, höhnisch seyn kann, vergütet?

Wann wollen wir doch die alten, reichen, jetzt verschütteten Gänge unserer Sprache wieder auswirken? —

lauter nicht mehr kennen, so ersetzt uns, wie abwechselnd bereits unsern Ahnherren, die aus dem Theut einen Diet machten, das D seine Stelle.

Eigentlich sollte also Gunder, wie Gunderabe und Gundram, geschrieben und gesprochen werden. Und recht geschrieben sollte stehen: Theutonen. Indeß der Mißbrauch ist oft eigensinnig, und wir wollen ihm in den beiden angeführten Fällen so lange nachgeben, bis wir alle darüber eins sind, daß Theut und Diet in der Aussprache dieselbe Weichheit haben, daß ihre Stämme Deutsche und nicht Teutsche hießen, daß Duisburg vielleicht auch Düsseldorf, daß der Deut (Heller) und das Dütgen (ebenfalls eine kleine Kupfermünze) kein T in unserm Namen rechtfertigen, und daß der Angelsachse wohl wußte, warum er seine alten Landsleute Dutchmen, nicht Tutchmen nannte. *)

---

*) Aber Tad, nicht Dad, soll ja ältester Stammvater Theuts seyn? Ich antworte, daß die Kelten selbst sehr ungenaue Schreiber waren, daß Griechen und Römer sich bei ausländischen Namen, wie jetzt die Franzosen, die unbefugteste Freiheit erlaubten, sie nach ihrem Gehör niederzuschreiben; daß die ursprüngliche Aussprache des Tad wahrscheinlich so weich war, als die des hebräischen דד; daß in Donner ein D stehen muß, ohngeachtet der Mittel- und Oberländer Tonner ausspricht. Und endlich, daß Tacitus seine Teutones, sein Teutoburgum, nach der, noch jetzt, härtern Aussprache dieser Oberländer verbildete. Man beruft sich auf die Teutonen; warum übersieht man die Thuistonen, deren Th doch wohl nicht härter ausgesprochen wurde, als in thar, thaz, thionan, thuruh (durch)

Die männliche Endung Günthers kann uns nicht an einen Herrn erinnern, weil das h zum t gehört, wie in Diether, franz. Didier. Er bedeutet den Krieger überhaupt.

Thegen (Degen) und unzählige andere beim Otfried! Man denkt an Teutoburgum; warum nicht auch an Detmold? Die Frage: sind wir Deutsche oder Teutsche? ist in öffentlichen Blättern (zum Beispiel in der Berliner Zeitung vom ersten Vierteljahr 1814) seit einiger Zeit abermals lebhaft erneuert und mit ungleichen Gründen beantwortet.

Seltsam genug, daß wir im Jahre 1814 noch nicht wissen, wer wir sind? daß wir noch immer deutsch und teutsch schreiben, wie es der Zufall will! Das Aeußerste zugegeben, so machten sich schon mehrere Jahrhunderte lang vor Karl dem Großen unsere südlichen Mitbürger in der Aussprache — denn im Schreiben war ihr Th offenbar unser D, ihr Thiatherig und Thank unser Diederich und Dank — aus Deutschen zu Teutschen. Soll denn aber diese Unrichtigkeit als Sprachgesetz gelten? Schreibe doch deinen Kindern so oft deutsch vor, daß sie es höchst befremdend finden, sich nachher als Teutsche geschrieben zu finden. Und Sie, meine Herren Buchdrucker! Verpflichten Sie doch jeden Setzer, keinen Teutschen wieder unter die Presse zu bringen! denn, unsern hochberühmten Lehrern der Sprachen und Beredtsamkeit, unsern Wächtern und Säuberern im deutschen Geisterstaate, die doch sonst das ausgelassene Strichlein, wie es ihnen gebührt, flugs durch ein (') ergänzen; unsern vielgeltenden deutschen Schriftstellern endlich ist, wie wir beklagen, die Sorge für ihre Deutschheit noch immer zu klein. Doch ich hoffe, die Inschriften des großen Denkmahls bei Leipzig werden uns endlich sagen, wie wir mit unserm Namen daran sind!

Gemein ist der Name gewiß nicht, nicht so gemein, als er zu seyn verdient. So lange ihn aber eins der ältesten Fürstenthümer in Schutz nimmt, läßt er sich doch nicht ganz vom vaterländischen Boden verdrängen. —

Guibert
Mann von unbescholtenem Ruhm.

Daß der Italiener unser, ich sollte denken in der Aussprache eben nicht widerspenstiges, W verschmäht, wenigstens als Lautzeichen (denn der Ton ist ihm geläufig) erinnert uns an seine Abstammung vom Römer, der für sein U und W auch nur ein Zeichen hatte.

Daß der Franzose, der sich als Gallier seiner Abstammung von den Kelten rühmt, denen kein Buchstabe geläufiger war, als das W, und der als Franke sein väterliches A B C nicht sobald hätte vergessen sollen, daß dieser geschmeidige Sprößling nordischer Stämme aus unserm Wibert oder Wibrecht einen Guibert machen muß, erinnert uns an — die lange Knechtschaft seiner Väter, unter der sie sich sogar ihrer Sprache entäußerten.

Der halbdeutsche Name Guibert bezeichnete unter andern Hildebrands Gegenpabst, von dem die Geschichte nur weiß, daß er seinem gewaltigen Widersacher wenig gewachsen war — wer aber wäre dem auch gewachsen gewesen? — und daß er nach seinem Tode Wunder verrichtete, um doch als Pabst etwas gethan zu haben.

Gumbrecht

Ruhmvoller Krieger.

Abermals ein uralter, ehrenwerther, und doch ganz erloschener Name. Auch Gerbert oder Herbert, der mit ihm gleicher Bedeutung ist, starb unter uns aus. Sind wir denn gleichgültig geworden gegen das, was diese Namen bezeichnen?

Die Frage ist beleidigend für ein Volk, das seinen Kriegsruhm nie entweiht, das ihn im letzten schrecklichen Kampfe so herrlich erneuert hat. O, so wollen wir doch auch unsern Söhnen in dem so sinnvollen Namen eine Erinnerung daran erhalten, was sie einst, unserer würdig, in ähnlichen Kämpfen leisten sollen!

Die urdeutsche Benennung Guno oder Gun erhielt sich unverändert nur in den ihrer Reihe nach von mir zum Theil aufzustellenden persönlichen Eigennamen.

Verändert erscheint sie in Hummel, vielleicht auch in Hund, und dem alten Hundefliega. Otfried hat noch Gundfanno, Heerspanier, und davon entlehnte bis auf unsere Zeiten, der kleine — für Napoleons Raubgier aber nicht zu kleine — Freistaat Lucca, die Benennung seines Pannerherrn Gonfaloniere.

Gum oder Gun bezeichnete den Krieg oder das Kriegsheer. Gunpowder ist im Englischen noch das Schießpulver. Der Stachel und die Raubsucht gaben der Hummel, das scharfe Gebiß verlieh dem Hunde die kriegerische Bezeichnung.

Es scheint, als ob über dem allgemeinen Ger das Gum allmählich vergessen worden sey. Gumbrecht oder Gumprecht, Gumbart, Humbart ist der berühmte Krieger.

Ueber die Entstehung des jetzt aus der Sprache verschwundenen Gun, bitte ich zu vergleichen Rodogang.

Gundacker
Der Reiche.

Vom Vornamen hat er sich, wie viele andere, zum Familiennamen erhoben. Sein Anfang täuscht durch kriegerischen Schein. Doch ist er das höchstfriedliche Gut, oder Od. Odaker ist in der altdeutschen Sprache der Reiche. Wie man aus Hartmut einen Hartmund machte, selbst noch weil er leibte und lebte, dieser Freund des Weisenburger Mönchs, so verwandelte man den Gutacker eben so leicht an den Ueberschriebenen. Die Andeutung des Besitzers durch den Besitz ist ganz in der Weise der ältesten Namenbildner, auf die man Otfrieds Klage beziehen kann: Insueti erant capi freno regulari Grammatices artis. So heißt der Schönbehelmte: Guthelm, der freudige Helmträger: Wilhelm, wie hier der Landbegüterte: Gutacker. Der eigentliche Gundacker aber, oder das Schlachtfeld, kann sich wohl nicht auf einen Eigennamen übertragen lassen.

Gundemund
Kriegsentbieter.

Der Herold, in Zeiten, wo man es für feige

Tücke gehalten hätte, unentbotene Fehde mit einem
Wehrlosen zu beginnen, und für mehr als ehrlosen
Verrath, als Vermittler eines Zwists zwischen Vater
und Sohn, ein Heer nach Spanien zu schicken, beide
zu verhaften, dann mit unerhörter Raub- Brand- und
Blutbegier über ein nichts Arges ahnendes, aber nach
der ersten Betäubung mit Löwengrimm und Löwen-
kraft eine solche Schändlichkeit rächendes Volk herzu-
fallen. O, Napoleon! Ein Krieg, nach dem Völker-
rechte entboten, hätte dich nicht zum Abscheu eines verrathenen Volks, hätte dich vielleicht zu seinem, und
dann, wer weiß, ob nicht zum Gebieter Europens gemacht! Deine Staatsschlauheit hat dich dagegen nach
Elba gespielt! So wahr ist es: ehrlich währt
am längsten.

Gundewina
Wackere Freundin.

Denken Sie sich eine edle, oder eine heldenmüthige Freundin darunter: denn beide Bedeutungen
läßt Gundwina zu. Sie steht dem Godwin zu
nahe, als daß man nicht voraussetzen dürfte, ihr n
sey nur ein, durch die Aussprache aufgenommener,
müßiger Buchstabe.

Und doch spricht das Gund einen nicht minder
tadellosen, die Tochter Theut's nach dem Leben dar-
stellenden Sinn, eine kriegerische Freundin,
eine Gertrut, aus!

Gundibald
Kühner Krieger.

Die Wurzeln dieses Namens, welcher auch als
Gun-

Gundewald gelesen wird, bedürfte keiner fernern Erläuterung.

Gundram
Starker Krieger.

Wundram ist späteres Gepräge dieses Namens.

Ueber Ram habe ich mich unter Bertram erklärt. Ob überzeugend? bezweifle ich. Und doch, je sorgfältiger ich die Zusammensetzungen dieser alten, verlornen Wurzel vergleiche, um so gewisser wird es mir, sie drücke den Begriff von Kraft aus. Die wenigen deutschen, besonders niederdeutschen Wörter, worin sie ihre Spur scheint hinterlassen zu haben, stellen das Kräftige, Heftige dar.

Stramm, straff, stark angezogen; trampen, mit den Füßen heftig stampfen; Krampen, der eiserne Schließhaken an der Thür; Krampf, die widernatürliche, gewaltsame Zusammenziehung der Bewegungs-Werkzeuge des thierischen Körpers; Schramme, die Verletzung des weichen Körpers an einen anherstreifenden harten.

Befremden darf es uns indeß nicht, wenn die Endung ram in Namen nichts anders seyn sollte, als das bis zum Unkenntlichen verbildete Mann, oder auch Mar. Machten doch die Mönche des Klosters Bergen, als Gelehrte ihrer Zeit, aus dem Namen des Reinbode, einen Heidebode!

Guntherade
Gewandte Kriegerin.

Das Wurzelwort rades, schnell, ist uns nicht fremd mehr.

Gunzo.

Gundibert wie Lanzo, Lambert, kürzer; aber nicht verschönert.

Gutmar
Ruhmvoller Edle.

Mar, berühmt, nicht durch Kampf und Sieg, auch nicht durch Herzensgüte, die sich hier auszusprechen scheint; sondern durch das, was den Edeln im Volke hob, durch Güter und Macht. Sonst würde nicht Otmar für Gutmar eintreten, dessen Stammsilbe Ob auf den Begüterten hinwinkt.

Leser und Verfasser.

Leser. Ruhen Sie hier ein wenig aus von Ihrem, ich fürchte, nur zu undankbaren Geschäfte, oder noch besser, legen Sie ganz Ihre Feder nieder, wenn Ihre folgenden Urnamen den Geist der bisherigen aussprechen.

Verf. Was haben Sie wider diesen biedern, freien, mächtigen Geist?

Leser. Daß er nichts athmet, als Angriff und Gegenwehr, Schlachten und Siege. Ihre Birt's, Kun's, Ger's, Gun's; Ihre Hard's, Ram's, Rad's, was sind sie anders, als Waghälse, als stürmische, furchtbare Männer? Und nun gar die Gertruden, Kunigunden, Ihre Gerberga's, und ein Dutzend der seltsamen Hilden mit Speer und Schwerdtern? — Nein, man muß ihrer müde werden.

Verf. Verzeihen Sie dem Darsteller, daß er giebt, was er findet. —

Leser. Aber nicht, daß er recht ängstlich aufsucht, und mit sichtbarem Wohlgefallen aushängt, was, ohne allen gedenkbaren Nachtheil, ferner im Dunkel der Vergessenheit geruht hätte als Etwas, das einst war, und nicht wieder erstehen wird, einst galt, und nie wider gelten darf; dieß dünkt mich, ist nicht nur zwecklos, sondern ganz zweckwidrig.

Verf. Sie trauen mir doch einen vernünftigen Zweck zu?

Leser. Ihre schwärmerische Vorliebe fürs Alte hindert Sie, besonnen zu würdigen, was Sie wollen. Sie wollen uns in die Sprache, in die Sitten, in den Sinn der Teutonen wieder zurück werfen. Gesetzt nun, wir ließen uns das Alte, nach Ihrem Sinne, wieder aufdringen, was —

Verf. Dieß Alte, was Sie fürchten — sind Namen, sind Zeichen und Töne —

Leser. Barsche Namen, rostige Zeichen, unmilde Töne! — Alle hatten sie Sinn, wie Sie darthun wollen, und den führen Sie wieder damit zurück. —

Verf. Auf Ihr eigenes, unverwöhntes Gefühl berufe ich mich: ob das, was die Namen ankündigen, und, wo man sie aufnimmt, mitbringen, dem Deutschen nicht zusprechen muß?

Leser. Ihm wohl, wie er war; ihm nicht, wie er jetzt ist.

Verf. Und seyn soll?

Leser. Soll er denn, seine Trudis zur Seite, nur fort von Schlachten zu Schlachten?

Verf. Kraft und Muth soll er fühlen zum Widerstande, Brudersinn zum Beistande, einen freien, hohen, unternehmenden Geist! Damit soll er als Held stehen im Kampfe; als Mann ertragen und wirken im Frieden. Diesen deutschen Sinn soll er in sich und andern aufbieten, wenn er erschlafft, daß er zum Volke einige, die zum Volke gebohren sind, nach Sprache und Namen!

Leser. Nach ihren Namen? Ich dächte, derer bedürfte es nicht zu dem Zwecke, und am wenigsten so verlegener, abgestandener Namen!

Verf. Warum sind sie vergessen? Warum werden sie verschmäht? Vermögen Sie die Gründe davon zu rechtfertigen? den Widerspruch, der darin liegt? Ein Volk wollen wir heißen: es zu werden, müßte unser Stolz seyn, und unser, seit Jahrtausenden auf uns ererbtes Eigenthümliches, unsere Sprache, verschmelzen wir mit so vielen fremden, daß —

Leser. Dieß billige ich so wenig, als Sie. Nur Namen, gleichviel, ob vaterländische, oder fremde, denen wir seit Jahrhunderten das Bürgerrecht zugestanden —

Verf. Warum zugestanden? Warum noch zugestehen? Namen sind Theile der Sprache, die das bezeichnen, was unter allem uns das Nächste ist, unser Selbst. Seine eignen Namen kleiden jedes Volk am besten; uns die unsrigen nicht? Oder sind wir zu arm an eignen, trefflichen, sinnvollen Namen? Nein, wir borgten beim Ueberfluß; wir warfen das Unsrige weg, und griffen nach Fremdem, ohne es zu kennen.

Leser. Ließen Sie sich ihre fremden Namen nicht erklären?

Verf. Ich hatte genug, als ich erfuhr, auf mich, als Deutschen, sey bei der Ausprägung des Griechen nicht gerechnet. — Nur noch eins! Das Kleid macht den Mann nicht; aber es deutet ihm an, wie er sich halten müsse, um es mit Ehre zu tragen.

Leser. Nun, wie sollen wir uns denn halten in den Panzern unserer breitschulterigen Ahnen?

Verf. Immer liegen Ihnen nur die kriegerisch Gerüsteten im Sinne, als ständen nicht auch Wibo's und Winfried's neben ihnen! Eignen Sie sich also jene Rüstungen als Sinnbilder der Stärke an, und fühlen Sie sich dadurch ermuthigt, Ihren Kriegsrock, Ihren Amtsmantel, so zu verdienen, wie Bruno seinen Panzer.

Haderich
Rüstiger Kämpfer.

Habar, der Streit, war unsern Urahnen nicht der Hader, Wortzwist, nicht das Gezänk, wobei es weder Beulen, noch Wunden giebt; sondern der Faustkampf, in und außerhalb dem Gau. Wer darin etwas vermochte, und sich, Kraft seiner derben Fleischmäuse und einer gewichtigen Keule, Achtung verschaffte, war ein Ehrenmann.

Habumar
Berühmter Starker.

Er stehe mit in der Reihe, dieser Name des eilften Jahrhunderts, das ist: der Zeit, wo die Entstellung der Namen, als Folge arger Unwissenheit und Ungenauigkeit, in der Regel war.

Vom altdeutschen **hatha**, benennen, dem unser heißen seinen Ursprung verdankt, stammt die erste Silbe schwerlich her, auch nicht von Hate, Haß, engl. Háte: denn was bedeutete ein berühmter Hasser?

Hadar, Haber, bezeichnete den **Streitsüchtigen**; auch eben keinen Mann, der sich gern bei seinem Namen nennen läßt.

Hadumar, von **Hadomar**, hat die überschriebene Bedeutung, und ist bekanntlich, mit Veränderung des Mittellauts, noch Name eines deutschen Fürstenhauses.

Haragis
Schönhaariger.

Des Hauptes schöner Schmuck, der gleichwohl, bei manchen gebildeten Völkern der alten und neuen Zeit so wenig Gnade fand — man denke nur an die geschornen ägyptischen Scheitel, und an unsere, die schönsten Locken einschnürenden, Weiberhauben! — stand, wie wir wissen, bei unsern Urahnen in hohen Ehren. Mochte er nun in **Lockis** herabfließen, oder geflochten, oder zum **Swyf** geschürzt werden: immer bedeutete er viel, und galt sogar als Abzeichen der Stämme. Das Scheermesser war nächst dem Henkersbeil eine Strafe arger Verbrecher.

Als Karls des Großen Bonkart Pipin sich mit seiner Mutter, der schönen Buhlerin **Himiltrudis**, wider den gewaltigen Vater verschworen hatte, ließ ihm dieser zur Strafe das Haupt scheeren.

Haragis, der Schönlockige, oder gar Goldhaarige, war also zu seiner Zeit ein stolzer Mann.

Harneid
Schönlockiger Ritter.

Wurzelsilben dieses seltenen, und — wie uns Nithard zeigen wird — auf den Kopf gestellten Namens, der doch eines sehr gefälligen Sinns nicht ermangelt, sind: Har und Nite. Die letztere lebt noch in unserm: nieblich.

Hartmann
Fester Mann.

Was ist der Mann ohne Festigkeit des Körpers und Sinns? Immer, er mag nun ein mißrathenes Gebilde der zeugenden Natur, eine Frucht älterlicher Versündigungen, oder ein Opfer alberner Verzärtlung und verkehrter Erziehungsgrundsätze, die das Kind als Geist behandeln, um den Mann, wenn es hiezu heran siecht, zu vergeistigen: oder endlich ein erbärmlicher Büßer seiner eignen Wollüste seyn: immer ein Wicht, der in kein Verhältniß paßt, und weder wirken noch ertragen kann, was dem Körper obliegt.

Erklären wir also unsern Knäbchen durch den Namen Hartmann, den wir ihnen geben, was sie, nach unserm Wunsche, nie werden sollen!

Hartmuth
Mann von festem Muthe.

Hartmuota nennt Otfried seinen Freund,

und doch hat man aus dem kräftigen Namen, der sich, Gehalt und Gestalt mit einander verglichen, durchaus empfiehlt, einen Hartmund, das heißt doch wohl einen Stammelnden oder einen Scheltenden? gemacht. Gern ließe ich das müßige h am Ende weg, da es ganz stammwidrig ist, und seine ursprüngliche Bestimmung, die Härte des t zu mildern, längst verloren hat. Allein ich fürchte, man möchte es mir zum Fehler rechnen, hier einen Fehler vermeiden zu wollen.

Hartwig
Starker Schirmer.

Ausgestorben ist dieser mannhafte Name noch nicht; aber er liegt in den letzten Zügen, und vereint doch edeln Sinn mit kräftigem Tone.

Dafür werden auch der Theodors mehrere, und die Philipps, Christophs, Christians, vermindern sich nicht unter uns. — Hinweg mit allem Undeutschen aus Deutschland! Es hat uns nie gefrommt! Die Zeichen unserer Deutschheit müssen bleiben und wiederkehren: denn sie können und werden das Bezeichnete selbst aufs neue anlegen. Rufen wir unsere Knaben Hartwig, und deuten ihnen, was sie heißen: sie werden sich kräftiger fühlen, nicht bei jedem Geräusch zusammenfahren, und bei der kleinsten Quetschung nach Pflastern wimmern. Natürlicher sind jetzt unsere Knabentrechter: nicht nach Apothekergewicht messen wir jungen Mitessern ihre derbe Kost zu, geben ihnen in schönen Werken gründliche Anweisungen zu halsbrechenden Spielen — ich sollte sagen gymnastischen Uebungen. Alles trefflich! Unsere Söhne würden sich, denke ich, Elsaß nicht nehmen lassen! Aber warum enthalten wir ihnen noch länger Namen vor, die ihnen nun von Rechtswegen gebühren.

Hartwig ist ein solcher Name. Von hardo, stark, fest, und Wig, Wik: der Schutzort, ein nerviger Schützer.

Hartwin
Standhafter Freund.

Er steht bei uns, dieser Hartwin, unsere Stütze, wenn wir schwach sind, unser Leiter, wenn wir irren, unser Vertheidiger wider die Verläumdung, unser Retter aus der Noth. So verließ der Deutsche den Deutschen nicht, so lange nicht nur Ein Blut, sondern auch Ein Sinn, Eine unverfälschte Stammsprache, seinen Bürgersinn bekräftigten. Kirchliche Trennung, und weltliche Staats-Unklugheit, zerstörten den heiligen Volksbund der Deutschen, bis er zu unserer Zeit sich neu und herrlich wider den allgemeinen Feind der Ruhe, Sicherheit und Ehre aller Staaten erhob. Da wurde der Oestreicher des Baiern, der Preuße des Oestreichers Hartwin. Da zeigten sich während der Völkerschlacht vom Johannes-Berge bei Leipzig herab, Alexander, Franz und Friedrich Wilhelm ihren Völkern als Vorbilder des Sinns, der unser Volk zum mächtigsten der Erde erheben wird, wenn er — bleibt. —

Harulph
Der kriegerische Beistand.

Har ist kimrische Mundart unsers Her oder Ger. Harald ist unser Gerhard.

Hatto
Der Herr.

Wurzelwort ist also nicht das keltische Cat, zerfleischen, daher Ctwt, lies Kut, das abgerissene Stück, der Fetzen. Das französische Couteau, Messer, wie das engl. to cut, schneiden, sind Sprößlinge jener Wurzel, so wie to catch, zuerst erschnappen, dann überhaupt fangen, und die deutsche Katte, Katze, mörderische Fängerin. Unsern Volksahnen galten die Geschäfte des Krieges, wie leider noch uns, die wir doch dabei das Gefühl des Rechts und der Menschlichkeit nicht selten erst betäuben mußten, als Heldenthaten. Katten, Chatten, Hassen, waren also Namen Eines Heldenvolks.

Unser Hatto dürfte sich aber durch jenen Ursprung dem jetzigen Geschlechte wohl nicht empfehlen: denn wenn wir auch die Grausamkeit, woran er erinnert, als Werkzeuge zu Hunderttausenden thätig und kunstmäßig üben, so ist sie uns doch als Gedanke verhaßt, und wir werden unsere Kinder nicht durch sie bezeichnen lassen.

Und nun vollends der Thurm bei Bingen im Rhein! Seitdem er Mäusethurm heißt, segnen sich Vater und Sohn vor dem Namen des Erzpriesters von Mainz, den des Himmels Rache da bis auf die Gebeine von Mäusen abnagen ließ, weil er die Bettler, diesen damals heiligen Volksstand, der so viele Klöster bevölkerte, nicht nur Mäuse schalt, sondern sogar einst in einen Zwinger treiben und — verbrennen ließ. Die schreckliche That, und ihre eben so schreckliche Strafe, hat sich seit dem Jahre 969 bis jetzt unvergeſſen erhalten, und den Bettlern nicht geſchadet. Neuere Zweifler machten eine Legende daraus, und laſſen über den Erzbiſchof ein ſo ſchweres Zorngericht in der Einbildung der handeltreibenden Nachwelt ergehen, weil er eine Rhein-Mauth angelegt habe. — Doch ſind ſeitdem keine Zölle abgeſchafft, und keine Oberzöllner von den Mäuſen zernagt. Ich erkläre mir die Sache ſo: Hatto erſcheint in der Geſchichte als ein Staatskluger, mehr Fürſt als Prieſter. Bettler und Mäuſe waren ihm gleich ſchwere Landplagen. Er legte für jene Zucht- und Werkhäuſer an, aber das heilige Geſindel verbannte ſie, und verfolgte mit Stecken und Krücken ſeinen Verſorger, den nun weder Inſel noch Thurm — ein wahrer Meutthurm — ſichern konnte.

Zur Rechtfertigung der Ueberſchrift darf ich aber bemerken, daß der Name Hatto in der Geſchichte nicht ſelten als Atto erſcheint, und uns in dieſer Geſtalt geneigt machen muß, ihm das uralte Atta, frieſiſch Aita, Vater, das vom keltiſchen Tad, Vater, herſtammt, als Wurzelwort zu beſtimmen.

Schon Luther fand die Namen Hatto und Otto gleichbedeutend. Man vergleiche ſein Namenbüchlein.

Haymo
Hainbewohner.

Gewöhnlicher Haino. Vergleiche Heinrich. Wie ſtolz war Griechenland auf ſeinen Herkules! Iſrael auf ſeinen Simſon! Auch unſer Urvolk hatte ſeinen Rieſen an Wuchs und Kraft; aber wer kennt ihre Stätte, ihre Namen? Wer ehrt ihre Thaten? O, der leidigen Aufklärung, die uns an den Hünenbergen und Hünenwerken unserer Uralten ohne Schauer vorübergehen läßt, und den Glauben zerstört hat, jene Berge, die so lange als Schutt aus den Schuhen der Hyms, keltisch: der Gewaltigen, galten, und denen noch der Name dieser Hyms anklebt, seyen wirklich, was sie heißen! Hat nicht diese Aufklärung vielleicht auch das österreichische Kloster Wilden zerstört, und das Grab Haymo, des Riesen, verschüttet, der ums Jahr 880 aus dem Heidenthum zum Kirchenglauben übertrat, und die fromme Stiftung begann; aber deswegen mit einem scheußlichen Drachen, der dem Mönchswesen abhold war, und Nachts zerstörte, was Haymo am Tage gebauet hatte, in einen Kampf auf Leben und Tod gerieth? Natürlich mußte der Drache erliegen. Seine beinerne Zunge, eine Elle lang, und zweischneidig wie ein Schwerdt, ruht neben Haymos Gebeinen. Ungläubige sehen darin die Waffe des Schwerdtfisches.

Hedenulph
Heldenmüthiger Mitkämpfer.

Der Helfer des Helden: denn wie aus Hildis heid (in Adelheid), und aus hell, heller, heiter, entstand; so auch aus Held, Heid, Heb.

Verdanken wir nicht wahrscheinlich dem Namen Heiden, den Helden? Denn furchtbar waren ihre wilden Schwärme für die durchs Christenthum, oder vielmehr durchs Kirchenthum, zu milderm, friedlicherem Sinne gebildeten Völker. Sie erscheinen diesen als Schaaren von Riesen oder Hynen (vom keltischen hy, kühn). — Die Begräbnißhügel ihrer Erschlagenen werden uns noch jetzt in Norddeutschland, als Hünenberge, gezeigt.

Nannte man Helden oder Heiden, so dachte man sich die Heere der Normänner, Friesen, Wenden dabei.

Hedwig
Feurige Vertheidigerin.

Die niederdeutsche Volksaussprache ist minder zierlich und richtig: Hiedewig, Heid, den Altdeutschen ein Held, ist in Adelheit noch übrig; da man hier das Heid als zusammengezogenes Hilbis erinnert, und auch Bruchilde als Brunheider vorkommt. Dieses Heit bildet unsern weiblichen Namen; keinesweges heit, heiß, davon Heitmobi, brennender Muth, Wuth.

Wig ist wie Burg, ein Schützort, und bezeichnet in persönlichen Namen: Wigand, Ludwig, Hartwig, den Bekämpfer, Vertheidiger.

Hedwig ist also eine deutsche Heldin.

Noch ist dieser Heldenname unter uns geehrt. Möchten nur deutsche Töchter seinen großen Sinn immer thätig ausdrücken! Nicht sollen sie, wie ihre Mütter zu Herrmanns Zeiten, um die kämpfenden Geschwader eine Wagenburg schlagen, nicht ihren Gatten und Söhnen ihre Wunden aussaugen, oder gar mit Schild, Speer und Streitart sich in die Schlachten stürzen.

Deutschland hat Männer genug zu seiner Vertheidigung; und sie würden, ihre Weiber und Kinder neben sich, im Kampfe nicht Männer bleiben. Aber vertheidigen sollen unsere Hedwigs sich selbst, die große Sache des Vaterlands, und deutscher Männer Ehre dadurch: daß sie Sprache, Tracht, Sitten des Bodens, dem sie Bildung, Blüthe und Seelenadel verdanken, den Verwöhnungen des Auslandes vorziehen, ihre Selbstständigkeit behaupten, sich nicht in französischer Leichtigkeit, Leichtfertigkeit und Leerheit, im französischen Schnitt und Geschwätz mehr als in deutscher Einfachheit, Zartheit und Gesetztheit gefallen: nicht mehr die Männer von der Ehrenlegion mit Erstaunen so viele Pariserinnen in Berlin, Hamburg, Dresden, Hannover und Cassel wiederfinden lassen, welche über den fein sittlichen, auf dem Lungerpolster wahrhaft weiblichen Helden, nun keine schwerfällige Deutsche mehr kennen, und die Unterdrücker unserer vaterländischen Freiheit mit Briefen voll zärtlicher Ergüße verfolgen, während ihre Gatten und Brüder in kriegerischer Rüstung denselben gegenüber stehen.

O, wenn noch nach Jahren deutsche Männer ihre Siege über jene Unüberwindlichen mit warmer Vaterlandsliebe feiern; wie viele Mädchen und Weiber werden dann über die Siege erröthen müssen, die sie einst diesen erleichterten und — anboten.

Doch, erröthen kann ja eine solche feile Entartete nicht mehr.

Heidebodo
Waghafter Mann.

Wollten wir ihn von heider, hell, heiter, auch berühmt, ableiten, so wäre er ein berühmter Held: denn Bodo ist ohne Zweifel in urdeutschen Namen nicht der Bote, sondern das, durch die Aussprache verbildete, baldo, rüstig, waghaft.

Heid, Held, und Baldo, stellen uns den Kühnen dar.

Es ist aber die Frage: ob Heidebobo damals ein deutscher Name war? In der Geschichte der ersten Aebte des Klosters Bergen erscheint er freilich. Doch öfter tritt statt seiner ein Abt Reinebobo auf, zum ärgerlichen Beweise, wie wenig genau man es vom zehnten bis zum fünfzehnten Jahrhundert mit deutschen persönlichen Benennungen nahm. Ist es wohl zu verwundern, wenn die Erklärung mancher Namensilben schwierig ist, da die Mönchs-Dummheit Reine und Heide mit einander verwechseln konnte?

Heidecke
Mächtiger Held.

Aus Heidenreich holperich genug verbildet. Doch sieht er seinem Vater noch ähnlicher, als Hecco, der Friese.

Heidenreich
Mächtiger Held.

Kein auseinander gezerrter Heinrich, der in den meisten europäischen Sprachen seine Urform nicht verläugnet hat.

Vielleicht aber reich an Heide? (Erica). Ich kenne den Segen dieses Gewächses, womit die Natur weite Landstriche bedeckt und geschmückt hat. Ich kenne den Reichthum, den es hier den Bienenwärtern, dort den Besitzern zahlreicher Schaaftriften, dort, als

Streu, dem fleißigen Landbauer giebt. Schon der Kelte kannte sein Haid, und die liebliche Flöterin, die sich darunter birgt, die Hebdydd, das heißt: die Tagesverkünderin (von hatha, hete, heißen, aufbieten, und Dydd, Tag. Wie trefflich ist diese Benennung.) Lerche. — Da tritt mir aber Heldrich entgegen, und erinnert mich daran, daß seine erste Silbe sehr oft in Heid überging, daß so aus hellder, von hell, heiter wurde, und die Helden, zu Karls des Großen Zeiten, Heiden geschimpft wurden.

Wider solche Gründe vermag ich nichts. Heidenreich wird in der Bedeutung wieder Heldrich. Doch gestehe ich, daß mir dieser gedrängte kräftige Name besser gefällt, um so mehr, da er nicht an den Bastart Heideke denken läßt.

Heinrich
Hainreicher.

Es kann dem Ausleger nicht an Versuchungen fehlen, diesen männlichen, ehrwürdigen Namen, der sich, vom frühen Mittelalter an bis jetzt, überall, wo unsere Sprache noch ihr Recht behauptet, in verdienter Vollgültigkeit erhalten hat: ihn, dem alle Völker im Süden und Westen, und größtentheils auch im Norden Europens, das Bürgerrecht ertheilen, und als Enrico, Henriquez, Henri, Henry, Henrik, sich aneigneten; während er daheim unter den Friesen zum Hebbo oder Hiro, in Niedersachsen zum Henning, Henneke, sogar zum Rennig ausartete, durch eine ungekünstelte Ableitung, zum wahren Heldennamen zu machen.

Hei-

Heiderich, das ist Helderich, steht doch wirklich unserm Heinrich so nahe, daß man den einen leicht für den andern nehmen, und diese Verwechselung mit scheinbaren Gründen rechtfertigen kann.

Doch wir gehen ohne Zweifel am sichersten bei dem Stammworte, welches in der Aussprache noch völlig unverändert geblieben ist, und unsern ehrhaften Namen nicht im mindesten entwürdigt.

Der Hain, dieß Heiligthum unserer Ahnen und jetzt unserer Dichter, diese Schutzstätte für wenige Auserwählte, für Seelen höhern, reinern Gefühls, wo sie, der Schwüle des Tages entwichen, durch innere, selbstständige, schaffende Kräfte empor gehoben, außer und über dem gemeinen Leben, ihren Aufflug zum Unendlichen wagen: der Hain bildete unsern Heinrich. Aber ihm war er nicht, was er uns in Stunden unserer Verklärung seyn kann. Als Freistätte, als Umgränzung und Schutzwache seines Gaues, als Jagdgebiet, als seine Welt, worin er alles fand, was er bedurfte (denn wenig bedurfte der genügsame Natursohn); endlich als das Eigenthümliche in Theuts Lande, worüber der große Schutzgeist seines Volks besonders waltete, erfüllte ihn sein Hain mit Freude und Stolz. Des Waldes viel haben, hieß ihm herrschen (walten). Nach der Waldburg nannte sich nicht nur der Herr (Walter), sondern auch die Gebieterin (Walpurgis), und der Güterlose war als Waldgenosse (Waldlihho), als bloß durch den Mächtigern geschützter Waldeinlieger, glücklich.

So war, was den Römern unsere Heimath zur Wildniß machte, und bald zur fürchterlichen Grabstelle, unsers Volks Ruhm. Heinrich und Otto standen auf einer Stufe.

Hela
Beglückerin.

Unsern lieben Alten galt ein fröhliches Mahl als vorzügliches Lebensglück. Hail bedeutete uranfänglich die gute Tafelpflege, und Hela die milde Gastgeberin. Später bezeichnete man durch Hail, Heile, Glück und Segen. Die erste Bedeutung war wohl: das Vollständige, Ganze. Noch jetzt heißt im Niederdeutschen: heele-gut, so viel als: vollkommen gut, und Heilen, körperliche Gebrechen heben, ist noch in der ältesten Bedeutung da.

Des Angelfürsten Hengst Tochter begrüßte den König der Britten, den vollen Becher ergreifend, mit einem Haile! und wurde bald seine Hela.

Unser Heiland, wie das englisch Haile und Health, und das schwedische Heel, stammen vom altdeutschen Heile ab.

Ist aber der Name Hela zu weich — zu hart klingt er gewiß nicht! — oder ist er zu unbedeutend, oder soll das deutsche Mädchen nicht ferner des Mannes Beglückerin, soll es nur seine mitschlendernde Gefährtin, oder seine ohnmächtige Gebieterin werden? Genug, die fröhliche Hela ist entschlafen, und Maria, eigentlich Mirjam, die Bittere, oder Ursula, die Bärenmüthige, leben unter uns.

Heldrich
Mächtiger Held.

Der Name erklärt sich selbst.

Helmard
Gehelmter Held.

Die Endsylbe denke ich mir als Hardo. Der Name könnte aber auch mit Hilmar eines Wesens seyn.

Helmerich
Stattlich Gehelmter.

Aus mehrern Namen glänzt der Helm hervor, weil er im alten deutschen Heer nicht gemeine Kriegertracht, sondern Auszeichnung der Edlern im Heere war, wenigstens der reiche Helm.

Jetzt gilt er weniger: denn er ist nicht mehr Zeichen der Kraft, sondern oft der Kraftlosigkeit; und mit seinen stählernen Bügeln und Schilden, mit seinen blitzenden Ketten und Spangen, mit seiner Tigerhaut, mit seinem ihn wild umflatternden Roßschweife bleibt er für so manchen jungen Helden im Frieden eine kostbare, unerträgliche Bürde, im Kampfe ein unsicherer Schirm, weil er den ganzen Leib des Streitenden nicht deckt, und seinen freien Blick auf den Feind hindert.

Helmgaud
Schön Gehelmter.

Gau, von Gahun, kommt beim Otfried in der Bedeutung des Zierlichen, Schimmernden vor, und hat vielleicht das französische Gai nachgelassen.

Gaud als God würde den Sinn des Namens wenig verändern, der in den ältesten fränkischen Jahrbüchern erscheint.

Helmold
Holder Behelmter.

Heltrude
Heldentraute.

Helwin
Allen Befreundet.

Der umgestaltete Alwin oder Alkuin.

Von Heile, dem alten Glück und Segen, das noch unverändert übrig ist, abgeleitet, wäre Helwin: der glückliche Freund.

Hengst.

Die Sonnenrosse kannten Griechenlands und Roms Dichter als Sinnbilder überirdischer Hoheit und Herrlichkeit; die Donnerrosse erfüllten das jüdische Morgenland mit Ehrfurcht; und sein Streitroß dachte sich der Teutone als das ausdrucksvollste Bild des Muths und der zerschmetternden Kraft. Noch sprengt es dahin, das freie, stolze Roß, im Wappenschilde eines der erhabensten Fürstenhäuser Deutschlands; noch trägt ein ganzer Kreis des heiligen Reichs in seinem Namen die Spur davon, wie viel die Rosse einst unserm Volke galten. Wie dürfte es uns befremden, sie auch in zwei Urahnen anzutreffen?

Hengst ist einer davon. Er spricht den feurigen, freien, heldenmüthigen Mann aus, wie wir ihn uns im Heerführer der Angeln nach Britannien denken müssen, dessen Stammort eben so schwer zu bestimmen seyn dürfte, als Homers Vaterstadt, weil er, als Fürst über mehrere Gauen, keinen bestimmten

Wohnsitz wählte, und weil die Oerter im Niedersächsischen, die seinen Namen führen, zum Beispiel
Hingste bei Hoya, diesen Namen wohl eben dem
Thiere verdanken, das ihm Schildzeichen und Benennung verlieh.

Wiederkehren wird für unsere muthige Jugend
sein Name nun wohl nicht, denn unser Gefühl, oder
vielmehr unser Vorurtheil, sträubt sich zu gewaltig
dagegen.

Lieben wir aber nicht den Leo, weil er ein Ausländer ist? Werden wir ihn nicht gerne unter uns als
Det-Lev fortpflanzen? Dulden wir nicht den Wolf,
sogar den Reinecken, in unsern Namen; warum
wäre uns denn das Roß, das Streitroß, wie es der
Sohn Hermanns zu bändigen verstand, als Name so
zuwider? Doch ich will nicht für ihn sprechen, wenn
nur viele seiner Mitentschlafenen wieder erstehen!

Henning
Hainreicher.

Heinrich, in einer niedersächsischen Verbildung,
etwas leichter in der Aussprache, als der Stamm-
name, aber dafür auch ohne alles Gepräge.

Als pöbelhafter Henneke oder Henje vollends unausstehlich, und doch hie und da so häufig,
als stände ihm ein Heiliger Gevatter.

Herbert
Berühmter Krieger.

Er erschien bereits als Gerbert in seiner Reihe.

Heresried
Sanfter Herr.

Herduom, Hertum war dem Teutonen die Herrschaft, Heristo der Erste, der Herr, Her der Hehre, Ausgezeichnete, der Gebieter, davon unser Herr. Ohne Zweifel haben der deutsche Herr und der Römer Herus einen gemeinschaftlichen Urstamm.

Daß Hari, Guer, Ger, Wer und unser Herr sich gegenseitig erklären, daß nur Krieg und Heldenthaten das Mittel zur Herrschaft für Theuts Söhne waren, darf ich hier nicht bemerken.

Hermann
Mann des Kriegs.

Man hat den griechischen Ἄρης entmannt, um ihn zum Sohn des teutonischen eingebildeten Obergotts Hermann zu machen, und sich bei dieser Gewaltthat darauf berufen, daß der Lüneburgische Bauer seinen gehörnten Stubenhammel Harm lockt. Man benennt einen ganzen deutschen Volksstamm, die Hermionen, nach jenem Ur-Hermann, und leitet nun leicht den Namen unseres ganzen Volks, wie ihn der Römer kannte, davon ab. Den großen und kleinen Bären läßt man bei den teutonischen Sternkundigen — wer waren die? — für Hermanns Wagen gelten. Zu einer solchen Erhebung fehlt nichts, als ein weiland einbildungsreicher Eccard, der sie durchsetzen wollte, und eine treuherzige Lesewelt, die daran glaubt. Hermann ist weder Ἄρης noch Ἑρμῆς. Er ist seit Varus Niederlage in der Geschichte und im Herzen der Deutschen ein Heldenname, der so lange die höchste Geltung verdient, als wir Kraft und heiligen Willen fühlen, gegen fremde, wilde Eroberer zu wagen, was einst der hochherzige Cherusker gegen das alles überwältigende Rom daran setzte, sich ein freies Volk zu erhalten. Ja, noch achtzehnhundert Jahre nach ihm nennen wir uns durch Sinn, Sitte, Sprache vereint dankbar das seinige, und im Gedächtnisse seiner That fühlten wir uns, vom Rhein bis zur Oder, wider einen, alles zertrümmernden, Ueberfall zum heiligen Muthe entflammt, der endlich obsiegte, und unsere Abstammung, nicht von Göttern, sondern von unbezwinglichen Helden, rechtfertiget. —

Das altteutonische Gwer, Mann, trieb zahllose Sprossen, Werre, männlicher Widerstand, Kampf (la Guerre) (the War); wehren, Widerstand leisten. Wehrlich (niedersächsisch) übellaunig, widerstehend; die Wehre, Werkzeuge zum Widerstande, Waffen. Wahren, vertheidigend erhalten; die Warte, Feste; Gewähr, Bürgschaft. Hari, Schaar streitbarer Männer; Harizoho, Herzog, Anführer der Kriegsschaar; Hariberga, Feldlager. Haribann, Aufgebot zum Heere. Heeren, Kriegszüge machen. Verheeren, durch Heere verwüsten. Hartun, Heergeschrei ertönen lassen. Hareman beim Otfried beschädigen, daher der Harm, das Gefühl der Beschädigung. Hehr (im Heere) hervorglänzend. — Alles Wörter eines Stammes!

Hermannen waren also Männer des Kriegs. Als solche fühlten die Römer Deutschlands Völker, und vereinigten sie alle unter dem Namen Germanier. Dem Deutschen war Hermann, als Eigenname, kriegerischer Held, im Volkston: Irmen, daher Irmensul, Hermanns-Säule, Irmengard, Irmentrud. Wir wissen, welchem Einen sein Volk, als seinem Schutzgeiste, eine Ehrensäule zuerkannte, weil er vorzüglich den Namen Hermann durch Thaten adelte. Wie schön ist das Lob, welches Tacitus ihm bei der Anzeige seines, nicht in offener Feldschlacht, sondern unter Verräthers Händen gefundenen Todes, beilegt!

„So fiel Armin, Germaniens Retter gewiß, der nicht wie andere Könige und Heerführer, Rom, zum Volke erst erwachsend, sondern als das blühendste Reich erschütterte, in einzelnen Schlachten unübertroffen, im ganzen Kriege nie besiegt. Sieben und dreißig Jahr war er alt, zwölf Jahre hatte er geherrscht. Unter rohen Völkern besingt man ihn. Griechische Geschichtschreiber kennen ihn nicht: denn ihnen ist nur der Grieche bewundernswerth. Auch unter uns Römern glänzt er wenig, weil wir über den Großthaten der Vorzeit die der neuern vergessen."

Möge doch bald in allen ächt deutschen Familien der Name Hermann sich von Geschlecht zu Geschlecht fortpflanzen, und uns nie der Vorwurf treffen, daß wir nur neuere, fremde Helden vergöttern, und ältere, so hehre Retter Deutschlands — der Geschichte überlassen.

Hermanne.

Die Reichsstadt Bremen hat mit ihrem Gebiet das Verdienst, diesen Namen vor der Vergessenheit zu schützen.

In der Umgangssprache verkürzt man ihn dort

zu Manne, und so wird er sicher keine Tochter edler Herkunft zur Kriegerin machen. — Der ältesten ist er übrigens wohl keiner, so wenig als Amalie, die doch ein so weites Gebiet hat. Möchten aber nur viele neuere Namen so deutsch und so edel seyn, als er!

Hermannfried
Friedlicher Hermann.

Hermannhild.
Held Hermann.

Voran den Krieger, in der Mitte den Mann, hinten den Held, macht dieser Name große Ansprüche, und bedeutet doch nichts mehr als der einfache Hermann, oder der noch kürzere Hild. Außer dem longobardischen Stamme in Italien hat er deswegen auch nirgend Beifall gefunden.

Wir haben an unserm wackern Hermann genug, und den halten wir fest, bis der schöne Traum vom ewigen Frieden (dieß ewig nicht im Sinne unserer Friedensverträge genommen) eintrifft.

Hersende.

Wie man ein Heer zieht, so folgts. Es tritt dem Einen nach, zur Rechten und Linken, vor- und rückwärts, der an der Spitze aufrückt. Das soll es auch, und mehr nicht! Es soll nicht wissen wohin, bis es da ist; nicht fragen: warum? bis es der Antwort nicht mehr bedarf. Daraus ist klar, daß es nicht tauge, wenn der Erste vor dem Heere der Letzte im Nachtrabe wird. Beyspiel wirkt stärker als Stimme, als selbst Feldherrnpredigt, wodurch man die Feldpredigten schlecht ersetzt. Bei Wagram hatte ein französisches Panzerregiment zwei glänzende zurückgeschlagene Angriffe gemacht: Napoleon sprengte vor mit seinem: Allons, mes chers Enfans! Attaquez encore une fois! Das Regiment schloß sich, und — linksum war Napoleon da, wo es nichts anzugreifen gab, und linksum sprengten seine Schwadronen ihm nach, unter dem Feldgeschrei: Allons Camerades! Suivons l'exemple de notre Empereur!

Bonaparte war Anführer und siegte; Napoleon Nachführer und verlor die Früchte seiner frühern Siege.

Hermann verkroch sich nie hinter einer Mauer seiner Leibwächter; das ganze Heer war seine Leibwache, aber er als Herzoh war auch immer selbst Wächter des Heers. Wir kennen den Erfolg. Wir wissen, was die verbündeten Heere im letzten herrlichen Feldzuge unüberwindlich machte. Sie hatten Anführer. O, wer hinfort der glänzenden Ehre werth seyn will, des Landes Heldensöhne zu Hunderttausenden durch ein Wort in den Tod zu führen: wer Muth, Kampf und Sieg jedes Einzelnen im Heere sich zueignen, und sich schmücken darf, vor der Mit- und Nachwelt, mit dem Lorbeer aller, die unter seinen Fahnen kämpfend den Tod fanden oder doch suchten: wer zum Schirmer des Heers, des Reichs, des Throns erhoben ist, und nichts dafür geben kann, als sein Leben: wie wenig wagt er damit, in Vergleichung dessen, was man an ihn wagt? Heerzog sey er! Und fühlt er sich zu schwach, das Vertrauen zu rechtfertigen, was Alle in ihn setzen müssen; flammt nicht in ihm ein Muth, der ihn zum Vorbilde so vieler wackern Helden machen kann, und den kein Adel, kein Fürstenblut ersetzt, wo er fehlt; so — verzichte er auf den Feldherrnstab, und belade sich nicht mit den Flüchen eines verrathenen Landes, mit den peinlichsten Vorwürfen seines eignen Herzens!

Wie Herozoho, der Anführer, vom altdeutschen: ziho, ich ziehe, so ist

Herſende
Die Heerzogin, Heersführerin.

Ein stolzer schöner Name! und wie mild in seinem Laut!

O, möchte er doch wieder erstehen aus der Vergessenheit, und in einem Volke glänzen, in dessen biederm Herzen das Verdienst seiner Führer und Führerinnen nie stirbt!

Man erlaube mir hier noch ein Wort, was sich freilich auch ganz bequem dem Marschalk anhängen ließe!

Bedeutender und ehrenvoller ist doch gewiß keine Benennung, als die des Heerzogs. Aus Vernachlässigung des Edelsten, was unsere Sprache hat, ließ man sie verschwinden, und den Feldmarschall an seine Stelle treten.

Als Feldmarschalk können wir diesen dulden, denn er ist doch ein Deutscher, wiewohl seine Würde in gar keiner Beziehung zu dem steht, was sein Name eigentlich ausdrückt. — Wirklich aber läßt es sich aus der argen Vergötterung, die man, besonders seit dem westphälischen Frieden, an Höfen, und bald auch in den Mittelständen, mit der französischen Sprache trieb, kaum erklären: es ist ein unleidlicher, sklavischer Mißbrauch, eine wahre Entwürdigung unserer Sprache, ein endlich wieder aufzuhebendes Aergerniß für jeden Deutschen von Ehre und Gefühl, daß man dem Stande, der vor allen zur Vertheidigung deutscher Rechte und Freiheit berufen ist, der sich dafür immer so heldenmüthig aufopferte: daß man ihm und seiner Verfassung, seinem Geschäfte, fremde Benennungen, gerade des Volks aufdrang, worin er, seit Jahrhunderten, den erklärtesten Widersacher seines theuren Vaterlandes bekämpfen mußte. Warum stellte man dadurch den deutschen Kriegsstand nicht nur seinem Feinde gleich, sondern gar unter seinen Feind? Und wie lange soll denn die Sprache Teutonia's noch die Schmach dulden, ihre kräftigen, edeln Benennungen zurücksetzen und verdrängen zu lassen durch französische Wörter, deren wir doch nie bedurften? Deutsche Männer! Deutsche Schriftsteller! Eure bewaffneten Brüder haben euch eure freie Thätigkeit wieder errungen; so erstrebt doch ihnen mit vereinten Kräften die äußere Deutschheit dafür, welche, das fühlt ihr, auf die innere mächtig wirkt! Durch Reichsgesetze ist der Mißbrauch der französischen Sprache nicht eingeführt; durch den Bund gekrönter Häupter darf er nicht gehoben werden. Euer Gebiet ist die Sprache, und euer Beruf, sie wieder einzusetzen in ihre Rechte! Wird nur euch erst die Verdeutschung aufgedrungener französischer Unbilde recht geläufig, und erstes Gesetz da, wo ihr zu allen deutschen Ständen redet; so wird sie endlich allen natürlich.

Zurück also mit Armeen, Märschen, Bataillen, Brigaden, Regimentern, Compagnien, Manoeuvers, und allem, was ihnen anhängt, von gleichem Gepräge! Damit Heere, Züge, Schlachten, Banns, Fahnen, Rotten, Waffenübungen wieder ihren Boden behaupten! Und der Personenstand unserer Krieger, jetzt ein französisch-deutsches Gemisch von Generallieutenants, Obersten, Oberstlieutenants, Majors, Capitains, Lieutenants, Fähnrichs, Sergeanten, Corporals, Grenadiers, Füseliers, der Cavallerie und Infanterie, mögen, um nur ganz zufällig ein vielleicht nicht sehr gewähltes Beispiel anzuführen, mögen von Oben herab etwa dargestellt werden als: Heerzog oder Feldmarschalk, Oberfeldhauptmann (General), Feldhauptmann (Gen. Lieutenant), Oberhauptmann (Gen. Major), Oberst, Banner (Major), Hauptmann, Unterhauptmann (Lieutenant), Fähnrich, Ober- und Unterfeldwebel, Häuptling (Corporal), Erkohrne (Grenadiere), Scharfschützen: als Reuter und Fußsoldaten!

Hertlin.

Uebersetzen mag sich diesen zärtlichen Namen nicht. Jeder versteht ihn, und muß es fühlen, daß unser Herzchen, oder gar Herzlein, wahre Verunstaltungen der lieblichen Schöpfung altdeutscher Gemüthlichkeit seyn würden. Unter Dietlin habe ich meine Wünsche für die Wiedereinführung der verkleinernden Endung lin ausgesprochen. Einer der geringsten meiner schreibenden Brüder, darf ich nur hoffen, daß gewichtigere Männer, denen Einheit und Gefälligkeit unserer Sprache am Herzen liegt, sich vielleicht endlich des in le in schlecht gehaltenen Urwörtchens annehmen, oder auch, der Gleichförmigkeit wegen, dieß unleidlich breit gezerrte le in in die verkleinernden Hauptwörter aufnehmen, und statt Liebling nun Liebleing schreiben werden. Am „Herzen" liegt, sage ich. Warum darf ich, statt des zischenden Worts, nicht das alte, weit mildere, gebrauchen, was unsern Namen bildet, und womit der Britte, ich dächte sehr darstellend, den Quell und den Gegenstand seiner Empfindungen bezeichnet?

Hetan
Held.

Hier stände also der Vater unserer Hedwig, in seiner westfränkischen Gestalt: denn im Angellande erscheint er als Hebba. Beide deuten auf den Heiden, wie dieser auf den Helden, der sich dem, vom sechsten Jahrhundert an, sein übermüthiges Haupt erhebenden Oberpriester in Rom, trotz Kreuzbild und Heiligenknochen, nicht strafs zum Leibeignen geben wollte; sondern, wenn nichts half, und die verwegenen Wandergesellen in der Kapuze, wie Sanct Bonifacius in Friesland mit bewaffneten geistlichen Spießgenossen, eigenmächtig landeten, gewaltsam tauften und firmelten, dann mit Schwerdt und Keule darein schlug. Sonderbar! dem Deutschen wurde sein Heldenthum zum Heidenthume gerechnet, und der lateinische Paganus hieß so, weil er in seinem Gau, bei seinem Heerd blieb, und nicht zum Heere zog. Ihm fehlte, was der deutsche Heide, zum Unglück seiner Bekehrer, zu viel hatte. Sanct Hieronymus meint zwar: der Name Paganus bezeichne einen Mann, der nicht unter Christi Fahnen streiten wolle. — Das war aber — ein frommer Betrug. Denn schon Cicero stellt den friedlichen Paganus dem Miles gegenüber.

Dürfen nun unsere Heiden, oder Helden, noch Pagani heißen?

Hezolo
Hainreicher.

Wie von Gottfried Gozelo, von Albert Azo, von Attila Ezel; so wurde von Heinrich Hezolo. In alten Urkunden findet man den einen für den andern Namen gesetzt.

Hibba
Heldin.

Nun nähern wir uns in der Väter Hallen einer Familie, die den Heldennamen an der Stirn trägt; aber Zeit und geschmacklose Nachpinseler haben ihn hie und da fast unleserlich gemacht.

Wer möchte unsere Hibba noch als Heldin gelten lassen, wenn nicht andere Namen, zum Beispiel Bodo, friesisch Bobbo, auch ihr, zur Wurzel gehörendes, L eingebüßt hätten? Und — wenn es nicht natürlicher wäre, sie vom deutschen Lieblingsstamm Hild, der in so vielen weiblichen und männlichen Namen den Geist unsers Urvolks ausspricht, als etwa von githiz, gesittet, oder ähnlichen Wör-

tern, die uns doch immer den Sinn unsers Namens
nur würden errathen lassen, abzuleiten?

Hibba ist also Hilda.

Aber deutet denn Hild auf den Helden hin?
Lassen Sie uns, meine Leser, mehrere Wörter ver=
gleichen, um nicht einseitig und auf gut Glück hin zu
bestimmen.

Hil, auch Sil, war keltisch: die Nachkommen=
schaft. Das deutsche Zielen oder Erzielen, statt
Erzeugen, verdankt ihm seinen Ursprung. Das frän=
kische Chil in Chilperich könnten wir uns auch als
Sprößling davon denken, wenn es nicht wahrschein=
licher unser Hil wäre, womit es auch oft vertauscht
wird. Childebert, oder Hildebert, nimmt sich
doch wirklich auch besser als ein ruhmvoller Held
aus, wie als ein berühmtes Kind. Das englische
Child aber, und das beim Kero vorkommende altdeut=
sche Chindi, Kinder, erwuchsen offenbar aus jener
keltischen Wurzel.

Gelt war den Kelten: der Preis, und soll ihnen
selbst den Namen der Gelten, Preiswürdigen, gege=
ben haben. Da hätten wir ja unsern Helden, in
seinem Beginnen, als den, der den Preis er=
kämpft! Und lassen wir diese Ableitung gelten,
das heißt: erkennen wir ihr den Preis zu,
so ist jenes Urvolk ein Heldenvolk.

Entsprossen sind von Gelt unser Geld, der
Waarenpreis, auch in alter Gestalt Gild. Die
Gilde, die Zunft, worin — damit sie als geschlos=
sene Gesellschaft bestehen und ihre Zeche bezahlen mö=
ge (denn Gildio heißt den Alten: die Zehrung
vergüten) Geld die Loosung ist. Auch das eng=
lische

lįche guilty, wie unſer gültig, und endlich das oberdeutſche gelt! ſtatt: was gilt's? Die Verwandlung des G in H und des E in I iſt ſehr gewöhnlich.

Möge nun Held von Gelt, oder möge es von held, hold, das heißt: halten, abſtammen, und den Anpackenden, Feſthaltenden, bezeichnen — das engliſche He held him ſtellte dann die Wurzel noch unverwandelt dar — ſo giebt es doch unſern daraus gebildeten Namen einen ganz andern Sinn, und deutet nicht auf den Preis, ſondern auf das zurück, was den Preis erwarb, Geherztheit und Kraft.

Sinnverwandt mit Ger, Hard, Leo, Sig und andern urdeutſchen Stammſilben, würde es uns bei männlichen Namen nicht länger in Ungewißheit laſſen.

Aber nun erſcheinen auch ſo viele Töchter Teutonia's als Hildis. Dürfen wir ſie uns als Heldinnen nicht vielmehr als Holde denken? Oder iſt Hild in Reinhilde andern Sinnes, als in Hildebold?

Hier denken wir uns das deutſche Weib der Urzeit. Es iſt nicht gleichgültig gegen körperliche Reize; es verläugnet ſeine Weiblichkeit nicht. Roſamunda, Blanka, Libegard, ſind liebliche Bezeichnungen derſelben. Höhern Werth aber ſetzte es in kriegeriſchen Muth. Und drängte es ſich nicht in die erſte Reihe der Kämpfer, und ſuchte es erſt durch wilden Schlachtgeſang den Feind zu ſchrecken; ſo trug es doch Panzer und Streitaxt nicht umſonſt, wenn er ſich nicht ſchrecken ließ.

So ungern ich alſo in den Hilden die Holden aufgebe, da unſern Stammbildnern das Weib, weldes durch Reize fesselt und siegt, und also keiner Waffen bedarf, um Heldin zu seyn — denn dieß wäre ja die Holde leibhaftig! — wohl schwerlich im Sinne hatten: so kann ich doch das schöne Angebinde nicht retten, und muß dafür die Heldinnen aufnehmen; oder meine Helden werden zu Holden, und als solche hätten sie doch den Varus nicht besiegt, und wären ungleiche Brüder der Gerhards und Hermanns.

Hiddo
Held.

Statt Hildo. Der Friese Hedo ist gleichen Stamms mit ihm.

Hildebert
Berühmter Held.

Wir kennen ihn bereits als Gilbert.

Hildebold
Kühner Held.

Die Stammsilben sind bekannt.

Hildebrand
Hehrer Held.

Brand ist Brenn, der Erhabene. Schreiben oder lesen wir den gewaltigen Namen, so schwebt uns ungerufen der gewaltige Mann vor, der ihn mit Gregor vertauschte. Denn deutsche Namen und deutscher Sinn machten nie ihr Glück auf dem heiligen Stuhle.

Die kürzeste Schilderung macht uns sein Busenfreund, Peter Damian, von ihm, indem er ihn seinen heiligen Satan nennt. Und schwerlich hat sich je eine so strenge Selbstbeherrschung, ein so scheinbarer, glühender Eifer für die Sache Gottes, mit der feinsten, alles berechnenden, alles zu seinem Vortheil benutzenden Schlauheit, mit gränzenloser Herrschsucht, mit zermalmender Härte, in einem Sterblichen so vereinigt, als in jenem heiligen Satan.

Hildebrandisirt hat indeß 830 Jahre später ein anderer meisterhaft. Wer? dieß mag uns folgende Handzeichnung verrathen.

„Nicht leicht gab es einen Eroberer und Regenten von so seltener, aber auch so schreckhafter, Größe des Genies und Charakters, als — — war; ein kühner Waghals, aber dabei ein Weltmann von feinster Klugheit, und ein Held vom entschlossensten, standhaftesten Muthe; verschmitzt und niederträchtig, mit dem Anschein von edelm Stolze, ein eingebildeter Heiland, den seine Zeitgenossen angebetet haben, und ein Mensch ohne Religion, ohne Treu und Glauben, den die Welt einen Satan nannte. Ein Held, ein Verbrecher."

So der Abt Henke über — Gregor. Nur nennt er statt des Heilands, den Heiligen, statt der Zeitgenossen, die Nachkommen, und statt der Welt, den vertrauten Freund.

Hildegard
Heldin auf der Warte.

Seiner Schwäche sich bewußt, trotzt das Weib

der Gefahr minder, als der Mann. Aber spähender erforscht es sie, ehe sie da ist. Auf der Warte übte sich seine Wachsamkeit, sein Scharfblick, wie es da, den feindlichen Anläufen und Pfeilen zunächst ausgesetzt, des Muths bedurfte.

Hildegard ist mir also die wachsame Heldin. Mit Ermengard verglichen, erscheint sie indeß in der, ihrer eben so würdigen Bestimmung, als des Helden Bewahrerin, Schirmerin, Pflegerin. — Daß guardo, wardo, als bewahren, beide Bedeutungen zulasse, ist ausgemacht.

Im Voraus bedinge ich mir hier aber die Erlaubniß aus, das garb und warb im Folgenden hier und da als hard zu übersetzen: denn sehr oft wurde es damit verwechselt.

Hildegrim
Grimmiger Held.

Auch Hildegrin heißt dieser fürchterliche Name, der die, unter Gruno gegebene, Bedeutung bestätigt.

Hilmer
Berühmter Held.

Gewöhnlicher und richtiger Hilmar, von mar, kundbar, berühmt.

Er hat seine Brüder überlebt, liegt aber auch in den letzten Zügen, und doch, was wäre wohl wider ihn, als unser Ungeschmack, oder unsere Scheu, es mit den lieben Pathen unserer Kinder zu verderben?

Himiltrudis

Trauter Himmel.

Nicht die Himmelstraute? die Verlobte, die Braut des Himmels? Das wäre ja ein Sinn, worin Alles läge, was nur irgend zu einer vollendeten Heiligen gehört! Eine von dem verführerischen Zauber dieser Welt unentweihte, über Lust- und Leidensgefühle dieses Lebens erhabene, das Gegenwärtige großmüthig verschmähende, nur im Zukünftigen, voll des reinsten Feuers, voll der höchsten, unendlichen, schaffenden Kräfte ihrer entzückten Einbildung Lebende, mit seligen Gestalten umschwebte — und um in todten Zeichen das Unaussprechliche anzudeuten, eine verklärte Seele; athmet sie nicht in Himiltrudis?

Wenn sie athmete darin: dann hinab in ewige Vergessenheit mit einem Namen, der keiner Erdenbürgerin, keiner von der Mutter Natur mit milden Reizen umfangenen, und sich in fröhlicher Unschuld diesen Reizen hingebenden, keiner thätigen, treuen Lebensgenossin, keiner Mutter und Pflegerin künftiger Geschlechter gebührte. Sich in höchster Schwärmerei lossagen vom Endlichen und von den heiligsten Pflichten, die es uns auferlegt; dieß kann eine ganz berauschende Uebung werden, die aber weder dem, der sich dazu hinaufspannt, noch denen, die darunter versäumt und verschmäht werden, im Mindesten frommt.

So weit hatten es Teutonia's Töchter auch noch nicht mit sich gebracht. Ihr ganzes Ersehnen war darauf gerichtet, wie sie durch reinen, frohen Sinn, durch zärtliche Pflege ihres Erwählten, ihrer ganz an ihnen hangenden, keiner Amme zugeworfenen Kleinen, durch verständige Einrichtung ihrer einfachen Wirthschaft, und wenn ihr Gau aufgeboten wurde, zur Verfechtung der Freiheit, wie sie dann als muthvolle Schirmerin des Heils, des Heiligthums ihres Stamms und ihrer Geliebten, des Mannes **höchste Wonne**, sein Himmel auf Erden werden möchte.

Diese Bestimmung des Weibes kündigt der Name von höchster Bedeutung an. — Unter allen deutschen Eigennamen ist keiner, der höhere Ansprüche an das weibliche Geschlecht, höhere Achtung dafür beurkundet, und es stärker ausdrückt, was wir in unsern Töchtern für ihre einzig Geliebten erziehen sollen, als **Himiltrudis**.

Hilperich
Hülfreicher.

Keinem deutschen Buchstaben haben die Sprachverhunzer früherer Zeiten, mit ihren weiten Mönchskehlen, so zu nahe gethan, als dem bescheidenen, sich selbst, wo es stand, und dem unverdorbenen Gefühl der Redenden und Hörenden so genügenden J. In wie vielen Worten schob man ihm ganz unnöthiger Weise den lautstimmigen Gesellen E vor, der nun den zarten Ton seines Nachbars schier verschlang? So wurde aus min, mein; aus sin, sein (suum und esse) aus liche, gleichen, aus lisno, leise; aus Sita, Seite; aus rich, reich.

War dieß keine Sprachverderbung, so weiß ich nicht, was diesen Namen verdient!

Hilperich erfuhr auch den Eigensinn solcher Halbmeister. Man machte ihn zum Helfereich.

Wer ihn in dieser Gestalt aufnehmen will, der verantworte es bei seinem Geschmacke! Trotz des harten p in der Mitte, ist **Hilperich der Alte,** unweit gefälliger, als **Helfereich.** Entweder jenen also, oder keinen von beiden!

Hincmar
Berühmter Heinrich.

Gellerts Land der Hinkenden darf man nicht in Deutschland suchen. Da hinkt manches wohl stark genug; aber hohe Absätze, Nothschienen und falsche Fersen, lassen es selten bis zur Krücke kommen. Und bei aller unserer Achtung für den Tapfern, der in der Wuth der Schlacht verstümmelt wurde, wünschen wir doch gewiß unsern Freunden nicht, daß sie einst mit Ehren vom Kampfplatze zurück hinken mögen. So auch unsere Väter, bei denen, wie Tacitus berichtet, und wie man von einem durchaus kriegerischen Volke voraussetzen darf, körperliche Gebrechen noch weniger Gnade fanden. Das **hincan, lahm gehen,** finden wir also in Hincmar nicht, sondern unsern Heinrich, den man zum Hennig und Henneke, Henke; warum nicht auch zum Hinnik oder Hint? umformte.

— Hat man indeß Lust, unsern Namen vom keltischen **Hyn, der Aeltere,** abzuleiten; so gehe man lieber noch einen Schritt weiter bis zum **Ingmar, ruhmvollen Jüngling:** denn durch den Namen sein Kind zum Familienältesten zu bestimmen, ist wenigstens sonderbar.

Horst
Das Roß.

Horsa, Pferd, ist im englischen Horse, und in vielen Orts- und Familien-Namen Niederdeutschlands noch übrig.

Davon wurde Hros, und endlich unser Roß.

Was ich über Hengst bemerkte, gelte auch von Horst.

Hoyer
Hoher.

Man vergleiche Hugo.

Hubert
Ruhmvoller Krieger.

Gumbrecht, Humbrecht, Humbert und Hubert sind Ein Name. Gleiche Vergessenheit, und wahrhaftig unverdiente Vergessenheit, deckt sie! Denn welchen muthvollen Jüngling würde nicht jede dieser durch abweichende Mundarten veränderte Benennungen kleiden?

Wer kann lesen ohne zu erstaunen? Bertram, Herzog von Aquitanien, war ein leidenschaftlicher Jäger zu Ende des siebenten Jahrhunderts. Sogar am stillen Freitage spürte er einst mit seinem Wildtreiber einem Hirsche nach. Er fand einen Sechszehnender; aber — zwischen dem Geweih desselben erhob sich ein leibhaftes Christuskreuz. Bertram, bei diesem Anblick von seinem Verbrechen betroffen, ließ Hirsch und Herzogthum dahinten, eilte stracks nach Lüttich, und nahm vom heiligen Lambert die

Mönchskappe an. Nun nicht mehr Bertram, sondern Hubert, zog er nach Rom, um seine Bekehrung zu vollenden. Sanct Lambrecht wurde in seinem Bischofssitze zu Mastricht ermordet. Pabst Sergius erhielt durch einen Engel den erledigten Krummstab, und den Befehl, ihn keinem andern, als dem, noch büßenden, Hubert wieder zu verleihen. Natürlich wurde unser Frembling sofort zum Bischof in Mastricht geweiht. Während seiner ersten Messe erschien ihm der Apostelfürst, und begnadigte ihn mit einem goldnen Schlüssel, voll wunderthätiger Kräfte, die noch heute fortwirken.

Jetzt ging der, vom Himmel selbst so wiederholt und feierlich zum Heiligen erklärte, Hubert — nicht nach Mastricht zurück, wo er sich selbst im Schutze seines Schlüssels nicht ganz sicher glaubte; sondern nach Lüttich; stiftete da das Bißthum und starb 731.

Hubold
Muthvoller Krieger.

Siehe Humbald.

Huibert
Der Hochansehnliche.

Hugo und Bert zusammengezogen. Die Geschichte nennt einen Fürstabt unter diesem Namen, welcher sich erkühnte, seine Schwester Thietberga wider ihren treulosen kaiserlichen Gemahl Lothar und die listige Waldrada, sogar mit den Waffen in der Hand, zu vertreten.

Deswegen erging denn ein schreckliches Zorngericht, nicht nur des Kaisers, sondern auch der frühesten Chronikenschreiber, über ihn. Er hieß ihnen ein Kopfloser, Acephala, der er doch gewiß nicht war: denn er blieb lange unüberwunden von seinem gewaltigen Gegner. Endlich blieb er im Treffen, und nun hatte er vollends Unrecht. Nun war er „Gott und den Heiligen verhaßt, ein Schänder der himmlischen und irdischen Majestäten, dieser Strafe werth gewesen." So kann die Geschichte, ihrer Bestimmung nach nüchterne, ernste Predigerin der Sittlichkeit; im Solde der Mächtigen, die durch ihren Purpur alles rechtfertigen wollen, wahre Sittenvergifterin dieser Gewaltigen selbst, und ihrer Völker werden.

Hugo
Hoher.

Emporstreben sehen wir alles; den Knaben zum Manne, den Landmann zum Bürger, diesen zum Edelmann, diesen zur Durchlaucht, diese zur Majestät. Nüchtern beobachtet, ist diese Erhöhungssucht mit ihren, oft unbegreiflich seltsamen, Aeußerungen uns abwechselnd lächerlich und ärgerlich. — Manchem versagen alle Kräfte zum Höhersteigen; er fühlt sich wohl gar immer tiefer sinken, und besänftigt seinen gekränkten Ehrtrieb durch erborgte Vorzüge. Der Sohn will strahlen im Glanze seines Vaters, der Vater eignet sich die Auszeichnung seines Sohns an.

Und wenn das Ehrgefühl gleich widrige und schlimme Auswüchse hat; wer dürfte es demohngeachtet verläugnen? Nichts würde die Wärme und Kraft zu dem, was Pflicht, was Verdienst ist, ersetzen, die

wir damit aufgäben. In seinen Kindern gelten zu
wollen, wenn man ihnen nichts mitgab, als Namen
und Blut, ist albern; aber in seinen Kindern Zeugen
väterlicher Verdienste aufstellen zu wollen, ist tadellos;
ihrem Emporstreben nachzuhelfen, um sich mit Wahrheit sagen zu können: du bist mit ihnen höher gestiegen, ist Pflicht. Hugo erinnere uns daran! Und
schon deswegen erhebe er sich aus dem Zustande zwischen Seyn und Nichtseyn, der, nach Bau und Gehalt, der Unvergänglichkeit so würdige Name!

Ob das altdeutsche hoch früher hug, huig,
davon Huigel und Higel, der Hügel, vom keltischen hy, aufstrebend, abstamme, weiß ich nicht.
Aber daß von der uralten Aussprache huig, hüg,
hig das englische high, wie von Higel Hill, und
die niederdeutsche Hille (Futterraufe), gebildet
sind, ist ausgemacht. Der Dorfschulz im Altenlande heißt noch Hüge.

Als Eigenname wanderte Hugo mit den Angeln nach Britannien, und nahm dort die Form Hugh
an. Auch im fränkischen Reiche nannte er den Stammvater der jetzt wieder auf ihren väterlichen Thron
erhobenen Capetinger, und behauptete, mehrere
Jahrhunderte lang, seinen ersten Rang, ließ sich aber
auch eine Verwandlung in Hogier gefallen, so wie
er in unsern niederdeutschen Hoyer überging.

Hulda
Holde.

Hier haben wir also die, durch ihre sanften
Reitze Fesselnde, welche wir gern in so vielen
Hildis ausgezeichnet hätten, wenn sich die Heldin-

nen ihr Gebühr absprechen ließen. Mit ihnen aus einem Stamme ist Hulda, die Liebliche, entsprossen. Aber sie erfaßt nicht mit kriegerischem Ungestümm ihre Besiegten; sie zieht sie an und hält sie fest, durch die geheime Gewalt, welcher auch der wildeste Troß des Mannes nicht zu widerstehen vermag.

Stammwort ist: holden, später halten, im engl. To hold, auch im niederländischen Houden, und, ganz unverändert, im Niederdeutschen übrig. Davon Held und Hildis, mit feindseliger — holb, mit lieblich anziehender Gewalt haltend. Huld, ist diese Gewalt selbst, und holdselig, wer sich ihrer mit stillem Entzücken bewußt ist. Holdseligkeit endlich ist das ganze Wesen, worin sich dieses Bewußtseyn abdrückt. Das Erhabenste, was uns im Abstande erhält, ist nicht holdselig für uns. Wir sprechen nicht vom holdseligen Kodrus, von der holden Lucretia: denn wir fühlen uns tief unter ihnen. Aber des Säuglings Lächeln und Kosen ergreift uns; die verschämte Jungfrau ahnt die Hoheit ihrer Unschuld, und erröthet, wenn andere entdecken, was ihr täglich ihr Spiegel sagt. Dieß erhöht ihren Reiz. Sie ist die Holde, während andere bei blendenderer Schönheit von sich entfernen, weil sie Bewunderung erzwingen wollen. Denn Schönheit ist eine herrliche, aber auch eine gefährliche Gabe der Natur, weil sie zu früh, zu gewaltig, einen Trieb erregt, der alle Holdseligkeit zerstört, die Gefallsucht.

Humbald
Muthvoller Krieger.

Es ist Gundebald, verkürzt, sonst auch Hubold genannt.

Humbert
Ruhmvoller Krieger.

Siehe Hubert.

Humfried
Sanfter Krieger.

Mit seinem Panzer hat unser Gun seinen drohenden Sinn abgelegt, und tritt hier als friedlicher Bürger, als freundlicher Mann im Kreise der Seinigen, auf.

So dachten sich also unsere altdeutschen Gers, Guns und Harbs nicht immer ihre kriegerische Bestimmung. Gewohnt, wenn irgend ein übermüthiger Gegner sie herausforderte, ihren Namen zu rechtfertigen, traten sie frei und freudig wieder in stillere Verhältnisse des Geschäftlebens zurück, so bald ihr Feind bekämpft war. Sie führten Kriege für den Frieden, und mißbrauchten des Friedens nicht zu lebenslänglichen kriegerischen Uebungen, die die Gemüther endlich — wenigstens in einem, dem bürgerlichen Ganzen nicht wohlthuenden, Abstande erhalten müssen.

Hunerich.

„Wer kann, sagt Pfenninger, indem er den Namen der ausgestorbenen Lüneburgischen Familie von Thune erklären will, von solchen Dingen gründliche Red' und Antwort geben?" Und doch wissen wir, daß wenige die Stammtafeln des niedersächsischen Adels und die Urkunden der altdeutschen Geschichte so durchstöbert haben, als dieser Pfenninger.

Wer vermöchte denn von Namen, die vielleicht um einige Jahrtausende älter sind, als alle Stammbäume und Urkunden, sich im Strome der Zeit bis zum Unkenntlichen abgeschliffen haben, und mehrern Wurzelwörtern, nach Laut und Buchstaben, gleich ähnlich sehen; wer vermöchte von ihnen, ohne alle frühere Nachweiser, immer gründliche Red' und Antwort zu geben?

Am leichtesten wäre es nun, solche Namen auf sich beruhen zu lassen. Dieß schien mir aber nicht ganz ehrlich. Alle alten Namen und Namen-Trümmer also, die mir, keinem Geschichtsforscher, die bekanntesten Urkunden der Deutschen darstellten, bringe ich hiermit in die Reihe, versuche sie zu erläutern, und veranlasse wenigstens, wie ich aufrichtig wünsche, gründlichere Auslegungen prüfender Freunde des deutschen Alterthums, welche die, bisher so äußerst vernachlässigten Denkmäler des Geistes und der Verfassung unserer Urväter, ihre Namen, der Aufmerksamkeit werth halten.

Aus Hunerich machten die ältesten Annalisten Honoricus: das heißt, sie gaben ihm einen Sinn, der sich hören ließ, und erklärten nichts. Hier stehe er als

Der mächtige Hunne.

Hunne war er, und hunnisch rüttelte er, nur mit schwächerer Faust als Attila, den Thron des Honorius. Gänserich und Enterich, Namen, die sich mit Hausgeflügel beluden, könnten uns bei Hunerich auch an das Hohe denken lassen, wie der Hunne unwillführlich an das Thier erinnert, was ihm Heinrich einmahl als Tribut anbot, und was doch wohl mit dem Wolf, der so viele Namen bildete, im gleichen Range steht.

Hylleborga
Schirmende Heldin.

Oder auch, des Helden Beschützerin, wie Thietberga. Hylle ist von Hilde entstanden, und kann nicht von hiluh, verheelen, abgeleitet werden, weil dieß Verbergen auch in berga, borga, liegt.

Ibo
Der Billige.

Ebo ist gewöhnlicher, und möchte vielleicht von eban, eben, billig, abzuleiten seyn; wenn nicht der Name friesische Zusammenziehung unsers Eberhard ist.

Als friesischer Name heißt er: Eppo, Ippo, Ipo.

Ida
Das Fräulein.

An zarten Gebilden fehlt es, wie wir schon gesehen haben, und ferner sehen werden, unsern Urahnen nicht. Das Zarteste von allen möchte doch wohl Ida seyn! Sie ist in der That so mild, so weich und lieblich, daß man versucht wird, sie für Gewächs des Hellenischen Bodens zu halten. Doch, wenn den unsrigen keine Zitronen-Wälder bedecken, so treibt er doch auch Früchte, saftvoll, kräuterhaft, süß und geistig, wie es nur immer die Erzeugnisse der Morgen-

und Mittags-Länder seyn können. Und die fruchtbare, an sich schon äußerst gefällige, Wurzel Diet, sie, der wir sogar einen Dido verdanken, vermochte allerdings auch unsere holde Ida.

Iliko
Die Schnelle.

Gemahlin des schrecklichen Hunnenkönigs Attila, oder vielleicht seine Braut. Denn in der Brautnacht endete des Wüthrichs Leben und Länderraub.

Iligo ist altdeutsches Stammwort unsers: eilig.

Ingeburg
Junge Beschützerin.

Die enge Borg, von Ang, zusammengedrängt, was unsere Angst, teutonisch: Angust, bildete, und wahrscheinlich mit dem lateinischen Angustus einen Urstamm hat, gäbe freilich den ganz gefälligen Sinn: feste Beschützerin.

Doch das durch schnelle Aussprache aus Jung entstandene Ing ist den Lesern des Tacitus nicht unbekannt: denn der berühmte Inguiomarus bedeutete ja den Heermannen gewiß einen ruhmvollen Jüngling.

Ingeltrud
Die junge Braut.

Unser weiblicher Name Engel, gewöhnlich von Angelica abgeleitet, dürfte doch wahrscheinlicher von Ingel, die Jugendliche, abstammen: denn von lateinischen oder griechischen Namen würde er als En-
gelke,

gelke, nicht bloß in der Aussprache des Volks, was in Niederdeutschland den weiblichen Namen gern seine Zärtlichkeits-Endung ke anhängt, jetzt gelten.

Ingeltrudis hieß jene Fränkin, die ihrem Gemahl, dem mächtigen lombardischen Grafen Boson, dem Pabst Nikolaus und seinem treuherzigen Gesandten, so viel zu schaffen machte. Sie hing sich an einen Buhlen, und entfloh mit ihm über den Rhein. Umsonst rief ihr gekränkter Gatte sie zurück; umsonst belangte er sie beim heiligen Vater. Alle Befehle, alle Bannflüche des Vatican, alle Sprüche der Bischöfe und Kirchenversammlungen in ihrem väterlichen Gebiete verachtend, beharrte Ingeltrub bei ihrer ärgerlichen Lebensweise. Endlich fertigte Nikolaus einen Gesandten an sie und ihre Zunftschwester, die Afterkönigin Waltrade, ab, mit dem Befehle, beide, es koste was es wolle, nach Rom zu liefern. Aber — der Weg war lang, der geistliche Herr treuherzig. Beide Gefangene gefielen sich nicht in seiner Gesellschaft, scheueten die Feuerprobe, und — suchten das Weite. — Meines Wissens ist seitdem, das heißt: seit zehnthalb Jahrhunderten, kein päbstlicher Bevollmächtigter mit so gemessenen Aufträgen abgeschickt. Und wie viele Pfründner müßten nach den Ingeltruben unserer Zeit immer unter Weges seyn? Wehe auch dem Gatten, der solcher Vermittler bedürfte, um seine Ungetreue zu ihrer Pflicht zurück zu führen!

Ingulph
Schützender Jüngling.

Der junge Helfer, Ing, Jung, und

Hulpa, später Helpa und Helfa, die Hülfe, sind Stammwörter dieses Namens.

Irmentrud
Hermanns Traute.

Ermentrud bezeichnete schon diesen Sinn.

Isbert.

Ehe ich mich an die Auslegung alter, durch die verschiedenste Aussprache, durch Unkunde und Gleichgültigkeit der Auf- und Abschreiber, zum Theil äußerst verbildeter deutscher Eigennamen wagte, wußte ich wohl, daß es mir vielleicht nur bei der Hälfte gelingen würde, nicht gar zu genügsame Leser durch meine Ansichten und Ableitungen zu befriedigen. Sollte ich deswegen meinen ganzen Versuch aufgeben? Andere hätten ihn wohl mit mehrerer Kunde des Alterthums, mit schärferer Umsicht, und deswegen mit größerem Glücke gewagt. Wann aber? Und — des bin ich gewiß, auch diese Andern würden bei manchen Namen, so gut wie ich, die Unmöglichkeit fühlen, und bekennen, mehr als schwankende Vermuthungen darzustellen. Hier steht der uralte Isbert. Ist er eins mit Gisbert? Dieser könnte aus Gilbert entstanden seyn, wie dieser wohl kein anderer seyn möchte als Hildebert.

Doch wir haben auch einen Isfried, und keinen Gis- Gil- Hildefried. Alle drei Formen wären wohl nicht so ganz verschwunden.

Aus Isembart könnte leicht der verkürzte Isbert entstanden seyn. Nur ist Isembart eben so

dreideutigen Sinnes, als sein Nachbar, und Isfried, der doch unserm Unbekannten gar zu ähnlich
sieht, läßt nicht an Panzer, an Streitaxt und
Eisen denken.

Können uns namenkundige Männer eine nur
wahrscheinlichere Ableitung angeben, so will ich gern
meine Isbert und Isfried aus Diet's Stamm-
baume streichen, wo sie als Söhne des Thieß erscheinen. Vielleicht ständen sie dort schicklicher als
Abkömmlinge des Odo, und ihre älteste Form wäre
Osbert, Osfried, dann Oisbert, Oisfried,
gewesen.

Isembart
Der Axtführer.

Er macht dem Ausleger zu schaffen, dieser Isembart. Sein Eisen kann als Sinnbild des Festen,
Starken, genommen werden; oder man kann es für
den Panzer halten, und dann deutet bart, eigentlich
bert; (denn der Name wird auch Isembert gelesen), wieder auf den Prächtigen, Ruhmvollen.

Ich denke aber, so gewiß der Degen in Dagobert, der Helm in Quickhelm sprechen, kündigt sich in überschriebenem Namen eine eiserne Axt
oder Barte an. Steinerne Streitäxte finden wir noch
überall sehr häufig, und doch nennen Cäsar und Tacitus sie nicht unter den germanischen Waffen; wenn
nicht letzterer sie zu den Missilibus rechnet, weil sie,
ohne Handhaben, den Streitenden an die Köpfe geschleudert wurden.

Eigentliche Handbeile hatten sie gewiß auch.
Nicht von beren, To bear, tragen; niedersäch-

fisch: böhren, nicht weil sie in der Hand getragen wurden, auch nicht vom alten Par, Speer; sondern von ihren eisernen Bärten, die jetzt noch jeder niederdeutsche Holzknecht so nennt, hießen sie Barten, ganz, heele, das heißt: bärtig auf beiden Seiten, oder auch an einem hohen Hill, Hidl, Stiele, wenn nicht von ihrem Glanze, hießen sie Hellebarten, und was dem Thuisken daran bartförmig schien, das dünkte dem Römer federförmig. Ihm waren sie bipennes.

Wollen wir, um Ihnen, meine Leser, die Sie dem Artführer in Isembart noch nicht trauen, und doch einen ruhmvollen Bepanzerten auch nicht befriedigend beweisen können, einen Vergleichsvorschlag zu thun: uns nicht lieber einen Eisenhard denken?

Ist dieser deutsche, wie der französische Familienname Isnard nicht wahrscheinlich von Isemhard gebildet? Wie leicht schob die Aussprache ihnen ein b ein, was jetzt seine Erklärung so schwierig macht?

Isfried

Warum ich diesen Namen nicht abzuleiten und zu erklären vermag, dieß habe ich unter Isbert offenherzig gestanden. Weil ich — seine Wurzel, und also auch seinen Sinn, nicht kenne.

Itel

Das Herrchen.

Itel oder Eitel, wovon wir noch einen Eitelwein haben, stammt gewiß nicht vom altdeutschen it al, leer, ab. Was bedeutete ein eitler Mann? Würde nicht diese Benennung wahrer Schimpfname gewesen seyn? Man weiß aber, in welchen seltsamen Gestalten Diet, Dietl oder Dietlin erscheint. Hier heißt er Itel, und tritt mit Ethel nach Gestalt und Bedeutung in gleichen Rang.

Juta
Die Mächtige.

Nordisch ist dieser Name, und wahrscheinlich hat die Benennung Jütland mit ihm gleichen Ursprung. Er könnte uns an das längst im Hochdeutschen, aber noch nicht in der niederdeutschen Volkssprache ausgestorbene Jodutha erinnern. Diese, von Manchen sogar zur Heiligen erhobene, Jodutha ist indeß so unbekannt, daß sich nichts Sicheres davon ableiten läßt. Einige machen sie zu einer alten Göttin, andere zum Gott des altdeutschen Nordlandes, und widmen ihr, oder ihm, eine steinerne Bildsäule, mit eiserner Keule in der Rechten. Doch will man, vor Karls des Großen Zeit, nichts von einer solchen Gottheit gehört haben. Noch andere machen die bekeulte Bildsäule zum Siegesdenkmal, welches Kaiser Lothar nach der Schlacht wider Heinrich den Fünften (1115) am Welfsholze, dem Moriz, als Sancto Tutori, errichtet habe, und damit die heilige Jodutha zum Geschöpf der Unwissenheit.

Das keltische Wort Goth, der Stolz, die Macht, vom Urworte Ob, ist aus sehr vielen Ableitungen bekannt. Jütland deutet auf ein reiches, fruchtbares Land hin. Jüterbock ist der stolze, mächtige, unter einem Bocksbilde dargestellte, wendische Gott, in der Gegend des jetzigen, nach ihm benannten Städtchens.

Versöhnen wir uns noch nicht mit dem Bock im Geiso und Geisa, da er bei unsern Ahnherren sogar auf der Götterstufe stand?

Juta ist die Mächtige. Die niederdeutsche Jette, die die unsaubere Dirne beschimpfen soll, ehrt sie also eigentlich.

K.

Nichts Neues.

K und C.

C. Den Carl hast du mir geraubt, ohne allen Schein des Rechts. Nun willst du dir auch meinen Conrad, sogar meinen Chlodowig, zueignen? Dawider erkläre ich mich laut!

K. Sind denn Karl und Konrad, sind Klobowis und Klothilde nicht **Deutsche?** Du aber — wer bist du?

C. Frage deinen Otfried *) darum! Wie bitter beklagt er sich, daß du dich anzusiedeln wagtest, und wider alle Gebühr statt meiner gelten wolltest, in der barbara Theodisca.

K. Ja wohl barbara, zu des trefflichen Otfrieds Zeiten, wo ein Fremdling, wie du, darin sein Wesen trieb.

---

*) Epistol. ad Liutbortum Archiepiscop. Moguntiac.

C. Zu einem römischen Bürger sprichst du!

K. Deswegen gerade bist du Fremdling den Deutschen: denn diese stammten nicht aus Rom. Ihre ältern Brüder, die Griechen, kannten dein nicht.

C. Und ihre Väter, die Celten, auch nicht?

K. Kelten hießen sie, oder in der Aussprache Gelten; sonst hätten sie ihre eroberten Länder Zallien und Zalatien genannt.

C. Streiten wir darüber nicht! Genug, in Gallien war ich zu Hause.

K. Seitdem dich Cäsars Heer dorthin führte. Auch er hieß Käsar. Du warst in Rom ein K, und wandeltest dich in den linguis barbaris zum Z um. Aber deine Herrschaft ist aus unter uns: denn unsere Sprache ist keine Magd der fränkischen mehr, die dich als leidigen Zwitter dulden muß, weil sie mich verschmäht.

C. Wie Rom, wie jedes mildere Volk Europens, dich eckigten Nordmann verschmähte.

K. Liegt meine Heimath nördlich? Ich will mich ja auch deinen Franken nicht wieder aufdringen, seitdem sie, durch ihres Namens Laut, ihr Stammland verläugnet haben. Aber verdrängen lasse ich mich nicht länger aus meinem Volke, dem du das Entbehrlichste von der Welt bist, so lange du ohne H erscheinst. Unser eigenthümliches Z, wovon dem Franzmann nur ein winziges Zeichen übrig blieb, und mein unveräußerliches Bürgerrecht, machen dich hier zu Lande zu einem Zeichen ohne alle Bedeutung.

C. Eingebildeter Gothe du! Dein eignes Urtheil

straft dich, und erkennt mir meine Chlotar und Chlodwig, nebst allem, was ihnen anhängt, wieder zu!

K. Mit nichten! Sie nahmen kein C mit über den Rhein, weil ihre Väter keins hatten, keins brauchten. Unsers Stamms sind sie; unser Zeichen sollen sie tragen!

C. Hatten sie denn einen Klubwig und Klothar? Seltsam, daß weder Allemanne noch Teutone solche Mißgeburten kannte!

K. Konnten sie kennen, was nie und nirgend da war? Einen Hludwig und Hlothar hatten wir, wie einen Hraban, und eine Hroswithe. Euch waren jene Namen ein Aergerniß. Ihr hingt euer C davor, und nun übertrugen eure fränkisch = lateinischen Schriftsteller frischweg: Clotharius, Clodowicus. So wenig Ludwig, als Lothar und Hilperich, haben sich unter uns an euer Ch gekehrt, und die übrigen wollen wir nicht länger als fränkische Unbilde unter uns leiden: ein K statt des Ch bezeichne ihre Heimath!

C. Recht so! Schmelzt lieber die ältesten Schriftsteller Deutschlands sammt und sonders um: denn sie kennen keinen Kunig, kein Kunan, kein Kindi, keinen Kunrad, Kunigunde, Kauzen, Katten; sondern Chunig, Chunan, Chindi, Chunrad, Chauzen, Catten. Wollt ihr nach tausend Jahren die Väter eures Volks deutsche Rechtschreibung lehren? Du kannst dich wohl in meine Stelle eindrängen; aber die Schatten deiner Aeltesten werden dir zürnen!

K. Das fürchte ich nicht. Sie werden jetzt besser unterrichtet seyn, als zu Rabans Zeiten, wo ihre Sprache noch ein ganz roher Stoff war. Wo man weder Nennfälle noch Zahl, weder Geschlecht noch Zeit unterschied. Wo zwei Verneinungen einander verstärkten, bald ig bald igis als Endwörtchen erschienen, das ungeheuere nuuui als nuwi oder neu galt, und J vor Ja immer gähnte, wie ein iniquae mentis asellus.

C. Heißt das sich rechtfertigen?

K. Du rückst mir ja das Ansehen der Väter auf! Mit Ehrfurcht sehe ich hinauf zu ihrem Verdienste. Sie haben viel gewagt und viel geleistet. Daß sie dich aber zuließen, war Schwäche. Räumten sie mir doch selbst eine Sonoritatem faucium *) ein. Sie finden mich also vor, und ich dächte, hörbar genug wäre ich von Anbeginn bis jetzt in allen Beispielen gewesen, die du so ganz ehrlich für mich angeführt hast. Nie sprach man und wird man sprechen: Chönig, Chind. Haben die Belgier dich in ihrem Coning beibehalten, so ist das nicht das einzige Zeichen eurer Nachbarschaft.

Du rühmtest dich deiner römischen Abkunft? Deine runde Linie, und die nicht einmahl: am wenigsten dein Laut, ist römisch! Halte dich nach wie vor zu den Völkern, denen mit dir Sonoritas faucium und Stridor dentium fehlen würde. Uns sollst du nicht mehr verwir-

---

*) Otfried. loc. citat.

ren, daß wir bald Carl, bald Konrad schreiben, und die Leser unserer deutschen Wörterbücher durch ein ewiges Hin= und Herweisen von mir zu dir, ermüden. Als Ch, und da wir zu gewissenhaft sind, das Fremde nach Willkühr umzugestalten, wie unsere dreisten Nachbarn, auch in allen ausländischen Wörtern, herrsche unter uns! Uebrigens —

C. Uebrigens lächle ich zu deinem Dräuen. Konntest du dich im vollen Ernst so entrüsten wider mich, der seit Jahrhunderten mit dir im innigsten unauflöslichsten Bunde stand? Du weißt, man wollte uns oft in einem Anfall von Verrükktheit oder Verrüktheit trennen; aber es glükkte nicht. Ein besserer Sinn siegte über den Ungeschmakk; was für den Augenblikk zerstükkelt war, einigte sich wieder, um ähnlichen Tükken der Zeit kekk die Stirne zu bieten.

K. Solcher Anspielungen bedarf es nicht. Ein Mißbrauch warne vor dem andern! Es war ein unglücklicher Einfall, dich mir anzuhängen, und dadurch eine Mißgestalt zu schaffen, die für sich ck und in Verbindung kk heißen soll. Man fühlte den Unsinn, befreite mich von dir, und war doch bald so schwach, mich aufs neue mit dir zu belasten. Dulden muß und will ich dich nun als ein täuschendes, unstatthaftes Anhängsel, bis Männer von Sinn und Kraft für das Bessere im schönen Bunde auftreten wider die Auswüchse deutscher Sprache. Dann hat unsere Fehde ein Ende. Wo wir ein K richtig, das heißt nicht in der Meißner Mundart, die das S mit mir verwechselt, im Deutschen aussprechen, da schreiben wir es auch. Wo wir es in fremden Sprachen finden, wandeln wir es nicht in C. Dieß aber, dich Frembling, lassen wir als solchen unvertauscht.

Nicht Punkt, nicht Dekokt, nicht Kalabrien, nicht Kapitol und Kapitel schreiben wir dann mehr; nicht sceptisch, Karacter, apocryphisch, Scandal, Catarrh; aber indem wir fremder Sprachen Rechte ungekränkt lassen, behaupten wir die unsrigen standhaft, und schreiben: Kurfürst, Kammergut, Kaimann (Alligator), Kartoffeln. Auch die Wörter, welche längst ein deutsches Bürgerrecht erhalten haben, schreiben wir deutsch, als: Kastanie, Köln, Krone, Kaffe. Dürften wir nun deutsche Urnamen: Kuno, Karl und ihres Gleichen noch durch ein C entstellen?

Kadal

Der Eigenthümer.

Hier unterbricht ein friedlicher Gutsbesitzer endlich einmahl die Reihe der Waffenbrüder. Sein Name ist ländlich, und erinnert an die niedersächsischen Kothen, Köthner, Kothsaßen, daher die Kossaten.

Katalle nannten die alten Franken und Deutschen liegende Gründe. Das englische Kattal, Heerden, die zum Landeigenthum nothwendig gehören, stammt davon ab.

Karl
Der handfeste Mann.

Keltischen Ursprungs. Karl war anfangs gleichbedeutend mit Erdmann. Noch jetzt heißt er bei den Schweden: ein Bauer. Doch lag immer der Begriff des Starken dabei zum Grunde: denn der Landbauer bedarf vorzüglicher Kraft, und zeichnet sich dadurch vor dem Mann des Mittel- und höhern Standes aus. Ein Schwächling, der auch jetzt nur dann Gnade findet, wenn er fremde Kräfte für sich aufbieten kann, oder wenn ihm Kraft des Geistes beiwohnt, konnte dem kräftigen Volke, welches alles durch Leibeskräfte entschied, nichts gelten. Karl war also dem Heermannen bald einer, der seines Bodens werth war, ein tüchtiger Kerl. —

Nun wurde es licht in Germaniens Wäldern. Städte, und in ihnen Stände des Friedens, höhere Bildungsstufen des Geistes, erhoben sich im Volke. Innere Stärke gewann der äußern den Rang ab, und machte sie sich dienstbar. Schon vor dem Uebergange der Angeln nach Britannien wurde der Karl zum rüstigen Knechte, und heißt im Englischen noch so.

War der Ackerbau von jeher nur Neben- und Nothgeschäft unserer unstäten Urahnen gewesen, so zogen sich nun die Freien immer mehr von ihm zurück, und überließen ihn ihren eigenen Mannen und Bemeierten.

Diese Karls bezeichnete der Uebermuth als gemeine, und, da das Gemeine leicht ins Schlimme übergeht, als schlechte Menschen. So sank allmählig der Ehrenname zum Schimpfnamen herab. Jetzt muß ein voranstehendes Ehrenwort erst die gehässige Nebenvorstellung unsers ursprünglich so rühmlichen Kerl aufwiegen, wenn er uns nicht in Händel verwickeln soll. Und, selbst mit dem schmeichelhaftesten Beiworte, darf er sich nicht mehr in feine Gesellschaften wagen, und ist er Beleidigung des Höhern. Der Soldat fühlt sich geschmeichelt durch den braven Kerl seines Hauptmanns, aber auch der Hauptmann, wenn ihm der Soldat seinen Lobspruch zurückgiebt? O, der albernen Ueberfeinheit des Gefühls und der Sprache! Gilt euch der Kerl als Lümmel, warum bietet ihr ihn euern Freunden und Untergeordneten? Ist er dagegen ein *biederer* Mann, warum verschmäht ihr ihn, wenn man euch dadurch ehren will?

Als Eigenname ist indeß Karl noch immer Liebling des Volks! Er ist übergegangen in alle Länder Europens, und hat doch, so viel ich weiß, keinen Heiligen zum Beförderer gehabt. Denn dem heiligen Borromäus hing er ja nur nebenher an, und die Heiligsprechung des Ersten aller Karls war nur eine vorübergehende Artigkeit des römischen Stuhls gegen das römische Reich, was es doch wohl fühlte, sein Schöpfer bedürfe keines Glanzes vom Vatican ertheilt.

~~~~~~

Im zweiten, sich auf Karls des Großen Leben beziehenden, in der kaiserlichen Bibliothek zu Wien befindlichen, von Lambeck, Comment. de Biblioth. Caesar. Viennens. Lib. 11. 12. 298. dargelegten Bande, folgt auf des heiligen Gregor des Großen Buch: *von den Sacramenten*, eine deutsche Beichte Karls. Lambeck vermuthet, daß sich der Kaiser selbst ihrer bedient habe. Verfaßt hat er sie höchst wahrscheinlich. Sprache und Rechtschreibung sind ganz, wie sie Karl, der nach Eginhards Zeugnisse selbst eine deutsche Sprachlehre bearbeitet hatte, in Verbindung mit seinen Kanzlern und Kaplänen, bildete. Und man darf voraussetzen, daß in den Band, welchen Pabst Hadrian dem Kaiser geschenkt hatte, niemand unter Karls Namen, wenigstens ohne seine Genehmigung, einen

* *

Ih uuirdu Gode almahtdigen bigihdic 1) unde urouun 2) sca Mariun unde scē Michahele unde scē Petre unde allen Godes Heilegon unde dir sinemo Boden uuanbe ih sundic bin ioh in Gibahtdin ioh in badin ioh in uuordon ioh in uuerkon ioh in huare ioh in stalu 3) ioh in bispracchidu ioh in nide ioh in abulge 4) ioh in ubarazidu ioh in ubarbrunchidu ioh in fluachenne ioh in suerhine dero sundono allero ioh anderero managero so gi ih es demo almahtdigen Gode unde allen sinen Heilegon unde dir sinemo Boden ih gihu Gode almahtdigen uuanda ih sundic bin daz ih heilegan sununtag unde andere heilege

---

1) Bi-gih-dic. Wurzel ist gihu, bekennen. Daher Gihunussi, Darstellung. Unser Urgicht, gerichtliche Aussage der Wahrheit, stammt davon her.

2) Gewöhnlicher Junkfrow. Stammwort: das keltische Ffraw, schön.

Aufsatz, sogar ein Sündenbekenntniß, einzutragen sich erkühnt haben wird. Wenn der Kaiser selbst sich der Hurerei, des Diebstahls, des Ueberessens und Uebertrinkens, und so vieler andern Sünden bezüchtigt, so kleidet ihn dieß als Demuth. Wer hätte ihn aber, ungeheißen, bei seinen Lebzeiten schildern dürfen, wie ihn die Beichte darstellt, ohne die kaiserliche Abolge zu reizen? Wer würde ihn, den verehrten Monarchen, nach seinem Tode so heilig gesprochen haben?

* *

Ich werde Gott dem Allmächtigen beichtig, und der Jungfrau Sanct Maria, und Sanct Michael, und Sanct Peter, und allen Heiligen Gottes und dir, seinem Boten, weil ich sündig bin, sowohl in Gedanken als in Thaten, als in Worten, als in Werken, als im Huren, als im Stehlen, als im Besprechen, als im Neide, als im Zorn, als im Ueberessen, als im Uebertrinken, als im Fluchen, als im Schwören, allen den Sünden, auch manchen andern. Darum beichte ich es dem allmächtigen Gott, und allen seinen Heiligen, und dir seinem Boten. Ich bekenne dem allmächtigen Gott, daß ich sündig bin, daß ich den heiligen Sonntag und andere heilige

---

3) Wie unverhohlen und ungeschminkt beichtet ein Kaiser hier!

4) Abulge, Zorn. Stammwort belge, zürnen. Noch ist es im Niederländischen gebräuchlich: verbolgen, verwegen, trotzig.

Daga so no giuiriba noh so geroba so se God habet giboban unde min sculd uuari. Ih gihu Gode almahtbigen daz ih mina Chirichun so ne suahba 1) buruhc mammendi 2) mines lichamen noh mine vespera noh mina metdina noh mina messa ni giloseba so se God habet giboban unde min sculd uuari. Ih gihu Gode almahtbigen daz ih in Chirichun unrehtbes baba unde unrehba reba beba mit anderemo manne daz ih daz Godes lop ni uuolda gilosen 3) noh anderan ni liaz. Ih gihu Gode almahtbigen daz ih daz heliega uuiz 4) zub uehoba mit unreinemo lichamen daz ih so gireinit ni uuas so se God habet giboban unde mine sculd uuari Ih gihu Gode almahtbigen daz ih hungarege ni azba burstage ni gibrancta siehero ni uuisoba so se God habet giboban unde min sculd uuari. Ih gihu Gode almahtbigen daz ih burftige man ci hus ni giladoba noh denin az no branc ni gap noh flezzi 5) noh betbi so se God habet giboban unde min sculd uuari. Ih

---

1) Suahba. Von suahan, suchen, forschen. Daher das niederdeutsche swanen, das Zukünftige vorempfinden; der Schwan, Weissager seines Todes. S. Suanhilde.

2) Mammendi, auch Mammunti beim Otfried. Zusammengesetzt von Mam, Mutter, niederd. Moeme, und Mund. Eigentlich also: weibischer Mund, nachher Verzärtlichung. Unsere Memme ist Nachlaß des Worts.

Tage, nicht so gefeiert noch hoch gehalten, als es
Gott geboten hat, und meine Pflicht war.
Ich bekenne dem allmächtigen Gott, daß ich meine
Kirche so nicht besuchte, aus Verweichlichung
meines Leibes, auch weder meine Vesper, noch
meine Mette, noch meine Messe abwartete,
als es Gott geboten hat, und meine Pflicht
wär. Ich beichte dem allmächtigen Gott, daß
ich in Kirchen Unrecht beging, und unrecht
reden that mit andern Menschen, daß ich
das Lob Gottes nicht abwarten wollte, noch an=
dere (abwarten) ließ. Ich bekenne dem allmäch=
tigen Gott, daß ich das heilige Todesmahl mit
unreinem Leibe feierte, daß ich nicht so gereinigt
war, als es Gott hat geboten, und meine
Schuldigkeit war. Ich beichte Gott dem allmächti=
gen, daß ich Hungrige nicht äzte, Durstige nicht
tränkte, Sieche nicht besuchte, als es Gott ge=
boten hat, und meine Pflicht war. Ich bekenne
dem allmächtigen Gott, daß ich dürftige Menschen
ins Haus nicht einlud, noch ihnen Essen oder
Trinken gab, noch Bad noch Bette, als es Gott
geboten hat, und meine Schuld war. Ich

---

3) Losan, hören, horchen. Davon unser lauschen.
4) Wizzi, Strafe, Schmerz. Zuthi, Lebensmittel,
 Mahl. Wiz=Zud, Schmerzen= ich denke Todes=
 mahl. Uehon oder vehon, weihen, feiern; Wih=
 hida, das Geweihte, Heilige. Daher Wihhi=
 Nacht, Weihnachten.
5) Flezzi. Von fleozon, fließen. Flezzi und Bet=
 di; Bad und Bett, überhaupt Erquickung. An Fleisch,
 Fleisco, denke man hier nicht.

gihu Gode daz ih minan Uader unde mina Muader unde andere nahiston mine so neminnoba noh so ne eroba so se Gob habet giboban unde min sculd uuari. Ih gihu daz ih mine funt bivillola 1) so ne lerba so se indar anthaizo uuard. Ih gihu Gode daz ih thie man uuar thie ih uuerran ni solda. Ih gihu Gode daz ih miu Decimon so ni vergelt noh minas heren sacha so ne hielt so se Gob habet giboban unde min sculd uuari Alles des ih nu gemeinit haben so iso ih uuizzent heidigibag so so iz mir druncanheidi giburidi so so miz iz anders giburidi so uuas so sih nit thesemo. 2)

―――――

Wie viele Anmerkungen ließen sich dieser kaiserlichen Beichte hinzufügen? Man erlaube mir nur einige!

1) Der **Diebstahl** steht darin wohl bloß der Gesellschaft der Hurerei und Unmäßigkeit wegen: also müßig; wenn anders Karl hier nicht an seine Eroberungen dachte. Und hätte er, in einer reuevollen Stunde, manche davon bei ihren rechten Namen genannt, so weiß man doch, weder Desiderius,

―――――

1) **Divillola**, ein ganz verlohrnes Wort, wird durch Funt, von Funon, Schnur (Funis) einigermaßen erläutert. Es kann nichts anders seyn, als — der Rosenkranz; und dann bewiese Karls Beichte, daß dessen Gebrauch, nicht wie man gewöhnlich annimmt, erst im 11ten, sondern bereits im 8ten Jahrhundert angefangen habe.

beichte Gott, daß ich meinen Vater und meine Mutter, und andere meiner Nächsten so nicht liebte, noch so ehrte, als es Gott geboten hat, und meine Pflicht war. Ich bekenne, daß ich meine Schnur Gebete so nicht lernte, als sie mir aufgegeben ward. Ich bekenne Gott, daß ich der Mensch wurde, der ich nicht werden sollte. Ich bekenne Gott, daß ich meinen Zehnten nicht so lieferte, noch meines Herrn Sache so trieb, als es Gott geboten hat, und meine Pflicht war. Alles, was ich nun gemeint habe, so weit ich dessen wissend (bin) heutigen Tags, wie es mir wohl als trunkenen Heiden erlaubt war, wie es mir nun anders gebührte, verhält sich so.

———————

der Longobarde, noch Wittekind, der Sachse, wurden nachher wieder eingesetzt in ihre Reiche und Rechte.

2) Mit der Hurerei war es wohl ernstlicher gemeint. Daß Karl vier rechtmäßige Gemahlinnen hatte: Irmgard, Hildegard, Fastrade, Luitgard, gereichte schon manchem Mönch seiner Zeit zum Aergerniß. Erblickte ihn nicht deswegen Mönch

---

2) Dieser letzte Satz giebt durchaus keinen Sinn, so lange man Druncanheidi für Trunkenheit nimmt. Ich wage es also, dieß Druncanheidi in druncan heidi zu trennen und zu übersetzen: was ich nun heute, bei vollem Bewußtseyn, im Sinne habe, wie es mir nur als trunkenen Heiden, anders aber jetzt gebührte, dem war so.

Wettin zu Reichenau, Costnizzer Sprengels,
am 29ten Sept. 825 — besage der sehr genauen Be-
rechnung der Actor. Sanctor. — im Fegfeuer? Aber.
— nun gar, vor und nach seinen Gemahlinnen noch
fünf unvermählte Bettgenossinnen! Dabei
mußte dem guten Kaiser im Beichtstuhle doch wohl das
Herz schlagen! Denn daß er sie sich, wie man glaubt,
an die linke Hand trauen ließ, war doch, nach seinem
richtigen Gefühl, noch nicht genug.

Karsten.

Niederdeutscher Volksname, Geschöpf des Mittelalters, das dem Christen, den es bedeuten soll,
gerade so ähnlich sieht, als das niedersächsische Kas-
pel dem Kirchspiele.

Kehlrich
Weitkehliger.

Was der Kehle, Kela, Chela, die Ehre verlieh,
in zwei angelsächsischen Namen zu glänzen? Ob ihre
Ton- oder Schlingfähigkeit? bleibt unentschieden.
Denn auch Kehlwolf, die Wolfskehle, heult und
schlingt gleich stark. Indeß unter so vielen wackern
Kriegern würden zwei wolfsmäßig Schlingende doch
zu grell abstechen. Wir denken hier also an das Urwort der Kehle, kal, rufen, was noch im Kaland,
und im Gellen, wie im Hall, übrig ist, und nun erscheinen uns unsere Helden als vollstimmige Schlacht-
Entbieter.

Daß es nicht tauge, wenn Angesichts des Feindes der Feldhauptmann durch stumme Zeichen zum

Heere spricht, weil ihm Heiserkeit oder — noch etwas Schlimmeres, die Kehle zuschnürt, wußten die Waffenbrüder Hengists sehr wohl.

Kitzo
Junger Bock.

Hier findet meine Auslegung des Geiso einen herzhaften Verfechter.

Will mich jemand beschuldigen, ich hätte dort einen Bock hineingedeutet, der versuche es doch, auch aus Kitzo das Böcklein heraus zu deuteln! Denn daß Kitze dem Teutonen war, was noch jetzt Kid dem Engländer ist, läugne wer da kann!

Die alte brandenburgische Familie von Quitzow, die weiland dem Erzstifte Magdeburg mit ihren Fehden so hart zusetzte, hatte wahrscheinlich einen kecken Bock im Wappen. Und jener unruhige Sachse, der sich mächtig genug fühlte, es mit Kaiser Otto dem Zweiten selbst aufzunehmen, und die Veste Brandenburg so muthig vertheidigte, Kitzo hieß er, gefiel sich wahrscheinlich mit seinem Schildzeichen!

Die älteste Wurzel des Namens ist das keltische Gitten, dem das lateinische Hoedus nicht unähnlicher sieht, als das griechische 'Aιξ unserer Geis.

Kleffo
Der Scheltende.

„Pfui des Namens! Möge er den Bellenden oder den Scheltenden bedeuten; immer bleibt er widrig!" So? Und wer hieß uns, nicht bloß das uralte Klaffen oder Klap, der Schlag, sondern endlich auch das edle Schelten, was in Luthers Bibelübersetzung als: nachdrücklich reden, vorkommt, und keinen Anstoß erregt, zu einem Keifen herabzuwürdigen?

Kleffo ist der Mann von mächtiger Rede: Mit den Angeln zog er nach Britannien, und mag nun unter uns ausgestorben bleiben!

Klodwig

Mächtiger Mann.

Aus Luth, Lud, der Mensch, Mann, und wik, wich, fest, wurde unser männlicher Ludwig, fränkisch: Hlodwig, Chlodwig.

Klodowis

Weiser Mann.

Latinisirt im Mittelalter, Chlodovâus, empfing auch er seinen Sinn von Luth, Mann, und wis, weise, was noch in unserer, und in der englischen Sprache, seine Urgestalt hat.

Klotar

Der Dienstherr.

Fränkische Form unsers Lothar oder Luther.

Klotilde

Tapfere Männin.

Aus Loth, Luth, Hloth, Chloth, Clot, der Mann, und Hilde.

Warum läßt man in unserer Sprache das so ausdrucksvolle, zärtliche Männin unsers Luther nicht

mehr gelten? Man setze das Weib wieder in seine
Rechte ein, als edle Geschlechtsbezeichnung, wodurch
sich jetzt höchstens noch die Frau Liebste, nicht mehr
die Frau Gemahlin, beschimpft glaubt. Man nennt
die Gattin, und verbindet glücklicher Weise damit
die davon unzertrennliche Vorstellung.

Man spricht von der Frau Gemahlin, und
würdigt dadurch die Lebensgenossin des Mannes zu
seiner Mitbewohnerin und Mitesserin herab. Denn
Mallum war dem Altdeutschen: Ort der Zusammenkunft, und nachher das Mahl, das Gastgebot,
wodurch man sie feierte. Frau endlich ist keltisch:
die Schöne. Alle diese Namen drücken den Begriff
der Männin nicht aus; aber Männin sagt alles, was
sich der Mann in seinem zweiten Ich wünscht.

Klotho
Mann.

Konrad
Hurtiger Held.

Kuno, kühn, mächtig, und rabes, rasch,
letzteres ist noch übrig im englischen ready. Auch
unser Rad heißt so vom schnellen Umschwunge. Sicher ist der edle Name um ein Jahrtausend älter, als
die Verdienste der trefflichen Kaiser, die ihn den Deutschen empfahlen, und deren letzter Sprößling unter
dem Mordbeil Anjou's zu Neapel fiel. Eine Thatsache, wie diese, macht es begreiflich, daß Deutschlands Völkern, zu gebildet, zu bedächtig, um sich
wider wilde Eroberer flugs in voller Streitkraft zu
erheben: daß ihnen, bisher in viele Staaten zersplit-

tert, deren manche unter einer engherzigen, selbstsüchtigen, schwankenden Staatskunst, des Ganzen Bestes zu wenig berücksichtigten, wohl auf eine Zeitlang Gesetze und Regierungsform, nach französischem Zuschnitt, aufgedrungen werden konnten; aber doch wahrlich keine Einheit mit dem Volke, welches einst Deutschlands gekrönten Liebling, wegen der Vertheidigung seiner Rechte, aufs Blutgerüst schleppte.

Kaiser Heinrich der Sechste hatte, als Gemahl der normannischen Königstochter Constantia, die Anwartschaft auf Neapel und Sicilien erhalten. Sein Urenkel Konradin will den erledigten Thron einnehmen; aber Karl von Anjou weiß ihn vom heiligen Stuhle zu erschleichen, besiegt den rechtmäßigen Thronerben, und wird an ihm zum Henker. Die Gefaßtheit des edeln Jünglings; die Hoheit, worin er da steht, einem solchen Tode nahe, auf seine Unschuld, auf seine Krone sich berufend, und den Blutrichter fragend: „Wer ihm das Recht verliehen habe, einen gebornen König, eines deutschen Kaisers Enkel, zu verurtheilen?" Die Geistesgegenwart, womit er dem Ritter Truchseß von Waldburg Ring und Handschuh, als Unterpfand der Abtretung seiner Rechte an Peter von Arragonien, einhändigte: wahrlich, aus diesem Stoff könnte, von Schillers Geiste belebt, für deutsche Bühnen ein Konrad von Hohenstaufen entstehen, der uns recht vernehmlich hinwiese auf die Brandmale jenes nachbarlichen, heillosen, auf Länderraub und Völkerzertretung berechneten Regierungs-Gräuel, der dort einen Thronräuber zum Mörder des rechtmäßigen Thronerben machte, und noch Jahrhunderte später unser heiliges Kaiserreich um seine reichsten Kreise, um seinen schützenden Strom, um eine Kette von festen Brustwehren betrog: ja uns endlich zwang, selbst dem Gedanken unsers Kaiserthums zu entsagen, und, wie weiland Britanniens verwaisete Bürger, einem solchen Schirmherrn zu huldigen! Nimmermehr hätte England einen Korsen dafür anerkannt! Aber freilich vermochte dieser Korse auch mehr über sich und ein zerfallenes Reich, als Cromwel.

Ein theures Vermächtniß jenes Konradin, ein Lied, was ihn auch als trefflichen Minnesänger seiner Zeit beurkundet, theile ich hier aus Bragur mit.

Minneliedchen.

1.

Ich freu mich mancher Blumen roth,
Die uns der Mai nur bringen will.
Sie stunden erst in großer Noth,
Der Winter that ihn'n Leides viel.
Der Mai will uns ergötzen wohl.
Mit manchem wonniglichen Tage,
Deß ist die Welt gar Freuden voll.

2.

Doch was hilft mir die Sommerzeit?
Und was die aufgeklärten Tage?
An einer Frau hängt meine Freud',
Nach der ich großen Kummer trage.
Will sie mir geben frohen Muth,
Sehr wohl und schön sie daran thut,
Und meine Freude würde gut.

3.

Wenn ich mich von der Lieben scheide,
Hat meine Freude gar ein End;
O weh! dann stürb' ich leicht vor Leide,
Daß ich mich je an sie gewendt.
Ich kenne nicht der Minne Sinn,
Mich läßt's die Liebe sehr entgelten,
Daß ich ein Kind an Jahren bin.

Konsbert
Der hehre Held.

Eigentlich **Kunzbert**. In seiner gefälligern Verwandlung sollten ihm doch auch die nicht abhold seyn, die bei der Würdigung der Namen nicht nach ihrem Sinn, nur nach ihren Lauten fragen.

Kobbo
Das Haupt.

Ein gewaltiger Name gewaltiger Raubgrafen sächsischen Stammes im neunten Jahrhundert. Den **Kopf**, keltisch Coppa, sehen wir darin beim ersten Anblick, und dieser Coppa, wie Κεφαλη und Caput, erinnern uns abermals an die älteste Verwandtschaft unserer Urväter mit Griechen und Römern. Wie viele Verwandlungen hat er erfahren! **Chöft**, das niederdeutsche Höft, das französische Chef, das englische Head, und unser Haupt.

Kopf ist doch dem Coppa unter allen noch am ähnlichsten, und ein neues Zeugniß dafür, daß die Kelten nicht erst durch Gallien zu uns kamen, sie hätten uns sonst ihren Kopf nur halb mitgebracht.

Daß Koppo nicht im jetzigen Wortsinne Kopf,

daß er nicht schnell eindringender, erfinderischer Geist, sondern Stammhäuptling war, sagt uns sein Jahrhundert.

Kunibert
Hehrer Held.

Cun, zuerst der etwas kann, der Starke. Gefühl der Kraft ist Muth, daher die zweite Bedeutung: der Kühne. Bei den Eigennamen, die aus Cun gebildet sind, denke man sich entweder den Mächtigen, den Mächtigsten, Cunig, oder den Geherzten.

Kunigunde
Kriegsheldin.

Kunigunde, die waghafte Heldin, ist ein stolzer Name. Er galt viel in frühern Jahrhunderten, und wird jetzt kaum hie und da noch gehört. Ueberhaupt ist es so wahr als auffallend, daß das traurige Loos der Zurücksetznng und Vergessenheit, besonders weibliche Namen der Vorzeit, und selbst die bedeutungsvollsten, kräftigsten, lieblichsten unter ihnen getroffen hat. Und warum? Einst mußten sie, so wollte es der frömmelnde Sinn unserer Mütter, die doch über der Benennung ihrer Töchter natürlich erst hin- und her-, und dann absprechen, den Zinnobernamen im Kalender weichen, damit die holden Kinder gleich beim Eintritt in die Wüste des Lebens ihre heiligen Verfechterinnen fänden. Als aber die rothen Namen ihren Heiligenschein und damit ihre auf fromme Mütter wirkende Kraft verlohren: als sie so gemein, und in der Gemeinheit so verpöbelt wurden, daß die St. Elisabeth sich gar als Isabein hören ließ, da hatte der Geschmack unserer Standesfrauen, Damen hießen sie nun, die Gertruds und Hedwigs längst in die Gesindestuben verwiesen, wo sie denn auch bald ausstarben, weil sie an die bäuerischen Zeiten erinnern, wo die Comtesse noch Magd, oder doch einige Jahrhunderte später, die Mamsell (welch Zwitterwort!) noch Jungfer gescholten wurde.

Der deutsche Reichsfreiherr — wir haben doch nun ein Reich wieder erkämpft! — möchte wohl unsern Gruß: „Ihr Sohn verspricht einen biedern Kerl!" mit: So? erwiedern, und uns stehen lassen. Sagen Sie aber, als Erzieher: „Frau Kaufmännin, Ihre Töchter sind sehr blühende Dirnen!" so erhalten Sie als Antwort, heute ein Fi donc! und morgen — Reisegeld.

So stark wirkt weibliches Zartgefühl! Deswegen kann unter Thuiskon's Töchtern das ehrwürdigste Alter nicht wieder aufkommen. Sie gehen an Namen, die ihr Schmuck seyn würden, vorüber, wie an schauerlichen Trümmern.

Kunigunde, die fürstliche, fiel endlich als Tochter des Baron von Donnerstrunkshausen, das heißt: als Schlachtopfer Voltair's, um nie wieder zu erstehen. Ihn hatte, auf seiner ersten Heimkehr von Berlin, ein westphälischer Postmeister als Leibpagen des Königs, besonders empfohlen. Dieser, den Leibaffen im Sinne, den zarten Bau, den unstät funkelnden Blick, die Wolkenperücke, und die fluchenden, undeutschen Kraftsprüche seines Empfohlenen damit vergleichend, behandelt den großen Geist, der doch auch sein Menschliches fühlte, aber doch keinen Freiheitsdrang, wie ihn der ängstliche Postknecht zu bemerken wähnte, und Kraft seiner Peitsche zu mäßigen suchte.

Dießmahl rächte nun Candide mit seiner Kunigunde den Tiefgekränkten an ganz Westphalen, und des Fräuleins Name wurde zum Spottnamen.

Zwei Kunigunden bezeichnet uns übrigens die ältere Geschichte mit großen Buchstaben. Die erste war Pipins Tochter, die andere Kaiser Heinrich des Zweiten jungfräuliche Gemahlin, und deswegen in Zeiten, wo man die Ehelosigkeit als höchstes Verdienst auch in den Ehen gern eingeführt hätte, eine Heilige.

Versucht mußte sie nun als solche natürlich werden, und selbst ihr Gemahl, der nächste Zeuge und Theilnehmer der Ertödtung ihrer Triebe, wollte ihren zu gefährlichen Versucher kennen. Aber wie schämte er sich seines Argwohns, als sie, zum unwidersprechlichen Zeugnisse ihrer Unschuld, baarfuß, auf — nicht wie einige Geschichtschreiber wollen, über sechs glühende Pflugeisen, dahin schritt! Sie wirkten auf der Heiligen Fußsohlen als — kaltes Eisen. Ob aber nicht ihr Mantel einige Brandmahle davon getragen haben mag? Dieß ließe sich in Merseburg untersuchen, wo er wahrscheinlich noch verwahrt wird. Wäre er wirklich angesengt, so höbe sich aller Zweifel von selbst, wir glaubten an Kunigundens Heiligkeit, eigneten ihr sogar das Verdienst ihrer ehelichen Enthaltsamkeit allein zu, und — unsere so leicht beschuldigten Frauen beständen auf der Wiedereinführung der Feuerprobe.

Kunegild

Kühner Held.

Ihm zur Seite geht

Kunegildis.

Beide entschliefen längst. Als wäre der Deutschen kühner Geist selbst entschlummert, so wenig sorgte man seit Jahrhunderten für die Erhaltung und Erneuerung ihres waghaften, edeln Kuno und seiner Gebilde. Nur im einzigen Konrad lebt er noch fort. Wir waren so reich an eigenthümlichen, schönen Namen, und jetzt sind wir so arm daran, weil wir — die köstlichsten weggeworfen!

Kunemund

Muthvoller Redner.

Vielleicht könnte auch hier aus Mut ein Mund geworden seyn, wie aus Hartmut, Hartmund. Doch gehört auch oft zum Reden mehr Muth, als zum Handeln, und der kühne Sprecher verdient nicht weniger Auszeichnung, als der waghafte Held. Hunderttausende hätten in Frankreich für ihre Erlösung von Napoleons Joche wohl freudig gekämpft; aber nur Ein Kunemund, Laine', hatte den Muth, dem Tyrannen zu erklären: er stehe auf einem höchst unsichern Boden, und ihm das Geständniß abzudringen, er wolle lieber drei verlohrne Schlachten, als eine solche Rede.

Ganz natürlich! Wer möchte seine Leichenrede gern hören?

Kuniza
Die Kühne.

Kuno
Der Mächtige, Kühne.

Kin, Kun, war in der urdeutschen Sprache:
etwas vermögen. Cäsars Vercingetorix, ein
Stammgenosse des Teutonen, war in seiner National-
sprache: Ver, eigentlich Feor, keltisch: ein Mann;
cinge, vermögend, to, ähnlich einem, eigentlich
zum, rix, Könige. Hier dachte Cäsar beim gallischen Rik oder Rich an seinen Rex. Also: ein
Mann von beinahe königlichem Ansehen.

Nach Cäsar führten die Mitglieder des höchsten
Volksraths der Redner diesen Ständesnamen, der
nachher, mit Auslassung des ersten Wurzelworts,
als Eigenname Cingetorix in seinen Darstellungen
vorkommt.

Das deutsche können, wie das englische to
can, stammen vom ältesten Kun her. Kuno ist der
Vielvermögende, und Kunig unser König,
niederl. Coning, skandinavisch Kong, engl. King,
der ausschließend Mächtige im Volke.

Kuniwolf
Der kühne Wolf.

Der Name erklärt die Erscheinung des Wolfs
in deutschen Urnamen. Nicht das räuberische, ge-
fräßige Waldthier, sondern den freien, starken, unerschrockenen Angreifer, das Sinnbild des Heldenmuths,

hatten die Namenbildner im Sinne, indem sie ihn vermenschlichten.

Ladulph
Der Landwehrmann.

Wahrscheinlich kein anderer, als Landolph. Will man ihn aber vom teutonischen latho oder labo, ich heische, lade, ableiten, so hat man einen aufgerufenen Helfer. Das keltische Lla oder Llav, die Hand, würde einen hülfreichen Arm darstellen; aber doch wohl nur in Lawulph.

Lambert
Langobarde.

Eine Einschmelzung, wodurch der Name einer der wohlklingendsten geworden ist, die wir für unsere Söhne auswählen können, ohngeachtet ihm, außer dem Kriegsstande und der Synagoge, das Scheermesser seine erste Bedeutung nimmt.

Keinen Prächtigen finden wir also im Langobarden; aber auch keinen Aussätzigen, wie der zornmüthige Pabst Stephan der Dritte jeden Fürsten und Bürger des Volks schalt, welches — das Verbrechen begangen hatte, sein Reich bis hart an den Fuß des heiligen Stuhls hin auszudehnen. Nun wollte gar König Karl der Franke (Martell) eine Langobardische Prinzessin ehelichen, und mit den bösen Nachbaren in den engsten Bund treten. Da ergrimmte Stephan. „Alle Langobardinnen", schrieb er an den Bräutigam: „gebähren nur aussätzige Kinder. Nicht

Nicht werth ist das Bettlervolk des Blutbundes mit den edlen Franken. Du bist schon mit erlauchten Weibern deines Volks verbunden." Das war freilich eine andere, damals, wie es scheint, nicht ganz seltene, nicht ganz arge Sache: denn sie fiel ja dem Bischof erst nach dem Aussatz ein! "Beim Erzbann, bei Gottes Gerechtigkeit, bei der heissesten Hölle" verbot nun Stephan, was Karl trotz allem sich unterstand. Der Bann erfolgte nicht, der Aussatz blieb aus; aber doch mußte die arme Ermentrud büßen durch — Unfruchtbarkeit! So viel vermochte ein schmähsüchtiger Priester, der doch den Franken Kirchen- und Klöster-Erbauer, König Luitprand, und drei Erzheilige, Peter von Pavia, Bodolin und Teutolew, als Langobarden, in seiner Wuth mitschändete.

Den Namen Langobarde von der Magdeburger Börde ableiten, wie Herr Pred. Rathmann: Geschichte der Stadt Magdeburg. Thl. 1. S. 5, das ist doch wohl — gewagt. Es ist wahr, der älteste Wohnsitz des zahlreichen Volksstammes schloß jenen kleinen Gau mit ein; kannte man ihn aber schon zu Anfange unserer Zeitrechnung unter dem Namen Börde? Schwerlich! Und hätte er dann nicht wahrscheinlicher diesen Namen von seinen alten kriegerischen Bewohnern, als diese den Namen Langbörder von dem so kleinen Landstriche erhalten? Die Langbärte geben einen Sinn: dem Barte verdankte der ehrwürdigste Stand unter den Galliern seinen Namen: warum nicht auch jener teutonische Volksstamm? Und was würde aus unserm Lambert? Endlich, der Geschichtschreiber Paulus

Diakonus sollte seine Ableitung nicht besser durch die Sagen des Volks, mit dessen Geschichte er so vertraut war, begründet haben, als wir, ein Jahrtausend nach ihm, die unsrige hinwagen können auf den zufälligen Umstand, daß ein Theil der, von den Langobarden bewohnten, Elbgegend noch die Börde hieß? Gut, ein Gränzort jenes Wohnsitzes heißt noch Bardowik: einen Gau kennen wir noch als Bardengau!

Lambrecht
Der Langobarde.

Dießmal ist brecht aus bert, und bert aus bart geworden. Mit Albrecht und Engelbrecht hat also unser Lambrecht, der sich auch Lamprecht schreibt, gar nichts gemein, als den höchst zufälligen, durch geschwinde Aussprache gewordenen, Bau der Endung, die ihres gewöhnlichen Sinns durchaus ermangelt. Nennt aber Lambrecht keinen Preiswürdigen, so nennt er doch einen ächten Sohn Thuisko's, und in einem recht gediegenen Ausdrucke.

Etwas abgeschliffener klingt Lambert, aber unser ältester Name hat doch auch keine Ecken, woran sich eine deutsche Zunge stoßen könnte.

Lamfried
Friedlicher Longobarde.

Löwe, Eber, Roß, Bock, und ähnliche Sinnbilder der Kraft und Herzhaftigkeit, erscheinen wohl in Namen des kriegerischen deutschen Urvolks; aber sicher kein Lamm! Selbst das deutsche Mädchen hätte sich wohl nicht durch das Lob einer Sanftheit geschmeichelt gefühlt, die einzig die Frucht gänzlicher Unmacht ist. Stand das Lamm späterhin als Opferthier in Kirchenliedern und Erbauungsschriften obenan, so war es den Hebräern dafür verpflichtet.

Unser Lamfried trägt es nicht zur Schau, so wenig als unser Lambert. Sie sind leibhafte Longobarden.

Landrich
Reicher Gutsbesitzer.

Des heiligen Lüder erster Täufling in Friesland behielt diesen Namen; wiewohl er, ein gebohrner friesischer Häuptling, für die Klostercelle allen Vortheilen seiner Geburt entsagt hatte.

Wegen seines Verdienstes, solche einflußreiche Herren aus dem Irrsaal des Heidenthums in die Arme der sie mütterlich umfangenden und — beerbenden Kirche geführt zu haben, wurde Lüder selbst bald ein wahrer Landrich. Und aus einigen seiner Lebensumstände zu schließen, entzog er sich als Bischof nichts: war namentlich Freund einer köstlichen Tafel, und — starb doch reich. Dazu hatte doch Landrich, der Friese, auch wohl das Seinige geopfert.

Minder ehrlich, als der Friese, war Landrich der Franke, Mörder seines Königs Hilperich, um für seine Buhlschaft mit der schrecklichen Fredegunde, die der seltsamste Zufall verrathen hatte, nicht selbst unter dem richtenden Schwerdte zu fallen.

Landolph
Landesvertheidiger.

Daß sich in einer vernachläßigten Aussprache

das alte Helpe, Hülpe, die Hülfe, der Vertheidiger zu ulph und olph gebildet habe, bemerkten wir bei vielen hierauf ausgehenden Namen.

Welch ein ehrenwerther Name ist Landolph für Deutsche, die seit Jahrtausenden ihren vaterländischen Boden anbauten, und sich durch heiligen Muth wider die sieggewohnten Legionen Roms, wider die alles vor sich niederstürzenden kriegerischen Volksmassen Asiens, und zuletzt — wider den corsischen Weltverwüster, im freien Besitze desselben zu behaupten wußten.

Thuiskons Söhne im Norden und Süden, bisher einander fremd geworden durch die engherzigen, eifersüchtigen Zwecke ihrer Regierungen; eingeschlummert über der Vorstellung, daß sie doch alle eines Stamms, eines Reichs wären; aber endlich aufgeschreckt, gefesselt, beraubt, in Schlachten dahingetrieben wider ihr eignes Volk, allen Freveln einer staatsklugen Politik und eines fremden Heers von Plünderern Preis gegeben: da entboten sie sich alle, zur Rettung vom Untergange, Herz, Hand und Kraft; da kämpfte der Oestreicher für Preußen, der Preuße für Hannover, der Baier für Hessen. Deutschland war frei, vernichtet Napoleons Macht und sein Riesengedanke, auf den Trümmern unsers Reichs eine Weltmonarchie zu gründen. Was könnte nach solchen Erfahrungen und Thaten der Väter unsern Söhnen einst fehlen zu wahren Landolphs, als der Name?

So gelte er doch wieder, der milde Heldenname!

Lanfrank
Freisaße.

Landfranco der Land- oder Güterfreie. Ihm gegenüber, oder vielmehr tief unter ihm, steht der Lehnsträger, der vom freien Eigner gegen gewisse Abgaben und Leistungen seine Güter empfängt, und immer abhängig, immer Vasall bleibt.

Des Landfrank Eigenthum heißt Allodium, ein Wort, was viele gelehrte und eben so viele seltsame Erläuterungen veranlaßt hat. Nur sehr wenige davon habe ich gelesen und kann ich vergleichen. Wenn man aber Allodium vom keltischen Worte alloben, was belehnen heißen soll, ableitet, so macht man ja das freie Eigenthum offenbar zum Lehn. Das englische to allow, einräumen; was mit dem altdeutschen verlowen, erlauben, verwandt ist, deutete ebenfalls auf ein verliehenes Gut, auf ein Lehngut hin.

Darf ich diesen Erläuterungen, die mir hier nichts zu erläutern scheinen, eine andere Vermuthung entgegen stellen? All ist im Allodium, wie in vielen Eigennamen, der Adel, der Stand der Freigebohrnen, und Ode ist das Gut dieser Freien. Von Ode, Odal, Eigenthum, stammt ihr Name Adel her. Adel- oder All-Ode ist also freies Eigenthum, ein Gut, wie es Freigebohrne besitzen.

Lanzo
Der Longobarde.

Ein seltsamer, aber doch in alten Urkunden vorkommender Name. Er ist der umgeschmolzene Lambert, wie Gunzo unser Günther ist.

Lebwin
Löwenmüthiger Freund.

Liobe würde den lieben Freund nennen, der aber schon in Wine spricht, und dadurch, daß er voranstellt, was ihn zum Freunde macht, gar nichts gewinnt. Lebo-Win, der lebende Freund, wäre noch unbedeutender. Den lebhaften Freund sehen und nennen wir gern; sicher hätte ihn aber der Teutone Winrab oder Rabwin genannt: denn sein Lebo drückt nur ein Lebend- kein Lebhaftseyn aus.

Wir suchen also den Löwen, Leu, Lew, und sogar Lax (Teutolax), wieder auf, welcher auch unserm Namen einen sehr annehmlichen Sinn giebt.

Leger
Der Ruhende.

Natürlich ein Mönch: denn ein anderer hätte sich im rastlosen Volke der Altfranken nicht den Lieger, den Schläfer, schelten lassen. Legerstatt war die Ruhestätte, das Bett.

Leger, der Mann, mochte wohl nicht mehr bedeuten, als sein Name; aber doch erlag er sich in seiner Celle einen Heiligenschein. Dazu gehörte freilich zu Bonifacius Zeiten nicht viel.

Leiderad
Hurtiger Knecht.

Stammwort ist Lite, altdeutsch der Diener.

Vielleicht haben die hamburgischen Litzenbrüder, die Packträger-Zunft, davon den Namen. Und sollte nicht Lite von Lud, Luit, Lüd, Leibeigner, herstammen? Unsere Lite sind dann: unsere Leute. Ein abgesetzter Erzbischof von Bremen ist unter dem Namen Leiberad bekannt.

Leonhard
Löwenstarker.

Trotz des Λεων oder Leo, den er zu bergen scheint, ist Leonhard ein reindeutscher Urname: denn sein Löwe ist der Leu, welcher unsern Aeltesten unwidersprechlich angehört, und gewiß nicht jünger ist, als der Grieche. Wie leicht wurde aus Leuenhard der gediegenere Leonhard? Seine Aehnlichkeit mit Leopold ist also bloß zufällig. Den Lienhart, der in den ältesten Jahrbüchern hie und da auch erscheint, läßt er sich nicht nehmen; aber Luithard und Liethard sind ihm nicht verwandt.

Leopold
Rüstiger Mann.

Er ist uns nicht fremd geworden dieser Name, voll innerer und äußerer Empfehlung, welcher es verdient, in der Stammtafel des erhabensten deutschen Fürstenhauses zu glänzen, und so wohllautend als kräftig den Mann, Luit oder Lut, mit schnellem, kühnen Geiste, Baldo, darstellt. Aus Luitbold, Lippold, Leupold, bildete sich seine jetzige edlere Gestalt. Leo hat keinen Theil daran.

Leopoldine erscheint wie Wilhelmine, Caroline, Eberhardine, Bernhardine, nicht ganz nach deutschem Zuschnitte, erst in den Jahrbüchern der jüngsten Zeitalter. Warum wählte man dafür nicht lieber die, nicht verkleinernde, und doch höchst gefällige Leopolde?

Levigild

Der Löwenheld.

Römer nannten ihren Leo nach dem griechischen Λεων. Nach Gallien, Spanien und Britannien ging jener Leo als Lion, Leone, Lyon über. Der keltische Lew blieb in Pohlen unverändert, wurde in Belgien zum Leeuw, und in Germanien zum Löw. Ob unser Urvolk in seinem asiatischen Heimlande den Namen Lew von dem hebräischen לבא oder לביא (Labia) geborgt habe? Ob nicht der keltische Lew eben so alt sey, als diese Hebräer, und eines Stamms mit ihm? vermag ich nicht zu entscheiden. Doch darf ich vermuthen, daß die Ableitung der Benennung jenes walderschütternden Thiers vom keltischen Llef, die Stimme, eben so viel für sich habe, als ihre Bildung von לב (Lav), das Herz. Genug, unser Lew ist unabhängig von Λεων und seinen Abkömmlingen. Er ist Urname, und hat sich nicht, wie in Gallien, vom römischen Leo verdrängen lassen. Nur die Aussprache Leu schien ihn diesem Fremdlinge zu nähern. Ihr eu wurde aber allgemein für die Silbe ew angenommen. Unser Löwe hat sich deswegen nicht aufgegeben.

Levigild ist nun der Held mit Löwenmuthe,

der sein Feldzeichen durch Thaten zu rechtfertigen suchte. Ein Zeichen, was der Kraft und Unverzagtheit unserer Urahnen so zusprach, was ihr Streben nach Freiheit so stark ausdrückte, und ihrem Sinne, durch Heldengröße im Heer wie im Gau die Ersten zu seyn, so schmeichelte, daß es allgemeiner wurde, als irgend ein anderes, und seitdem mit oder ohne Krone die Wappen unserer Fürsten und Edeln auszeichnet.

Levigilde.

Ein weiblicher Name, und ich sollte denken ein Name, wie ihn kaum eine andere Sprache so darstellend, so sanft schmeichelnd dem innern und äußern Sinne, hat. Welches Mädchen von feinerm Gefühl müßte ihn sich nicht wünschen? Welche Gattin sich nicht erheben in dem Bewußtseyn, ihn zu verdienen? Nun so bleibe doch diese Stiftung des Alterthums nicht länger für uns verloren, und erinnere ferner nur wenige Forscher des Vergangenen daran, welch eine Zärtlichkeit für das Weib aus dem Teutonen sprach! Levigilde wiegt alle fremden Namen auf, die man deutschen Töchtern gewöhnlich und leider! aufdringt.

So täuscht die Aehnlichkeit der Worte! Und dießmal ist mir wirklich die Täuschung bitter. Dießmal wünscht' ich die Gilde oder Hilde einmal als Holde wiedergeben zu dürfen, um das Levi als Liebe, Liob, oder doch als Lib, Leben, darzustellen. Doch Gilde läßt nicht mit sich dingen. Heldin bleibt sie, und im Lev fodert sie ihr stärkstes Bild, den Löwen.

Die Löwenheldin

tritt statt des holden Lebens in unserm Namen hervor, und unsere Mädchen verweisen ihn — auf die Bühne, wo die Verzweiflung noch hie und da den Muth über die Schwäche des Geschlechts erhebt, des Geschlechts, wie es nicht die Natur schuf, sondern die Verzärtlichung verbildete.

Liemar

Preiswürdiger Diener.

Abgeleitet von Lite, der Diener. Oder will man lieber einen Libmar, einen berühmten Lebenden, vom Stammworte Lebo? Liobmar stellte den Ruhmliebenden, und Luitmar den berühmten Mann, dar.

Indem ich meine Leser hierunter selbst wählen lasse, füge ich hinzu, daß der mir in der Geschichte einzig bekannte Liemar keine der angeführten Bedeutungen seines Namens wahr machte. Dieser bremische Erzbischof war weder ein treuer Diener seines Kaisers Heinrich des Vierten, noch, als offenbarer Empörer, ein ruhmvoller, ein ehrliebender Mensch. Ein stolzer, ränkesüchtiger Priester war er: ein kleiner Hildebrand. Vielleicht ist deswegen sein ganz artiger Name so ganz vergessen.

Lietbert

Ruhmwürdiger Knecht.

Wir können nicht alle Herren seyn, und auch der Knecht kann ja großes Verdienst haben.

Wollten wir ihn also aus Lietbert, wo er doch

im Lite offenbar hervortritt, wegdeuteln, so würde er doch in Godschalk und Marschalk bleiben. Unser Lietbert war nun wohl der Ritterknappe, der Famulus, den Geburt und Thaten bald zum Miles erhoben, und der in seinem Dienststande auf den fürstlichen Edelknaben mit Stolz herab sah.

Richtig gewürdigt: was ist das Leben des Fürsten wie des Tagelöhners, und was soll es seyn? Ein Dienst. Schäme sich also niemand des sinnschweren, edeln, und leider vergessenen Namens!

Lindbert
Ruhmvoller Unterstützer.

Lene, stützen, scheint mir Urwort dieses Namens zu seyn. Lendi, Schenkel, ist mit ihm eines Stamms. Lendibert wäre der, auf seinen Schenkeln rühmlichst Feststehende, der Unwankende.

Linde, sanft, von lisno, leise, herstammend, stellte den gepriesenen Sanftmüthigen dar.

Welche von diesen drei Bedeutungen man dem Namen zueignen mag, so ist sein Sinn immer so edel, als sein Laut milde und gefällig, und so verdient er aus seiner langen Todesnacht endlich wieder hervorgezogen zu werden.

Lioba
Die Geliebte.

„Lieba friunta mine" singt Otfried. Hier ist nun eine solche liebe Freundin. Daß sich die Lioba nur einmal in unsern Urnamen zu hören giebt, da sie doch im ersten und letzten Worte der

Aeltern zu Kindern spricht, und unter allem, was deutsche Sprache vermochte, das Zarteste, Seelenvollste ist? Dieß wäre unbegreiflich, wenn man des Eigennamen vergäße. Kann das als Unterscheidungszeichen des Einzelnen gelten, was allen gebührt? Nennst du ein Kind das geliebte: was sind dir, und wie fühlen sich selbst dann die übrigen? Deine Zärtlichkeit würde ja empörende Unzärtlichkeit!

„Wohl! so dürfen wir auch keinen Gottlieb, keine Berta, keinen Otto, keine Adelheit unterscheiden: denn wir bestimmen durch jeden dieser Namen dem Einzelnen, was wir allen bestimmen sollten!"

Warum nicht gar! Wird Gottlieb der Otto, Berta die Adelheit, beneiden? Ist nicht jeder dieser Namen gleicher Ausdruck unserer Liebe?

Lioba, die fromme Angelsächsin, mußte mit ihrem Namen zufrieden seyn, so lange sie in ihrer Heimath blieb. Und eine Eitle, oder eine, nach sinnlichem Liebesgenuß Gierige, hätte ihn nie verändert. Kaum war sie, vom heiligen Winfried gerufen, und zur ersten Aebtissin des Klosters Bischofsheim bei Mainz erhoben; so verlängerte und bestimmte sie ihr Lioba durch das Anhängsel Got so, daß jeder, der sie nannte, in ihr eine Freundin Gottes aussprach. Ob mehr Entsagung oder Anmaßung zu dieser eigenmächtigen Wiedertaufe wirkte? dieß bleibt noch sehr die Frage.

Liutbert
Der glorreiche Mann.

Man unterscheide unser Luit, Mensch, Mann,

von Luit oder Luyt, der Laut. Beide sind uralte Wurzelwörter, die mehrere Sprößlinge trieben, und haben, außer ihren Buchstaben, wohl nichts mit einander gemein. Oder hieß der Mensch Luit, weil der Laut das erste Zeichen seines Lebens ist? Aus Luit, Liut zu machen, das nahm sich der Altfranke nicht übel, und so erwuchs der überschriebene Name. Einen Luitbert, Bischof von Mainz, verewigte Otfried, indem er ihm seine gereimte deutsche Uebersetzung der Evangelisten in einer sehr geistvollen Zueignungsschrift widmete.

Lothar
Kriegsmann.

Wieder ein Denkmal der Väter, schön, bedeutend, und so werth der endlichen Wiedereinsetzung. Denn Luther der Obersachse, und nun gar Lüde, der Niederdeutsche, ersetzen ihren Stammvater Lothar bei weitem nicht. In fränkischer Mundart lautete er Hlothar, Chlothar, Clotar.

Irrig leitet man ihn vom keltischen Worte Llwyt, weiß, her, und leiht ihm den Sinn: der Lautere. Denn Luitprand und Luitgard sind doch mit ihm eines Stammes; jener der ehrbare Mann, dieser des Mannes Pflegerin. Die alte Bedeutung des Luit oder Lut ist noch übrig in: die Leute, Menschen, die Leute, Dienstboten, das Lüt, (westphälisch) die junge Dirne.

Das Lied-Lohn, von Lite, Dienstboten, Gesindelohn.

Die Luichen, Loichen, lüneburgisch: Gesindelohn in Früchten.

Bei der Endsilbe falle uns nicht der Har, Haarigte des Rothar ein! Eher das Hari, Heer, wovon Hariban, Aufgebot zum Heer. Denn dieß Hari oder Har ist ja mit Ger eines Sinnes, und Lothar ist in der That kein anderer, als der, sogar unter den Heiligen glänzende Ludger, der Wehr- oder Kriegsmann.

Einen bösen Nachbar hat übrigens unser ehrenwerther Lothar an dem Lother. Dieser verhält sich zu jenem, wie der Strauchdieb zum Helden, ist aber in keinem Grade mit ihm verwandt. Lother, der Räuber, stammt vom Kelten Kleidr, Räuber, ab. Von ihm hieß der Diebsgewinn Hlothu. Unser Lotterbube ist würdiger Abkömmling eines solchen Ahn. Die Verwandtschaft zwischen dem Kelten Kleidr und dem Römer Latro ist unverkennbar.

Lotherig
Mächtiger Mann.

Wenig darf es uns kümmern: ob das ar in Lothar, ger oder harb, er, bloß männliche Endsylbe, oder Er, Ehre bedeute: denn wo der Mann im ersten Gliede des Namens so gewaltig hervortritt, da vereinigt er alles in sich, was das letzte Glied nur ausdrücken kann. Lotherig, eigentlich Lotharig, verlängert seinen Namen durch das gewöhnliche rik, was hier aber ziemlich müssig steht, und sogar das widrige Nebenbild des Ehrlosen, des Raubgesindelmäßigen, herbeiführt. Noch jetzt ist in Niederdeutsch-

land der Lobberige ein schlaffer, gleichgültiger,
seine Tracht und Haltung vernachläßigender Mensch.
Doch unser Lotherig hat keinen Theil daran.

Ludger
Kriegsmann.

Erklärt ist der Name mit andern seines Stammes. Ihn führte ein Kämpfer für die Priesterreligion, dem wohl nicht weniger Muth beiwohnen durfte, als dem größten Helden im Felde, wenn er seinen Krummstab zu Münster, und seine Heiligsprechung verdienen wollte.

Karl der Große sandte diesen kirchlichen Kriegsmann nach Friesland. Schlau gewann er hier erst einen Fürstensohn Landrich, und weihte ihn zum Mönche. Dann stach er einem Blinden den Staar, und verpflichtete ihn eidlich, bei seinen Lebzeiten die Wunderheilung zu verschweigen, um vor Anfällen anderer ähnlichen Gebrechlichen, denen er durch sein Kreuzschlagen und — durch eine Nadel — nicht hätte helfen können, sicher zu seyn. Diesen Bernelef, einen Laien, bestätigte er zum Täufer in Friesland. Als der aber die Sache zu hitzig trieb, und aus der Mütter-Armen die Säuglinge zum Taufkessel riß, so erhoben sich die ungläubigen Friesen, und jagten den heiligen Ludger mit seinem Handlanger zum Lande hinaus.

Nun gewann der Verjagte Zeit, zu Mimigernfort, dem jetzigen Münster in Westphalen, ein Stift anzulegen. Auch die Abtei Werden, ein Kloster in Brabant, und eins bey Helmstädt, stiftete er. Kaum darf ich erinnern, daß ihn, auch diesseits Friesland, seine Wunderkraft nicht verließ. Kurz, alle Heiligen müßten im Kalender gestrichen werden, oder Sanct Lüder verdient darin seinen Zinnobernamen.

Ludmill
Großer Mann.

Ganz verschwunden ist dieser Name mit seinem Stamme. Michil, Michol, bezeichnete in der altdeutschen Sprache den Großen, das Ganze, Michelk hieß: ein Jeder, und gemihilo, ich achte hoch.

Ludolph
Hülfreicher Mann.

Wie Adolph, Rudolph und Markolph, am Ende nicht mit einem f, sondern mit einem ph zu schreiben, damit das Stammwort Hülpe nicht noch unkenntlicher werde. Konnte sich überhaupt das weichere F wider das griechische, und ich sollte denken, schon deswegen für uns nicht zu harte Ph nicht halten, so laut sich auch selbst Wieland für die Filosofen erklärte; so sehe ich nicht ein, warum man es unsern Eigennamen noch wider alle Regel aufdringen will. Freilich hatte man längst aus Helpe, nachher Helphen, worin eigentlich das h so müßig ist, als in unsern olphs, helfen, gemacht; aber ein Mißbrauch rechtfertigt den andern nicht. Mit dem Ph müßte nun ganz natürlich das weit härtere Pf auch weichen, und unsere zartstimmigen Sonnettendichter — keine Wielands! — die sich sonst so manche vermeidliche Härte zu Schulden kommen lassen, setzten einen

Trumf

Trumf darauf, es mit Glimf und Schimf vom
väterlichen Boden zu verbannen. Doch der Schutz=
geist des Geschmacks und der Deutschheit verhüte und
vereitle hinfort solche schöngeisterische, unbefugte Ge=
waltstreiche! Wir haben des rohen Stoffs in unserer
Sprache noch genug; ihn aber hinauswerfen, heißt
nicht ihn bilden. Vor der Hand sollten wir nur unser
Eigenthümliches vom Fremden scheiden, dann würde
es uns nicht einfallen, den deutschen Rudolph für
den Italiener Rodolfo, oder unsern Dieterich für
den Spanier Diego hinzugeben.

Ludolph und Rudolph stehen sich übrigens
so nahe, sind in der Kinderaussprache so ganz eins,
daß man fast den einen für den andern nehmen, den
einen zu Gunsten des andern unter den Urnamen
streichen möchte. Die Frage wäre dann aber: wen
von beiden das Urtheil der Vertilgung treffen sollte?
Für Ludolph wäre mir nicht bange. Glänzt er
nicht unter den Kaisern; so hat er doch eine gewaltige
Sippschaft, die ihren männlichen Luit oder Lud
wohl schwerlich in einen Rhudd umdeuteln ließe.
Und eben so wenig ermangelt Rudolph, wie wir
sehen werden, eines Anhangs, der seine Selbstftän=
digkeit schon zu behaupten wissen wird. Nie sind
auch beide ächte Teutonen mit einander verwechselt
worden. Mögen sie, die vielleicht zweitausendjähri=
gen, erst auf ihrer mittlern Altersstufe stehen!

Ludwig
Fester Mann.

Wie haben fremde Zungen diesem wackern Na=
men mitgespielt! Louis, in der Aussprache Lui,

Lewis, und Luigo; wer erkennt in diesen hohlen, trägen Mundspielen unsern so kräftig und doch so weich ausgeprägten Ludwig? Zwei in einander gleitende, heulende Töne sind also alles, was den Franzosen von dem Chlodwig oder Clodwig übrig blieb, den sie uns abborgten? Kaum sind diese Töne ein Nachklang unsers edeln, in deutscher Mundart noch immer sich gleich gehaltenen, und zum Glück noch immer in allen Ländern, wo Deutsche wohnen, in allen Ständen unsers Volks gesuchten, waltenden Namens! Das zeugt doch für Einheit des Sinns? Warum gab man aber die Lubbert, Lothar, Lippold, so ganz auf? Wie vermochte Ludwig der Schaar eindringender Fremdlinge zu widerstehen, denen sie so schmählich erlagen? Dieß bleibt mir unbegreiflich: denn sie sind doch wahrlich nicht geringern Gehalts, als ihr geretteter Bruder! Seit Ludwigs des Glänzenden Zeiten, den seine, großentheils besoldeten, Schmeichler den Großen nannten, strömte Frankreichs Sitten-, Tracht- und Sprachunfug in deutsche Familien des höhern und Mittelstandes gewaltig ein. Nun taufte sich vom Baron Allemand bis zum Maître Barbier, alles, was Ludwig hieß, in Louis um, und kaum schützte der Dienerrock noch die deutsche Namensform. Was aber vor zwei und zwanzig Jahren den französischen Königsnamen so Schrecken- und Jammer erregend, was ihn bald darauf in Paris, und endlich auch in mehrern deutsch-französischen Staaten, zum Anklagepunkte machte, und unsern Ludwig wieder in seine Rechte einsetzte, wissen wir. Seinen abermaligen Austausch gegen Nachbars Sohn fürchten und wollen

wir nicht. Zu Tausenden drangen unsere Ludwigs
siegreich bis Paris vor, um dem Namen Louis bei
dem entarteten Volke wieder Ehrfurcht zu erkämpfen;
aber keiner davon ist als Louis heimgekehrt.

Luiba
Der Löwe.

Hier ist ein Lew in westgothischer Aussprache.
So wanderte er nach Spanien hinüber, und trieb
dort sein wildes Wesen, bis ihn die Mauren in die
Gebürge von Arragonien einklemmten.

Luido
Der Mann.

Luit, durch die spätere fränkische Mundart ge=
mildert und verschönert, nicht, wie Ludwig zu
Louis, verstümmelt.

Luithard
Starker Mann.

Von Luit, Laut, hätte der Name die ganz gute
Bedeutung: der Starkstimmige. Unser Läuten stammt
davon her. Ob aber auch unser Leumund? Doch lei=
der ließen wir dieß kräftige, ausdrucksvolle Wort,
welches uns durch das allgemeinere: Gerücht, nicht
ersetzt wird, veralten! — Immer wird es zweifel=
haft bleiben, ob Leumund vom Laut oder vom Men=
schen entsproß: ob es das laute, oder der Leute Ur=
theil bezeichnet? Für die letzte Ableitung spricht doch
noch die Redensart: in aller Leute Munde, das heißt:
Gegenstand des allgemeinen Gesprächs, seyn.

Luithard hat mit vielen Brüdern den alten Luit zum Stammvater. In dem Bruchstücke, was Lambeck in seinem Comment. Biblioth. Vindobon. II. 384. von der verdeutschten Unterredung Jesu mit der Samariterin, aus dem neunten Jahrhundert, anführt, heißt es:

Ne bistu liuten kelop mer than jacob?
Bist du nach der Leute Glauben mehr, als Jacob?

Luitprand
Erhabener Mann.

Abermals ein Brennus, ein Wolkenhoher, der dem Luit Ehrfurcht verschafft. Ohngeachtet dieser in Brecht, Brenn, Ger, Mar, Wik, Wald, sich so mächtige Rücklehnen verschaffte, vermochte er sich doch auf die Länge nicht gegen den gewaltigen Mann zu halten, und wurde endlich zum Lite, zum Leibeignen. Auch jetzt noch, da die Knechte längst Freie geworden sind, spricht man von Leuten, wenn man die niedere Menschenklasse meint. Das ist aber Mißbrauch der Sprache, in der die Luits von Anbeginn so ehrlich waren, als die Mannen. Doch auch diese, und sogar die Kerls, sanken ja zu Lanzenknechten herab, als nicht mehr Kraft und Muth, sondern Wall und Burggraben, den Preis gewannen. Daß die Stammwörter Bre, Anhöhe, Berg, daher der Brenner, der Brôn, Deisterkuppe, Bryn, Hügel, Brenhimarth, kelt. Königthum, Brenhidlis, Königsburg, das Erhabene, bezeichnen, ist bereits bei mehrern Namen bemerkt. Ob unser Brennen von der aufsteigenden Flamme so heiße?

Warum nicht? Befremden wird uns aber die Verwandlung des Brand in Prand nicht. B und P wurden, wie noch jetzt in der oberdeutschen Aussprache, häufig verwechselt.

Das Buch hieß beym Otfried noch Puach und Buach.

Luleff
Löwenmüthiger Mann.

Warum sollten wir uns einen tölpisch verbildeten Ludolph hier denken, wo der Lew sich so leibhaftig, so bedeutungsvoll und edel darstellt? Daß der Name so unrichtig geschrieben wurde, als heute noch unser Detlef, verleite uns nicht zu einer unrichtigen Auslegung. Schlechte Rechtschreiber waren ja unsere Alten, und deswegen erscheinen ihre Namen großentheils so entstellt.

Lulf
Löwenmüthiger Mann.

Ein schnell ausgesprochener Lulew. Von Ludolph abgeleitet, wäre er unleiblich.

Lutrude
Traute Männin.

Unweit wahrer ist doch dieser Name, wenn auch minder weich, als Demoiselle, kleine Herrin, dieß ändelhafte Unbild, was die edle Jungfrau aus den seinern Ständen verdrängte, und den wackern Jüngling zum Dienstmann seiner Verlobten herabwürdigte.

Luward

Wachsamer Mann.

Und hätte auch, wie ich nicht weiß, die Stadt Leuwarden einen Leu im Wappen, so würde ich in unseren Namen lieber den wohlgemuthen Geharnischten sehen, der auf den holländischen Ducaten so bedeutend prangte, bis ihm Napoleon sein Bundeszeichen entriß, und nahe daran war, ihm den ganzen goldnen Boden, worauf er stand, zu rauben.

Luward ist der Ludwarto, der Mann auf der Warte. Als Cabinets- — doch wozu noch länger dieß fremde Wort? — Also, als Geheimer Fürstenrath, wie als Mann auf den Vorposten, von großer Bedeutung!

Der Luward wird sich nicht durch vorgebliche Uebungs- und Lustlager auf den Gränzen täuschen lassen. Er wird trauen; aber nicht so lange bis er fühlt, und nun sein Mißtrauen zu spät kommt. Weiland wurde erst Fehde entboten, ehe sie ausbrach. Und bis auf unsere Zeiten ging den Reichsfehden eine stattliche Kriegserklärung voran. Der tückische Sinn des letzten allgemeinen Befehders setzte sich indeß über Förmlichkeit und Recht hinweg, und pries im Stillen sein, über alles Menschliche erhabene, Gewissen, dem es nie wehe that, das Vertrauen friedlicher Nebenstaaten — man denke an Spanien! — durch blutige Greuel zu berücken.

Verbannt auf immer bleibe eine solche straßenräuberische Staatsschlauheit, mit ihrem, so lange von seinen feilen Söldlingen deswegen vergötterten, Handhaber! Denn auch den Wachsamsten zu täuschen, dazu gehört nichts mehr, als was den weiland in seiner Art auch einzigen Cartouche aufs Rad brachte.

Madalulph
Mächtiger Helfer.

Machde oder Mahde, die Macht, und Hulpe, sind Stammwörter dieses Namens.

Madeswinde
Freundliches Mädchen.

Megd ist noch dem Isländer: die zarte Jungfrau, wie das Mäd, in einigen niederdeutschen Gegenden, dieselbe Bedeutung hat. Ma, Mat, Mad, sind in den Wörtern, die sie bilden, Zeichen des Weichen, Zarten, Sanften, Beispiele: Mammunti: die Weichheit, Otfried; Mat: friesisch, die Wiese, sanfte Ebene. Mähen: sanft niederstrecken. Nach-Matt, niedersächsisch, weiches Nachheu. Matt: kraftlos nachgebend; in der Mahlerei: sanft fürs Auge. Madratze: weiches Ruhebette. Marder: Thier mit sanftem Fell. Mat: isländisch, der Freund. Mögen sich unsere Töchter doch nie des Namens der Sanften, der Mädchen, schämen, wie ihn Madeswinde, die Freundliche, von Win, mit weiblicher Endung, als Gemahlin eines gothischen Eroberers Wittich, nicht unter ihrer Würde hielt!

Manfried
Der friedliche Mann.

Nach Italien gewandert, oder verwiesen, wo er nun als Manfredo und Manfredini glänzt.

Was verleidete aber Deutschen einen Namen, der, den Frieden mit der Männlichkeit einigend, einen durchaus edeln Sinn ausdrückt? Sie konnten es dem Namen nicht verzeihen, daß er einst als Zeichen eines Meuchlers aus ihrer Kaiserfamilie so häßlich log.

Friedrich der Zweite hatte seinen Bastard — jetzt würde er ein **natürlicher** Sohn heissen, zum Unterschiede von den **unnatürlichen** Söhnen, die nicht die Liebe, sondern die fürstliche Ehen vollziehende Staatsklugheit zur Welt befördert — Manfried, zum Herzoge von Tarent gemacht. Daran genügte dem Krongierigen nicht. Aus Rache erstickte er seinen Vater mit einem Kopfkissen im Jahre 1250. So die Volkssage: denn wer könnte und möchte über die Schlagflüsse der Gekrönten ärztliche Berichte lesen, die doch keinen Erschlagenen wieder wecken? Und welches Collegium medicum hätte wohl den Muth, da nur den entferntesten Verdacht zu verrathen? Manfried blieb ungeviertheilt, weil Verdacht kein Beweis ist; aber blieb auch nur Herzog von Tarent, so lange Konrad der Vierte lebte.

Nach vier Jahren mußte dieser seinem Großvater folgen, denn Manfried stand mit den Leibärzten im Bunde, und ließ ihn, von unten herauf, vergiften. Jetzt war es aus, nicht mit Manfried, aber mit seinem Namen in Deutschland.

Mangold
Guter Mann.

Eigentlich Manigod.

Marbod
Der ruhmwürdige Held.

Ein römischer Annalist mußte dafür sorgen, daß nicht, wie im Volke, so auch in der Geschichte der Deutschen, der kräftige Name verschwinden möchte. Wer kennt nicht jenen Bezwinger der Sueven und Longobarden, der aber nachher seine Eifersucht wider Hermann, und seine Anhänglichkeit an Rom, als Flüchtling, achtzehn Jahr in Ravenna bereuen mußte?

Daß bob von bold, und dieses von baldo, kühn, gebildet sey, und der Bote nichts mit Marbod zu thun habe, bedarf wohl keines Beweises.

Markolph
Gränzschirmer.

Beide Glieder dieses Namens sind bekannt. Ueber die älteste Bedeutung des Worts Mark sehe man Marquard. Mögen nur nie unsere Markolphe einschlummern, wie ihr kräftiger Name entschlummert ist! Wurde er noch dann und wann von Schriftstellern wieder hervorgerufen, so künstelte man ihm einen Anstrich des Albernen an, der ihn doch durchaus nicht kleidet. Dieß war in der That Entweihung einer ehrwürdigen väterlichen Stiftung. *)

---

*) Sehr alt ist diese Entweihung. Schon Luther macht den Markolph zum Bruder Ulenspiegels. Man

Kleidet immerhin, ihr Dichter fürs Schauspiel und für die Einbildung der müssigen Lesewelt! kleidet unsere Jean's, Jack's, Tom's, Andreße, und ihres Gleichen, ins Gewand des Lächerlichen, damit sie verschwinden aus deutschen Familien. Aber einen Markolph, einen wackern Kämpfer für unsere Gränzen, Freiheit und Ehre, zum Narren herabwürdigen, sey's auch nur im Titel eines Buchs, das heißt seinen Geschmack verdächtig machen.

Marquard
Gränzenwächter.

So wenig unser: Mark in der Münze und unser Mark in den Knochen, außer Buchstaben und Laut, mit einander gemein haben, so fremd waren sich schon zu unserer Uralten Zeiten: Mark, Medulla, engl. Marowe, schwed. Mergh, und Marc, Libra, a Pound, un Livre, ursprünglich ein halbes Pfund. Das Zeichen seines Gewichts war ihm aufgeprägt. Bezeichnen hieß nun marken, und heißt noch so bei Waaren-Versendern. Merken war: auf Zeichen und Gegenstände Acht haben, und ist noch in diesem Sinne, wie: bemerken, gleichsam in seinem Sinne dem zu Unterscheidenden Zeichen aufdrücken, und aufmerken, übrig.

Bei Landflächen waren Schneiden, niederdeutsch Schneeden, das heißt: Hügel, Steine, Bäche, die Merkzeichen. Ihre Umrißlinien hießen

---

vergleiche seine Schrift wider den Magister Joh. Agricola, von ihm Meister Grickel genannt, im 5ten Bande der ältesten Ausgabe seiner Werke.

Marken, Gränzen. Daher unsere Markgraf=
thümer und Markgraffchaften oder Gränz=
länder. Je unsicherer solche Gränzen vor feindlichen
Einbrüchen waren, um so mehr bedurften sie wachsa=
mer, mächtiger Obhüter. Wir wissen, was Deutsch=
land seinen Markwarten von Meißen und Bran=
denburg, gegen die Hunnen= und Wenden=Schwärme,
verdankte, und wie würdig sie ihrer Erhebung von
kaiserlichen Schirmvögten zu unabhängigen Gebietern
ihrer Gränzländer waren. O, leite doch der Geist der
Weisheit den erhabensten, mächtigsten Kaiser= und
Königsverein, den je die Welt sah, daß das größte
Werk gedeihe, welches ihn jetzt (Octbr. 1814) in
Wien beschäftigt! Daß Europens, daß besonders
Deutschlands Gränzen durch Markwarte geschirmt
werden mögen, die den Eckmühls, Vandamms,
und allen Hunnen = Hauptleuten, die der weiland
Chan Napoleon zu uns herüber führte, die Lust
benehmen, neue Brandstiftungen diesseits des Rheins
zu versuchen!

Marschalk
Roßzäumer.

Was wäre ein Ritter ohne Roß? Er achtet es
als sein Selbst, pflegt seiner mit höchster Sorgfalt,
und vertraut nur seinem verständigsten Knechte die
Obsicht des edeln Thiers an. Zur Belohnung erhebt
er ihn endlich zur Ehrenstufe des Ersten in seiner Die=
nerschaft. Sogar der Truchseß steht unter dem Mar=
schalk. Auf Reisen ist er Schatzmeister, daheim Burg=
voigt, im Felde Hauptmann; kurz er ist der Unent=
behrliche des gestrengen Ritters, und gilt ihm nicht

viel weniger, als das Leibroß selbst. Im hohen Preise stand deswegen natürlich der Name Marschalk bei den Aeltesten. Kaum konnte der Seneschalk, von Sinde, Familie, so genannt, gegen ihn aufkommen. Als nun endlich gar ein Kurfürst des Reichs sich mit der Würde eines Erzmarschalks schmücken ließ, da begann die goldene Zeit für den Namen, der doch eigentlich nichts ausdrückt, als — was weder an Höfen noch im Felde glänzen kann — die Mähre und ihren Knecht. Jetzt drängte der Marschalk seinen Nebenbuhler, Seneschalk oder Pallasthäuptling, zur Seite, und trat allein an die Spitze des Hofes und des Heers. Wer hätte sich da noch erkühnen dürfen, den glänzenden Ehrennamen Marschalk als Eigennamen zu führen?

Doch mit der Einführung dieses Namens hat es, auch aus einem andern Grunde, keine Noth. Er riecht immer nach dem Stalle, und, wenn wir gleich dem Rosse oder der Stute ihren Rang unter den edelsten Thieren nicht streitig machen; wenn wir sogar, wie die Araber, ein Ahnenregister von den, nicht für den Pflug des Landmanns, sondern für fürstliche Staatswägen erzielten Füllen halten: so würden doch die ahnenreichsten Mähren nicht mehr in unsern höchsten Würden glänzen, wären sie nicht durch einen uralten Mißbrauch darin befestigt. Und — schwerlich benennten wir heute noch ganze Länder nach — Pferdetriften.

Westphalen ist ein solches Land; nicht aber Mähren. Dieß letztere heißt so vom Flusse Morawa, oder Mor-Aue: denn Moor bezeichnet in der teutschen Ursprache: Wasser, Meer. Unser Moor und Morast, wie das französische Marais, selbst Meer, stammen davon ab. Offenbar ist jenes keltische Moor Urwort, und nicht vom Römer erborgt, dessen Mare aber mit ihm eine gemeinschaftliche älteste Wurzel hat.

Mathilde
Jungfräuliche Heldin.

Junkfrouw war schon im eilften Jahrhundert gewöhnlich. In Willerams Verdeutschung des hohen Liebs, wovon ich unter dem Namen dieses Sprach- und Schriftgelehrten noch einiges mittheilen werde, heißt es:

Von din' minnont dih die iunkfrouwen da'zh si'nt die se'la, die de'r geiunget si'nt in de'mo Toufe.

Aelter aber ist Magd, Megd, Mab, engl. Maid, für das Mädchen. Unser Name kommt in den frühesten Zeiten als Mechthild vor, und läßt uns deswegen nicht an Mahde, Macht, denken. Ein ehrwürdiges, schönes Ueberbleibsel von so vielen, wahrlich nicht zur Ehre unserer Namenstürmer unterdrückten, Hilden ist Mathilde. Sie erinnert uns aber auch an die Bastarde (von basso, niedrig, und Art), welche die alberne Erhöhungssucht in unsere Sprache einführte, um Stiftungen, aus denen der angemessenste, edelste Sinn spricht, zu verdrängen oder herabzuwürdigen. Maged, Maht, bezeichnete ursprünglich die sanfte, zarte Männin, Junkfrow, die junge Schöne. Und doch verwandelte man jene in eine Dienstpflichtige, diese in eine Tochter niedriger Stände! Statt ihrer erhoben sich

Mesdemoiselles, und sogar die lächerlichen Mesfreules!

Fürstentöchter mögen Princessinnen bleiben: denn der Ehrenname gilt einmal als unveräußerliches Angebinde ihrer Hoheit. Gräfinnen mögen als solche (nur nicht als Comtessen!) sich mehr dünken, als unsere Fräuleins; aber warum wollen wir diesen das Gepräge der Schönheit rauben, und sie Baronessen schelten? Kann sich die Sanfte, die Magd, nicht mehr über den Schein der Dienstbarkeit erheben, so soll doch die Jungfrau, die junge Schöne, hinfort kein Name seyn, dessen sich unsere Mägde zu schämen, schon unverschämt genug sind.

Meinhard
Treu Liebender.

Meginhard ist seltene, fehlerhafte Gestalt des Namens.

Mynnu (keltisch) meinen, wollen, sich zu etwas neigen, im Urtheil und Gefühl; daher lieben. Minna (teutonisch) die Liebe, Minnhard, woraus unser Meinhard wurde, ist also feste, treue Liebe, oder treu Liebender.

Merowis
Weiser Herr.

Man leite nun diesen Namen des in der altfränkischen Geschichte so berühmten Stifters des Merowingischen Hauses von Mari: berühmt, oder von Mera, der Größere, daher unser mehr; oder von Mayr, der Herr, ab, so spricht er immer den Erhabenen, den durch Ruhm, Größe, Herrschaft, Ausgezeichneten, aus. Wis ist der Weise.

Auch an Mar, das Pferd, dachten mehrere Ausleger, und in Verbindung damit wäre wis, weiß. Allerdings hieß Mar-den ältesten Deutschen Pferd. Marschalk der Stallbediente. Trimarchia war bey den Kelten eine Schaar Reisiger von drei Gliedern. Tri-Mar-Can. Dieß letztere bezeichnete eine gedrängte Stellung. Unsere Mähre ist in Niederdeutschland allbekannt, und endlich — wäre der Name weißes Pferd eben so ehrlich, als die angelsächsischen Hengst und Horst.

Alles dieß zugegeben, beweiset es doch weiter nichts, als, daß noch eine zweite Erklärung unsers Merowis möglich wäre, wenn die überschriebene zweifelhaft seyn sollte. Das ist sie aber um so weniger, da das Mare als Ruhm in so vielen andern Urnamen unsers Volks unwidersprechlich verewigt wird.

Moderam
Mann voll Macht und Kraft.

Maht und ram, Macht und kräftig, sind seine Bestandtheile. Er ist ein Longobarde, und kündigt sich als solchen durch Nachdruck, durch Vollheit an. Für verzagte Schwächlinge, für Wichte, die vor jedem Götzen niederfallen, vor jedem Drohen erschrecken, sich schweigend und flehend von ihren Widersachern erdrücken lassen, und alle Anstrengung als bitteres Leiden bewinseln: für solche Undeutsche ist Moderam nicht zum Namen geworden. Man nenne sie Süßkinds!

Modowin
Muthvoller Freund.

Muod, Muth, daher Gemuoto, Gemüth, Gemüthlichkeit oder Seelenruhe, giebt diesem Namen seinen Sinn.

Von Muati, einem andern Stammworte, das Müssen, was im Niederdeutschen: Et is en Moet far mi, noch übrig ist, wurde Gimuati, Schicklichkeit, Angemessenheit. Ein drittes Stammwort heißt Mute, der ausgelobte Preis. Daher haben wir noch unser Muthen, nach der Volksredensart etwas auf die Hand geben, miethen, und der Mauth. Anmuthen aber, ansinnen, stammt ohne Zweifel von Muod her.

Nanno
Mann.

Der Friese vertauschte zwei hart an einander herfließende Mitlauter, und verdrängte allmählich durch seinen Nanno den Teutonen Mann, der sich als Eigenname nur noch in Zusammensetzungen zu erhalten wußte.

Nanthilde
Männliche Heldin.

Der Name erinnert an eine sehr unholde fränkische Königin, die ihn schändete, und weit wirkend durch Macht und Gerücht, Müttern und Töchtern so verleidete, daß vielleicht jetzt in Deutschlands Grän-

Gränzen keine Nanthilde, ich meine dem Namen nach, lebt. Möchte doch bald ein gekröntes Weib, wie es seyn sollte, keine Elise, die es in der Wirklichkeit nicht geben kann, den Entschlafenen wieder wecken! Denn sicher an den Völkern liegt es nicht, wenn man den Regentennamen nur so lange huldigt, als sie Hunderttausende zu Roß und zu Fuß in Bewegung setzen können. Wie viele tausend Hermanns und Karls nannten sich nach den beiden vergötterten Volkspathen der Deutschen? Und manchen schlug doch wohl eine Ader nach diesen Pathen!

Nefried
Holder Freund.

Niede, was auch in Nithart erscheint, und in unserm nieblich noch übrig ist, spricht aus diesem Namen.

Nithard
Allerliebster Ritter.

"Hätten wir doch eher einen gall- und gelbsüchtigen Bruder Neidhard, als einen Amadis hier erwartet!" Daß auch wohl ein Bruder Neidhard Gnade finden, sogar bei Standesweibern von Geschmack, sogar bei Königinnen, Gnade finden könne, wissen Leser der spanischen Geschichte unter Philipp III. Unser Nithard aber muß nach seiner ganzen Natur gefallen. Er hat mit den elenden, kopflosen Schurken, die Böses wollen, ohne zu wissen warum? mit den Scheelsüchtigen, nichts gemein. Ein behender, blühender, beherzter Jüngling, der Schwerdt und Streitart in der Schlacht zu führen weiß; aber nachher, beim fröhlichen Mahl, oder im Siegestanze, aller edeln Dirnen Blicke auf sich zieht, |in folgenden Jahrhunderten, ein schlanker stattlicher Werber um Minnesold, dem sich, wie umgossen, Panzer, Arm- und Knieschienen anschließen, dessen blanker Helm mit wogendem Federbusch aber kaum bemerkt wird, ob des Feuerblicks, der unter ihm strahlt, und doch nicht fürchterlich als nur dem Hohnsprechenden Mitbuhler; — dieß ist Nitharb! Wie könnte er uns mißfallen? Niden ist teutonisch: sich angenehm machen. Das niederländische Niedsam, und unser nieblich ist dieses Urstamms.

Ob der Neid, die keltische Nebdr, altdeutsch: Natara, die Natter, zur Wurzel habe, die wahrlich seiner würdig wäre; wenn nur nicht die Ableitung davon zu feine Begriffe bei jenem Stammvolke voraussetzte! — Oder: ob er vom teutonischen nebber, unten, welches noch im Niederdeutschen ganz unverändert, und im Hochdeutschen als niedrig, übrig ist: als Gefühl des Niedrigen (Inferioris) gegen den, an Gütern, Ehre und Macht Höhern, herstamme? Dieß kümmert mich hier nicht, weil mein Nitharb mit den Neidhard schlechterdings unverworren bleibt.

Norbert
Ruhmvoller Normann.

Was that dir, Deutschland, der edle Name zu leide, daß du ihn strichest? Und du, Magdeburg, wahrlich nicht die unberühmteste unter den Städten Teutoniens! solltest du nicht den Namen deines Heiligen fortpflanzen auf späte Jahrhunderte? Wir sind doch einmal Normänner: denn dem Bürger zu Marseille geht der Norden zu Straßburg, dem Pariser zu Köln an. Und schämen wollen wir uns nicht unserer nordischen Ehrlichkeit, unserer wirklichen Kraft und Ausdauer! Kein Mund des weiten, weichen Südens hat aber je einen männlichern Namen gebildet, als Norbert. Er erstehe also unverzüglich wieder, dieser Vergessene, und mache es dem Volke, was jetzt Ursach genug hat, die Gens du Nord unleidlich zu finden, begreiflich, daß sich diese Norberts so leicht nicht unter den Willen eines gelbbraunen Südländers beugen, so leicht nicht zum Spiele seiner kannibalischen Launen erniedrigen lassen, als seine Getreuen, die den Norden Europens im vollen Ernst für ihn erobern wollten, und weil sie es dort zu kalt fanden, um nur nicht selbst vom Norden erobert zu werden, ihren Abgott ganz stille abziehen ließen nach einem südlichen Eiländchen. —

Northilde
Heldin aus Norden.

Arbeitet der Süden auf Ueppigkeit, Zartheit, Schlankheit seiner lebenden und leblosen Gewächse hin — ich nehme hier Leben als Zustand des Bewußtseyns, und will mit allen unverworren bleiben, die selbst dem Steinmoose ein Bewußtseyn verleihen — so wirkt der Norden auf Gediegenheit, Gedrängtheit und ausdauernde Kraft. Er ist die wahre Heimath der Helden, und als der Süden von Europa nahe daran war, an Männern zu verarmen, die diesen Namen verdienten: denn an Sybaritern, die schlaflos und unmuthig vom Lager aufstanden, weil sich — ein Rosenblatt unter ihnen verschoben hatte, fehlte es nicht; da sandte der Norden seine Schaaren aus, um in den fruchtbarsten Erdstrichen das ausgehende Menschengeschlecht zu erneuern. —

Etwas unsanft rüttelten sie die weichlichen Völker des Mittags aus ihrem wollüstigen Schlummer; aber bald befreundeten sie sich mit ihnen; und der Normann, jenseits der Alpen einst gleichnamig mit dem Wüthrich, hieß nun ein Mann der Kraft. So hatte er sich selbst immer gefühlt. Seine Northilde war ihm die kräftige, frische, geherzte Dirne, die keines Panzers bedurfte, und keinem Panzer wich. Ermangelte sie für den verwöhnten Schönheitskenner des eingebildeten Ebenmaßes der Gesichtszüge, welches der Bildhauer auf todtem Gestein darstellen konnte, so war sie doch schön ihrem Stamme, die Gelblockige. Denn ihre nördliche Heimath hatte sie mit hohem Sinn, mit warmen Gefühl, mit Lebensfülle und Lebenskraft ausgestattet, mit der Schönheit, die sich so wenig als der Brennpunkt des Geistigen, als das Auge, durch Meißel und Farben darstellen läßt.

Notker
Der Erwerbsame.

Wie man den Namen auch kehren und wenden mag, so sträubt er sich gegen seinen Erklärer. Mit Rotger, dem abgekürzten Rothard, läßt er sich nicht vergleichen, weil es keinen Rothard, so viel ich weiß, giebt, und Nothhard eine nicht minder schwierige Aufgabe für den Ausleger seyn würde.

Die Endsilbe ker, wie kar in Ottokar, für ein verwandeltes ger zu halten, das erlaubt die Zusammensetzung nicht, weil Not auf keinen Krieger deutet.

Man hat ein altdeutsches Wort Notagan, dessen Sinn aber noch zweifelhaft ist. Es bezeichnet wörtlich den Notheigenen. Wer ist der nun? Etwa ein Gefangner? Und aus Agan wurde doch in der Aussprache kein Ker. Not nehme ich also für Nut, den Nutzen, Vortheil. Britten und Niederdeutsche haben es noch in dieser Bedeutung.

Ker aber kommt nicht von ger, kriegerisch, sondern von kero, ich begehre, her. Denn es war dem Teutonen, was uns unser ger ist. Kerni, gern, Kertu die Gerte, keryffo, ergreifen, Kerehtii, Gerechtigkeit. Kero, Gier haben.

Notker wäre denn der Vortheil Begehrende, nicht gerade Eigennützige, sondern Erwerbsame.

Sollte dagegen die erste Silbe unsers Namens unverändert als Not, die Noth, bleiben, so müßte freilich Ker verschwinden, und Ger gelten, damit wir nicht einen Nothgierigen, sondern einen Nothwehrmann bekämen, wie es deren jetzt so viele giebt. Unsern Aeltesten war indeß der gezwungene Kämpfer, der Held aus Noth, ein Abscheu.

Oder sollte, um noch eine Vermuthung in Beziehung auf diesen widerspenstigen Namen zu wagen, der wenigstens unter den Heiligen Deutschlands als Stern der zweiten Größe glänzt; sollte nicht das N, was uns in Not, so viele Noth macht, das schnell ausgesprochene Geschlechtswörtchen Ein seyn? Den Otker oder Ottokar, Ottogar, werden wir bald aufrufen, und Otker konnte ja, in Zeiten, wo der schriftliche durch den mündlichen Ausdruck bestimmt, und oft gar sehr verbildet wurde, das N leicht mit sich verbinden, wie unter der Convents- und Directorial-Regierung in Frankreich, das Adelzeichen De, was doch bekanntlich zehnmahl mehr bedeuten will, als der Familien-Name, sich diesem so eng anschließen mußte, daß es aufhörte, ein Zeichen zu seyn, und nun Delarières und Delalandes sich durch dieß große Opfer als bons citoyens beglaubigten.

Obert

ist Hubert, seltener auch Hubert genannt, wenn man ihn nicht für einen verwandelten Albrecht nehmen will, der in Aubert ausartete.

Odoaker
Der Begüterte.

Dem Laute nach scheint der Name für Frösche, nicht für Deutsche, geprägt zu seyn. Und wir müßten wohl allen äußern und innern Treffer, Tact genannt, verlohren haben, wenn wir ihn jemals wieder unter uns aufkommen ließen; gesetzt auch, wir hätten es weniger bitter empfunden, was ein Odoaker wäre. Ein menschlich gestaltetes Wesen, ohne Menschlichkeit, was, von den Leichenschichten seiner Erschlagenen, ruhig ein Frühstück nimmt; Tausende seiner Zerfleischten, mit und ohne Leben, in Ströme werfen läßt, damit sie nicht die Todtenlisten anschwellen; was seine furchtbaren Heere in alle Reiche seines Welttheils, ein großes Eiland ausgenommen, verschleppt, um da zu würgen und erwürgt zu werden, und der bebenden Menschheit die Ueberzeugung einzudonnern: das vermogte Er! Solche Riesentwürfe schuf der Geist des Einzigen! So lösete Er die große Aufgabe, wie alle Völker Europens, unter einem Herrscherstabe verbrüdert, das heißt, von Einer Kralle zusammen gehalten werden können. Ja wohl, sie ist völlig gelöset, diese Aufgabe, und die Völker athmen freier: denn alles beschleunigte den Erfolg, den die Geschichte des ersten Odoaker (man vergleiche den Namen Dieterich) darstellt. Keine Macht, auf Schrecken und Abscheu gegründet, ist sicher: denn Schrecken und Abscheu können, als vorübergehende Zustände, das Gefühl der Kraft wohl eine Zeit lang, aber nicht auf immer, zurück halten. Es wird, es muß wieder erwachen, und dann rächt es sich furchtbar. Mein bereits unter Ariomir zurecht gewiesener Chroniker dolmetscht den veralteten Namen frisch weg: Oedacker. Ahnungsschwer genug wäre er wohl in dieser Gestalt: er bezeichnete den Mann und den Erfolg seiner Thaten — verödeten Acker. Doch Od, Ode ist ein Gut und hier in Verbindung mit Aganar, daher Eigener, zusammengezogen Ager, Aker, der Besitzer, ein Eigenthum an liegenden Gründen. Odoaker also ein Gutsbesitzer.

Obrada
Behende Gebieterin.

Man ließ sie aussterben, und führte statt ihrer eine Ottilia ein, die dem Alterthume fremd ist, und unsere Behende keinesweges ersetzt, wenn man ein leeres Tongeklingel nicht für Empfehlung der Namen hält.

Orgar
Der gerüstete Herr.

Mit dem altdeutschen Or oder Ur, welches von Over entstand, hat Orgar nichts gemein. Er ist Ottocar oder Otker, dem man durch diese Umwandlung seine scharfen Ecken benahm.

Ota
Die Mächtige.

Noch einmal sey es gesagt, was so fühlbar, so wahr, und doch so wenig anerkannt wird: nicht weniger Zartheit, nicht weniger richtige Darstellungsgabe als Kraft unserer Aeltesten, spricht aus ihren Namen. Ota nimmt ein für sich als Tochter Otto's des Gewaltigen; aber auch durch ihre edle Einfachheit. Wie kraus stechen dagegen so viele Ausländerinnen ab, die sich doch täglich unter uns erneuern und vermehren, während unter wenigstens dreizehn Millionen deutscher Mädchen keine Ota, dem Namen nach, lebt: denn dem Wesen nach giebt es ihrer genug, denen zur Herrschaft durch Geburt, Güter, Schönheit, Geist und Sittlichkeit, nichts fehlt, als der Name.

Daß aus Ota leicht Uta und Juta wurde, ist begreiflich.

Otfried
Der friedliche Gute.

Noch zu unserer Großväter Zeiten wäre es gottlos gewesen, bey dem Namen **Gotfried, Otfried, Osfried** nicht flugs an das **höchste Gut** zu denken: denn damahls war der unbegriffene Begriff: in Gott zufrieden, in Gott selig, und sogar in Gott hochwürdig seyn, gar gemein, und konnte keinem Namensausleger erlassen werden. Gotfried ist aber vielleicht einige Jahrtausend älter, als unsere Großväter, und das Gute im und für den Menschen kannte und nannte man ja natürlich eher, als das, dadurch bedingte, höchste Wesen.

Oefter nannte ich **Otfried** den Weissenburger Mönch, aus der Mitte des neunten Jahrhunderts, als vielgeltenden Sprachforscher, und darf ihn hier wohl unter seinem Namen als den gründlichsten Kenner, als den muthvollesten Verbesserer unserer Sprache darstellen.

Er war aber noch mehr. Johann Tritheim giebt ihm das Zeugniß:

> "Otfried, Benedictiner-Mönch, Rabans Schüler, war der gelehrteste Bibel-Erklärer, und vertraut mit den Quellen der Wissenschaften, Philosoph, Sprach-Lehrer und Muster, Sternkundiger, gefälliger Dichter in der, damals so ungefälligen deutschen Sprache, von keinem seiner Zeitgenossen erreicht."

Karl der Große hatte eine deutsche Sprachlehre begonnen; aber nicht vollendet. Und gewiß gehörte hiezu mehr Muth, als zum Kriege wider die Sachsen. — Otfried ergänzte sie, und wandte sie an, übertrug die Evangelisten in deutsche Reime, schrieb deutsche Predigten, Glaubensbekenntnisse und andere Andachtsbücher; auch eine deutsche Umschreibung der Psalmen.

Und dieß alles in einer Sprache, wovon er in der Vorrede zu den Evangelisten, an den Erzbischof Liutbert von Mainz, klagt: „sie sey wild, unangebaut, ungebraucht in Schriften, höchstwiderspenstig und kaum in Formen zu zwingen. Zuweilen stelle sie in einem Worte U U U, die beiden ersten als Mitlauter, das letzte als Lauter, zusammen. Um dem A E J hie und da seinen rechten Laut zu geben, habe er das griechische Y einführen müssen. (Dieß dächte ich, hätte also lange genug gedient, und könnte wohl, außer den griechischen Namen, endlich in den Ruhestand versetzt werden.) — Das zischende Z sey leider! eigenthümlicher Laut der Deutschen. — Geschlechter, und Ein= oder Mehrheit, ständen oft ohne Abzeichen. Aber höchst seltsam sey es doch, daß so viele große, kluge, bedachtsame, gewandte, heilige Männer — ihre eigene Sprache nicht einmahl schreiben könnten."

Das bekannte:

Ludouuig ther suello

Thes uuisduams follo, u. s. w.

ist Otfrieds Zuschrift seiner Evangelien an Kaiser Ludewig. Er ist einer der ältesten deutschen Dichter, und darum sind seine Evangelien, wie seine gereimten Zuschriften z. B. an Hartmund und Werimbert, in ihrer Art Meisterstücke. Die letzte redet so:

Xrist halte den Hartmuotan
(Christus erhalte den Hartmut)
Jo Uue'rimbrahtan guatan
(auch den guten Werimbert)
Mit in si' ouh mir geime'ine'
(Mit ihnen sey auch mir gemein)
Thiu e'uuiniga heili
(das ewige Heil)
Joh allen i'o' ziga'mane
(auch allen insgemein)
Themo he'iligen gisa'mane
(den Heiligen zusammen)
Thie Da'ges ioh nahtes thuruh no't
(die Tag und Nacht hindurch gewissenhaft)
Thar sancte Gallen Thionont
(dort dem heiligen Gallus dienen.)

Hartmut und Werimbert waren Mönche zu St. Gallen.

Ich kann mich von dem ehrwürdigen Otfried nicht trennen, ohne noch einige Zeilen seiner Bibel-Auslegung mitgetheilt zu haben.

Psalm 1, 1.

Der man ist salig, der in dero argen rat ne gienc, so Adam teta do er dero che's nun 1) rates volgeta uuibar Gote. Noch

---

1) chenun, sonst Quenun, Quena, das Weib, das von der Britte sein Queen, die erste der Frauen, die Königin, hat; nicht aber der Niederdeutsche seine Kudne, sein Rind, da letztere ohne Zweifel von Kuh ihre Benennung erhielt.

an dero suntigen uuege ne stuont 1), so er te'ta, er chom barano, er chom an den breiten uueg, der ze de'ra he'lla ket 2), unde stuont dar ana uuanda er gehancta sine'ro kelusta 3) he'ngento sturet er. Noh an demo suhtstuole 4) ne saz, ih meino daz er richeson 5) ne uuolta, uuanda diu suht sturet sie 6) nah alla, so si Adam te'ta do er Got uuolta uuerda.

---

1) stuont. Hier und überall bestätigt es sich, was Otfried beklagte, daß der Unterschied der Ein- und Mehrheit noch nicht bezeichnet wurde.

2) ket. K und G werden auch in kelusta, kedihet und keistis verwechselt. Die oberdeutsche harte Aussprache des G ist also keineswegs so jung, als wir Niedersachsen uns wohl einbilden.

3) ke'lusta: Gelüst. Dieß schöne Wort gehört jetzt zu den seltenern, und ist doch als hinweisend auf das Niedrige der Lust, die, an sich, auch edel seyn kann, eben so bedeutend, als in Gezücht, Geschmeiß.

  Das folgende:
Hengento stuond er: hangend (nicht hängend), schwebend zwischen seinem Gelüst, umfangen davon, stand er — wie wahr, wie darstellend!

4) suhtstuole: der Suchtstuhl, der Thron der Ehrsucht.

5) richeson: Reich seyn, mächtig seyn. Unser Rich in Erich und Richard fällt uns dabei ein.

6) sturet sie: Sie steuert, sie treibt hin, wie der Steuermann das Schiff. Die Gewalt des Triebes, und die Gefahr, welche er mit sich führt, wie die Ohnmacht des, davon ohne Widerstand fortgesteuerten, alles drückt das bedeutende Wort sehr richtig aus.

2.

Sunter der ist sa'lig, des uuillo an Gotes e'o 1) ist, unde der dar ana denchet tac unde naht.

3.

Unde der kedihet also uuola so der boum der bi de'nno rinnenten uuazere besezzet ist, der citigiz 2) sin uuocher 3) gebet. Das rinnenta uuazer ist diu gnaba des heiligen keistis, den sie nezzhet der ist birig 4) boum guoter uuerche.

(Lambecc. Comment. de Biblioth. Vindobon. Lib. 11, 13. 461.)

Müssen wir nicht den Weissenburger Mönch des neunten Jahrhunderts bewundern, und unsern Schriftauslegern seinen hellen Blick wünschen, wenn er die fünfte Bitte des Vaterunser so erklärt:

---

1) eo. E von Ew, oder Ewa, das Gesetz. Unser Eduard, eigentlich Edward, edler Wächter, verdankt ihm keinesweges seinen Sinn, wohl aber unsere Ehe, der gesetzmäßige Vertrag.

2) citigiz: zeitig.

3) uuocher: Wucher, großer Vortheil. Wir verwöhnten uns, nur einen unrechtmäßigen Vortheil damit zu bezeichnen. Doch sagen wir noch: mit seinen Fähigkeiten wuchern.

4) birig: fruchtbar, vom alten biro, ich trage, das von das niedersächsische Bören, das engl. To bear, und unsere Birn, Beere.

Unsir tagelichiß prot gib uns hiuto. Gib uns le'ra, de'ra unsere se'la gila͜-bib uuerden uuanda de'ra bidarf si tagelichis, also der lichinamo bedarf bro'tis.

Unser tägliches Brodt gieb uns heute. Gieb uns Belehrung, davon unsere Seele gestärkt wird, denn sie bedarf ihrer täglich, als der Leib des Brodts bedarf.

Hier finden wir in einer Erklärung, die unsere besten Schriftforscher als richtig anerkennen, den alten, eigenthümlichen, ausdrucksvollen Genitiv: der unsere Seele gestärkt wird. So: Freue dich des Glücks: die Mutter genas des Kindes; ich verzieh mich des Vortheils.

Wir gaben oft diese Redeverbindung zu sorglos auf, und müssen fürchten, sie endlich ganz zu verlieren. Schon sagen wir: Ich verzichte darauf, statt dessen. — freue mich über dich, statt deiner — verliehre ihn, sogar schon: entbehre ihn ungern, statt seiner.

Wie könnten wir endlich übersehen, daß Otfried nur zu Anfange des Satzes und für Eigennamen große Buchstaben braucht? O, warum hat man nicht diese uralte, den gebildetsten Sprachen eigene, Einfachheit beibehalten, und unserm Auge die widrige Ungleichheit, unsern Anfängern die Schwierigkeit, unsern Schriftstellern den Unbestand erspart, den die zwecklose Abweichung von jener Otfriedschen Rechtschreibung herbeigeführt hat! Statt dieser verwirrenden gothischen Zeichen, sollten wir aber die entwirrenden Tonzeichen unsers verdienstvollen Sprachbildners beibehalten und — die schönen Endlaute, a, o, i, e, wodurch er unsere harten schnarrenden Wörter mildert, nicht so leichtsinnig weggeworfen haben. — Nimmer werden wir eine allgemeine Sprache erhalten, wenn es jeder Landsmannschaft frei steht, die Sylben zu verlängern oder zu verkürzen, und sie durch höhere oder niedere Laute auszudrücken, wie sie verwöhnt wurde. Tonzeichen wären für Deutsche ein sicheres Einigungs- für Fremde ein treffliches Erleichterungsmittel.

Wanda, sinero, dera, hengento, teta, schrieb Otfried. Haben wir, über neunhundert Jahre nach ihm, durch unser wenn, seiner, der, hängend, that, die deutsche Sprache gemildert oder verhärtet?

Wie viel wäre, zur Vollendung unserer Sprache, noch wegzuräumen, und wieder herzustellen! Möchten doch Männer dazu unter uns erstehen, mit Otfrieds ausdauerndem Muthe und ausreichendem Ansehen!

Othilburg
Feste Herrin.

Die weiblichen Burge dürften schwerlich dem zarten Sinn unserer Töchter wieder zusprechen. Gewinnen und gewonnen werden wollen alle; nicht aber mit Helm und Speer auf der Warte. Das fodert auch niemand von ihnen. Dächten sie aber daran, wie viel sie zu vertheidigen haben in Zeiten, wo man sie als schwaches Geschlecht behandelt, und wie viel dem treuen, sorgsamen Weibe zu beschützen obliegt; so sollte ihnen nicht grauen vor Namen, die sie daran erinnern: nicht die Natur sey Schuldnerin des schwachen Weibes, sondern das schwache Weib Schuldnerin der Natur.

Othric
Der Güterreiche.

Oth oder Ode, mit rik, zusammengesetzt, deutet auf seinen ältesten Sinn hin, wie er noch im isländischen Ode und in unserm Gut, Besitz an liegenden Gründen, übrig ist.

Otker
Kriegerischer Herr.

Ein verkürzter Ottokar, dessen Endsilbe, das verwandelte ger, in vielen Namen, so ungefällig erscheint. Der Friese bildete seinen Occo daraus.

Otrad
Der hurtige Herr.

Radschnell, Rades, ist seine Macht, und um so sicherer ihre Wirkung. Kommen, sehen und schlagen ist bei ihm, an der Spitze seines Heers, eins, wie bei Cäsar und Friederich, noch immer dem Einzigen. Dieser würde keinen Bund von Cambray geschlossen, oder die Rede der venetianischen Friedensfleher auf dem Marcusplatze beantwortet haben. Zum Glück für die bestürzte Republik, war Maximilian wohl ein mächtiger, wohl ein trefflicher Kaiser im Frieden; aber kein Otrad. Ehe er sich mit seinem Heere über die nahe Gränze Italiens bewegte, hatte Venedig schon den Sturm beschworen, der ihm den Untergang drohte. Unsere verbündeten Götter des Friedens und der Freiheit: wodurch haben sie so eben den wilden Weltstürmer bekämpft? das Heil der Völker erobert? Durch ihre Otrabs!

Otto
Der Mächtige.

Obo, Otho, Os, Godo, Gotho, Gos, Wodan, Udo, sind ohne Zweifel keine andere, als unser Otto.

Daß aus Diet Dido, hieraus Dudo, aus diesem Udo wurde; daß Udo in Odo oder Otto überging, und am Ende dieser Gewaltige nicht nur mit den Urahnen: Tab, Atta, sondern auch mit den Edeln: Adil, Odal, Eddyl, eine Familie darstelle, kann uns nicht unbegreiflich scheinen, wenn wir voraussetzen, die Wurzel aller dieser Gebilde wäre nicht die älteste von allen, die wir kennen, oder ihre Schößlinge konnten, seit der Kelte sie hier nach Skandinavien, dort nach Belgien, dort über den Rhein hin verpflanzte, nicht dieselben bleiben; ihr Ausdruck mußte sich in Jahrtausenden, mit der Ursprache der Teutonen, in höchst abweichende Mundarten verwandeln. Der Isländer Obe, der Dänen Jute, der nördlichern Stämme Odin und Wodan, der Gothen Goth, der Franken God, der Angeln Ab und Edd, sind sie denn unter einander, und sind sie dem gemeinsamen Stammnamen Deot, Theod, Theut oder Diet, unähnlicher, als Guer, Wehr, Heer, Ehe, an Gestalt und Laut verschieden sind?

Ich berufe mich, bei dieser Ableitung des uralten ehrwürdigen deutschen Otto, noch einmal auf Pfenninger: „Wer kann von solchen Dingen gewisse Nachricht geben?" Und gewisse Auskunft fordern? Jeder folge da dem Lichte, oder dem Schimmer, wodurch ihm im Düster der Urzeit, vielleicht nichts völlig aufgeklärt, aber doch manches minder räthselhaft wird.

Der Gute, der Reiche, der Edle, der Mächtige, und — der Stammherr, sind nun in Otto vereinigt. Nur setze man nicht voraus, daß sich der Kelte unsern sittlich Guten und Edeln in ihm dachte. Das Gute, wie es noch in unserm: Gut und Blut, als Habe, gilt: der Besitz des Erzvaters Tad, und dann das Erbe, was den Freien vom Leibeignen unterschied: das Tad-byl, Vaters Theil, oder Abil, wonach sich später der Edbyl Edle nannte, stellte ursprünglich Otto dar, bis sich der Begriff eines höhern Guts bildete, und endlich in Odin der Vollkommenste, der God den Völkern erschien. Otto, der Teutone, bezeichnet den Begüterten, Reichen, Gewaltigen; aber seitdem des Odins Haine ausgerottet, der Gottheit Tempel geweiht wurden, hört er auf, vaterländischer Grundeigner, Volksschirmer im Kleinen zu seyn; er ist des Heiligsten Sohn.

Welcher Name hat herrlichern Sinn, und mehr Empfehlung durch männlichen Laut, als Otto? Halten wir deutsche Knaben an dem Sinne, und muntern sie auf, ihn wahr zu machen; winken wir sie auf die wackern Männer hin, die unsere Geschichte darstellt unter dem hehren Namen: so haben wir doch wahrlich ein Mittel mehr, auf ihr Gemüth kräftig zum Guten zu wirken, was ihnen sehr nahe liegt, und sich bei ihnen, mit der Art, wie wir es anwandten, öfter als jedes andere erneuert. Ist dieß unläugbar; warum stellt denn Deutschland noch vierzig Johann's gegen einen Otto auf?

O denkt euch den wahrhaft großen, edeln Fürsten, den verdienstvollen Schirmer deutscher Unabhängigkeit gegen die Hunnen, Normänner, Slaven und Wenden: den Beförderer der Bildung, des Wohlstandes, der bürgerlichen Einheit, den Gerechten, Großmüthigen und Milden, wie es wenige unter den Großen gab: denkt euch Otto den Ersten, und ihr habt den besten Erklärer des schönen deutschen Namens!

„Wie viel Große hat die Geschichte, die bloß mit dem Auge, und noch dazu mit dem übersichtigsten Auge gemessen, so erscheinen, als sie hießen? Nimrod der Große, Attila der Große, Bajazeth der Große, Solimann der Große. — Nun ja, wer Länder verheeren und ausbrennen, Welttheile erschüttern, Völker knebeln, durch ein Wort, durch einen Federstrich Hunderttausende als Würgengel aussenden kann; der hat Kraft, und jede Kraft ist Größe. Was sagst du aber als Mensch zu der Größe, die so wirkt?" —

So ließen sich einst meine Mannigfaltigkeiten, Jahr 1807. Heft III. Seite 81, mit deutlicher Beziehung auf den, in Wahrheit Einzigen unserer Zeit, vernehmen, den damals selbst deutsche, feile, kriechende Schmeichler nicht nur als den Großen, sondern als den Größten, als den Weltheiland, priesen. Welcher gekrönte Edle könnte sich nun in einigen Menschenaltern noch unter dem Namen des Großen gefallen, seitdem Napoleon der Größte hieß? Bedarf es aber auch für den wirklich Großen dieser Bezeichnung? Wenn sich auch nicht, von Wittekind dem Scholastiker und Ditmar von Merseburg an, bis auf unsere Zeiten herab, alle unpartheiischen Geschichtschreiber erschöpft hätten in Otto's Lobe, so würde doch die gerechte Nachwelt einen musterhaften Fürsten in dem bewundern, den so viele glänzende Siege, für die angefochtene Freiheit Deutschlands erkämpft, nie verhärteten, nie bis zum Schwindel verrückten: der nie ermüdete in der Großmuth gegen seinen empörerischen Bruder, bis er ihn durch die Abtretung Baierns versöhnte: der dem aufrührerischen Grafen von Waldeck seine Güter nahm, und sie dem reuigen Grafen zurück gab: der, mitten unter verheerenden Kriegen, des Reichs Anbau, Gewerbe, Blüthe beförderte, und als Kaiser sich noch, für seine Zeiten, zum Gelehrten erhob; den Geist seiner rohen Völker durch Religion milderte, selbst mit edler Wärme, unter großen Opfern, das, was er für heilig hielt, empor hob, in sich und mit sich herrschen ließ, strenge Gerechtigkeit übte; aber nie in Leidenschaft Todesurtheile unterschrieb: der als Gatte an seiner edeln Editha mit nie verletzter, selbst noch nach ihrem Tode, rührenden Zärtlichkeit, hing. — O, immerhin mißbillige man seine Milde gegen habsüchtige Kirchendiener, und schelte den schwach, der darin nach fester Ueberzeugung, wie sie ihm im Geiste seiner Zeit möglich war, handelte; alles und mit allen verglichen, bleibt Otto der Erste ein wahrhaft Großer, ein Spiegel für Fürsten, dessen Gedächtniß und dessen Name nie unter uns erlöschen darf!

Ottobert
Ruhmvoller Herr.

Darf der Mann erzählen, was dem Knaben diesen Namen denkwürdig machte? Kein gekröntes Haupt, das ihn führte, kein Held, der ihn verewigte, sondern — das abentheuerlichste, unglückseligste Tanzkränzchen, das es je geben konnte, und dessen Anstifter ein Bauerbursch zu Kohlbeck war. Besteht das Dorf noch? Wo soll es die Geschichte suchen, der doch natürlich an der Rettung einer Thatsache gelegen seyn muß, welche, wie mein ehrlicher Chronikenschreiber versichert, von zehn gleichzeitigen, glaubwürdigen und berühmten Geschichtschreibern, unter andern von Albert von Stade, bekräftigt wird? Meine Oerterkunde reicht nicht so weit, daß ich den wichtigen Streit jener zehn Gewährsmänner entscheiden könnte: ob Kohlbeck im weiland magdeburgischen oder halberstädtischen Hirtensprengel lag. — Also — im Jahre 1012, am heiligen Christabend, wandelte unsern Ottobert oder Osbert eine unwiderstehliche Tanzlust an. Er lud 14 Gesellen und 2 Mädchen ein, und, als hätte ihnen Huons Zauberhorn ertönt, so rissen sie sich dahin mit wildem Jauchzen, auf den Kirchhof des Sanct Martin. Nicht des Heiligen, nicht des Priester Ruprechts Nähe, nicht des letz'ern Ermahnung, der geweihten Zeit und Erde zu schonen, konnte die Tanzberauschten vernüchtern. Da entbot ihnen, im Namen des heiligen Märtyrers Magnus, der zürnende Priester: sie sollten ein ganzes Jahr lang, ohne Rast forttanzen. So geschah es. In ununterbrochenem Schwindel, trotz Eis und Sonnenglut, tobten sie, sich heiser schreiend, auf derselben Stelle fort. Allen Meßopfern für die Wahnsinnigen widerstand St. Martin, und eine Tänzerin, von ihrem Bruder zurückgezogen, ließ ihren Arm in seiner Gewalt, und folgte dem unseligen Reigen. Bis an den Gürtel hatten sich die Hartgestraften in die Erde getanzt: denn der Boden wich; aber, welch Mirakel; keine Schuhsohle rieb sich dünn; als ihnen endlich der Bischof von Köln, nach einem vollen durchtanzten Jahre, mit seinem Löseschlüssel erschien. Jetzt endete das unselig lustige Spiel; die Glieder der Tänzer zuckten indessen fort, bis sich der Tod ihrer erbarmte. — So viel vermochte damals der heilige Martin! Und nun kennen wir das Scheusal für wilde Jungen und Mädchen am Christabend, den Knecht Ruprecht. Es ist der weiland Priester zu Kohlbeck!

Ottocar
Gerüsteter Herr.

Man nehme seine Endung für gar, oder ger, so ist des Namens Sinn der angegebene.

Paridam
Knabe wie er seyn soll.

Aeltestes, und, so weit meine geringe Kunde grauer Geschlechter reicht, ausschließendes, Eigen-

thum der von dem Knesebeck'schen Urahnen.
Von Bären, welches noch in unserm Gebähren
blieb, wurde Barn, der Gebohrne. Beim Kero erscheint er als Parn, in der Bedeutung: Knabe.

Duam, welches in unserm Namen als dam
minder gähnt, hatte sich aus duan, thun, erzeugt.
Otfried nimmt es für ausgezeichnete That, für
das nur dem Einen Gelingende. Auch unsere That
ist ja nicht bloß das Gethane, actum, sondern öfter
das kraftvoll Vollbrachte, fortiter factum.
Nicht gleichsinnig mit Duati, That, im Allgemeinen läßt Duam nur an die einzige, ausschließende
That denken.

Das Ausschließende wird seine zweite Bedeutung,
die es in Zusammensetzungen ausdrückt. Eigan-
duam, Eikanduam, Thiarnduam, Eigenthum,
Mädchenthum oder Jungfrauschaft. Parn-
duam, was unsern Paridam bildete, ist also: was
des Knaben seyn soll, was ihn zum Knaben macht.
Wo du es siehst, da siehst du ein Knabenmuster.

Peilward
Heldenmuster.

Der Geist ist offenbar edler, als der, wie es
scheint, durch die breite longobardische oder gothische
Mundart zerarbeitete Buchstabe. Und daß jener Geist
nicht gegeben, sondern gefunden sey, glaube ich, bis
man mir eine minder zweifelhafte Wurzel des verbildeten Namens nachweisen wird, als: Pilad, das
Bild, eigentlich die Gestalt, daher engl. to build, etwas gestalten, bauen. Piladan bedeutete eben dieß,

P und B wurden sehr oft, wie noch jetzt in der Meiß-
nischen Aussprache, mit einander vertauscht. Warb
ist auch hier harb.

Perthar
Der Roßhaarige.

Ein Longobarde der frühesten Zeit. Er stehe
nicht unsern Söhnen Gevatter, denn wir sind weder
türkisch noch französisch genug, um für Hauptschmuck
des Kriegers zu halten, was die Natur dem Rosse
zur Bedeckung seines unedelsten Theils wachsen ließ.

Philibert
Hochberühmter.

Griechisch genug sieht er aus, und es wundert
mich, daß ihn sein falscher Schein nicht kräftiger un-
terstützt hat: denn diesseits des Rheins weiß man
nichts mehr von ihm. Filo, viel, und bert stellen
in ihm den Vielberühmten dar. Statt des einfachen
F verlieh man ihm das vornehmere Ph. Er nimmt
sich wirklich besser damit aus, als die Filomele und
die Fantasie mit ihrem aufgedrungenen F. — Doch,
was hätte der ächte Filibert wider sich? Ist er nicht,
wie er hier steht, ein ganz wackerer Name? Deutet
er nicht auf einen weit eblern Mann hin, als Phil-
ipp, der deutsche Marschalk?

Pipin
Flötenspieler.

Der gewaltige Herzog von Ostfranken, als Großvater des mächtigsten Kaisers des jüngern römischen

Reichs, in der Geschichte denkwürdig, war nicht der einzige Pipin, den die Annales Francorum nennen. Aber wie wenig Zartgefühl diesem dicken Herrn auch beiwohnen mochte, so würde er sich doch den Namen des Kreischstimmigen wohl verbeten haben. Seine Pipe, keltisch: Pith, war also nicht die natürliche Pfeife, die dem Schäfer genügt, und der wir ein niederdeutsches Wort verdanken, was allerdings mehr zu hören giebt, als das feinere Küssen.

Der Flötenspieler aber kleidet ja wohl den Franken eben so gut, als weiland den Vater der Kleopatra.

Plegowin
Gütiger Pfleger.

Pfleger hießen dem Teutonen die Vorstände. Luthers Landpfleger ist durch den neuern Statthalter nicht ersetzt. Jeder Beamte ist Statthalter seines Herrn; aber Pfleger eines ganzen Landes, sey ers in eigener oder fremder Vollmacht, sagt mehr. Laßt also den Kyrenius und Pilatus in ihren Würden, um so mehr, da ihr Proconsul den Statthalter nur denken läßt, den Oberpfleger aber geradezu ausspricht.

Woher aber das Wort Pflegen? Lle war keltisch: die Stätte, daher Leges, Llehaw, Legaw, Legan, endlich Legen. Filo=Legan, viel, oft, lange, sich gleichsam ruhig hinlegen, hinsenken in eine Handlungsweise, erzeugte Flegen, consuescere. Pflegen aber, curare, ist aus Bi=Legan, beilegen, sanft betten, erwachsen.

Plictrudis
Die Gewissenhafte.

Dieß ist doch fürwahr ein sehr edler Name! Nur Schade, daß sich Plichtrud, die Pfleggetreue, so äußerst hart aussprechen läßt, deswegen fand sie von jeher wenig Beifall, und unsere Elisen würden sich wohl einen Namen sehr verbitten, der im Romane höchstens die Hausmagd kleiden möchte, und zu keinem Sonettchen paßt.

Der uralte Präger des Worts Pflicht möge sich übrigens jetzt, im großen Jenseits, von Kants erhabenem Geiste, seines Unrechts überführen lassen, daß er aus Lihne oder Liken, Gefallen, einen Ausdruck für das Sollen bildete, was, als schlechthin gebietend, auf unser Wohlgefallen oder Mißfallen gar keine Rücksicht nimmt. Dat gelyht mi well, im Holländischen, i don't like it, im Englischen, erinnern uns an das urdeutsche Be-Lichet, das Gefallende, welches Plicht, Pflicht, erzeugt hat.

Doch im Grunde widerspricht der Urdeutsche unserm Weisen nicht. Er dachte sich unter Plicht nicht unser Begehren, sondern die Foderung der gesetzgebenden Macht an unsern Willen. — Freilich kein Postulat der reinen Vernunft, die er nicht kannte. Wäre ihm Pflicht unser eigenes Beneplacitum gewesen; wie hätte er denn die Leistung so nennen können, wider welche unser Wille so viel einzuwenden hat? Z. B. Pflicht an die Gutsherrschaft.

Poppo
Obsieger.

Sonst auch Boppo und Bubo. Oba, Oba=

na, Oven, daher das niederdeutsche Boven, und das englische Above, ist seine Wurzel. Er bezeichnet den obenstehenden, obenbleibenden Mann.

Die schwäbische Stadt Bopfingen verewigt den Namen, der im Friesischen Beppo lautet.

Quickhelm.

Den Behelmten, an dem alles lebt, stellt dieser seltene und seltsame Name dar. Daß er nie gegen den gleichbedeutenden, weit mildern Willhelm — denn so sollte er geschrieben werden — aufkommen konnte, läßt sich leicht begreifen. Aber befremden muß es, daß seine Wurzel, daß das durchaus darstellende Quick sich kaum noch in einigen Zusammensetzungen zu erhalten vermochte. Willeram braucht es noch für lebendig, regsam, eine Bedeutung, die es auch in Holland und England behalten hat. Unser Queck=silber, und der altdeutsche Quickborn, die leben=dige Quelle: unser Erquicken, und das niederdeut=sche Verquicken, für genesen, lassen uns den Ver=lust eines Worts bedauern, das mehr sagte, als Le=ben: das Lebensfülle, hohe Lebendigkeit, bezeichnete, und durch keinen andern Ausdruck ersetzt ist. Deswe=gen mußte ich den wackern Namen unübersetzt lassen. Munter, behende, schnell; alles dieß giebt den Be=griff nicht wieder, den der Teutone mit seinem Quick=helm, mit seinem jugendlichen Helden voll aufspru=delnden Lebens, verband.

Raban

Der Rabe.

Zwar leidlich fürs Gesicht — seine Farbe, durch Schwanenweiß gehoben, wäre sogar schön — übrigens ein gemeiner, unsauberer Gesell: Feind aller Bildung, und deswegen einheimisch in wüsten Wäldern, die er durch sein eintöniges Gekrächz noch mehr verödet: abzurichten höchstens zum Hausdiebe und Schimpfer: endlich an lieblose Mütter, ja an Galgen und Rad erinnernd; das ist der Rabe! Denken Sie sich hinzu, daß vorzüglich er Beförderer des altheidnischen Aberglaubens, und dem Augur ein wahrer Unglücksbote war, so haben Sie sein Gehässiges zusammen. Wie konnte man denn den Verächtlichen zum Namen erkiesen? Antwort: Weil man auch Edles an ihm fand. Seine Genügsamkeit (mit jeder Kost nimmt er vorlieb, wenn er muß), seine Heimathlichkeit (er weicht nicht vom Orte, und hält getreulich bei uns, wenn die Geschlechter der Störche, Kraniche, Gänse, Schnepfen, und ihres Gleichen, von dannen ziehen), seine Geselligkeit (wie traulich thut er sich zum einsamen Pflüger und Hirten!), endlich, sein Freiheitssinn, seine Kraft, seine Lebensdauer. (Dieß hatte man im Sinne, indem man ihn zum Schildzeichen, und dann zum Zeichen dessen machte, der es trug.)

Unser Rabe gilt ja auch um nichts weniger, als der Corvus Roms, und wenn in der Geschichte Regenten und Gelehrte als Corvus glänzen — hier ein ungarscher Held — dort ein Philosoph und Dichter aus Marc-Antoninus Zeiten, näher uns ein Mitreformator Luthers, den Hannover erzeugte, das Stift Loccum ausstieß, und endlich, als freimüthigen Gegner des unglückseligen Interim, in die Veste Kalenburg bei Hannover einkerkerte: warum sollten dann nicht unsere Raben eben so ehrlich seyn? Völlig versöhnt uns aber mit ihnen ein Mann aus unserer Mitte, der im neunten Jahrhundert Deutschlands Ehre, und durch den Umfang seines gründlichen Wissens einzig war — der große Hraban, mit dem Zunamen Maurus.

Rachis
Der Redner.

Zählen heißt Einheiten verbinden. Daher Her- oder Er-zählen, einzelne Thatsachen an einander reihen. Conter und compter sind eines Stamms, wie das älteste Rachan Zählen und Reden ausdrückt. Daz, oder 's-Be-Rachen, bildete: Sprechen.

Oeffentlich im Gerichte verhandeln, wo es keine Schreiber gab, war: Rahhan bald ausschließend, und Racha: die gerichtliche Streitsache.

Aus dieser sehr fruchtbaren Wurzel entsprossen: Rahhadan, Radan, Rath ertheilen; Rahhiti, (eigenmächtig) Strafe, Rache; Rahhoman, Mährchen erzählen; ratan, reizen, erbittern; redin, reden; Redina, der vorgetragene Grund; Rehtunga, Regel.

Vielleicht auch:
Redie, For-Redie, fertig, zuerst etwa, wortfertig; wenn nicht Rades davon das Sammwort ist. Doch selbst dieses ließe sich bis zu jener Quelle zurück leiten. Ist doch nichts schneller, als die Rede.

Rachis stellt also den Redenden, oder auch den Rechspfleger dar.

Radbod
Hurtiger Held.

Rabes war alemannisch: schnell, belgisch: ras, rat. Jetzt das deutsche rasch. Rather, engl. führt auf denselben ersten Sinn zurück. Vom schnellen Umschwunge das Rad, denn Räder hatten die Teutonen eher, als sie rotas kannten. Bod, statt bold, baldo.

Verhaßt wurde der Name Radbod wohl den christlichen Deutschen, weil ein Friesenfürst, welcher ihn gegen die Mitte des achten Jahrhunderts führte, den heiligen Willibrod, seinen ersten Bekehrer, verjagte, den heiligen Wipert, der sich nachher an ihn wagte, und voll glühenden Eifers die Götzen der Friesen zerschlug, enthauptete, dem heiligen Wolfram aber aus der Tauffufe entsprang, weil dieser den Ahnherrn des wilden Täuflings in der Weihungsrede die Hölle zu heiß gemacht hatte, und Radbod „lieber bleiben wollte, wo die Meisten wären; sey's auch in der Hölle."

Radegunde
Rasche Kriegerin.

Abermals eine Teutonin, ihres Vaterlandes werth, und des Heers, dem sie voreilte.

Bene fit, quod cito fit, ist ihr Wahlspruch, und er hat sich vom 19ten October 1813 bis zum 29sten März 1814 herrlich bewährt.

Rado
Der Rasche.

Er hat viele wackere Söhne, und ist ihrer werth. Männlich ist sein Blick, sein Ton; unaufhaltsam sein Wirken. Wo andere beginnen, da hat er geendet. Wie im schnellen Umkreisen die Kraft der Kugel, so verdoppelt sich die seinige durch den rastlosen Flug, womit er forteilt und sich Bahn macht. Crescit eundo. Seine That ist wie die beflügelte Rede, Redina: sein Lauf wie der des Schnellwagens, Radiwagen: seine Leidenschaft wie der Zorn, Ratan.

Immer ist er fertig, Rebie. Kündigt dem Knäblein einen solchen Mann an, so nenne es Rado, und freuen wird es sich einst der Vollheit und Kraft seines Namens.

Raginfried
Sanfter Herr.

Auch in seiner ältesten Gestalt, als Reinfried, erscheint er, und in dieser wird ihn Reinhard erläutern.

Ratgar
Der Schlagfertige.

Er eilt fort — Rade — mit Wehr und Waffen — Gar — und ist also fertig zum Schlagen.

Mit Ratger oder Roger hat er eine täuschende Aehnlichkeit; doch behauptet das Rade, Rasche, Feurige, auf deutsche Namen so gut sein Recht, als das Rot.

Ratto
Der Ergrimmte.

Grim, Grimbald und Grunni sind seines Sinns. Ratan, reizen, gebar ihn, wie er hier steht. Doch könnte er auch wohl der stillere, und doch nicht minder feurige Rabo seyn.

Raymund
Der Beredte.

Schwierig und unsicher ist die Deutung dieses Namens. Seine Aehnlichkeit mit Reinhard und Reimann kann verführen; denn die verschiedene Schreibart der ersten Silbe entscheidet nichts, weil man, in schriftlichen Namen bis auf unsere Zeiten herab, oft nur der Aussprache, sogar der abweichenden Provinzial-Aussprache folgte. So erscheint Burchhard als Burckard, so Meinhard in Schwaben als Mainhard.

Aber was wäre der gebietende, richtende Mund. Einen bessern Sinn gäbe der reine Mund, vom Wurzelworte rin, gereinigt. Man erinnerte sich dabei des Sprichworts: reinen Mund halten, das heißt verschwiegen seyn.

Eben diesen Sinn gäbe das keltische Rhin, Geheimniß, als Stammwort gedacht, wovon vielleicht das altdeutsche Runban: ins Ohr raunen, entstand. Daher die bekannten Alrunen, die geheimnißvollen Rathgeberinnen der Germanen.

Ruhm-Mund von Ruom, wie Sieg-Mund, würde einen Herold des Ruhms bezeichnen; aber

aber dieser eingebildete Name tönt doch gegen den wirklichen gar zu dumpf!

Am natürlichsten scheint mir also die Ableitung vom teutonischen Rahhom, Reden, was beim Otfried als Rahho oder Racho vorkommt, und wem fiele es nicht beim Munde zuerst ein? Rahhommund, zusammengezogen Ramund, Raimund, wäre denn der Wohlredende.

Rahto, zusprechen, Rathen und Radegast, der redende, rathende Geist, jener wendische Abgott, dessen unförmliche hölzerne Bildsäule erst vor zwanzig Jahren, im Pfarrhause zu Radegast, den Weg alles Brennholzes ging, sind dem Raymund stammverwandt.

Reckard
Hehrer Held.

Entweder Richard oder Reginhard, das heißt: Reinhard. — Gewonnen hat der Name nicht durch die früheste angelsächsische Volks-Mundart. Denn er erscheint in der brittischen Geschichte des siebenten Jahrhunderts.

Reginbert
Gepriesener Herr.

Man vergleiche Reinhart. Rembert ist gewöhnlichere, Reinbert älteste Form desselben Namens.

Reinhard
Fester Herr.

Rhi, Rhen, keltisch: der Herr, daher rhin, erhaben (Reinstein, Regenstein, hoher Fels);

Rihhe, teutonisch: das Reich), Rihhita, die unumschränkte Oberherrschaft. Rhitage, beim Otfried: richten, Richtung, Unterweisung; rihto, ich unterrichte; Rihte, Rache; Rehtunga, Regel. Rich, reich, gebieterisch, scheint desselben Stamms zu seyn, auch Rhit, das Recht.

Aus Rhen machte man bald Regin, und unser Reinhard kommt auch als Reginhard vor.

Man denke also hier nicht an den reinen Helden. Rein, sauber, hat zum Stammwort rin, fließen, dann abspülen. Rin, Rhin, der Fluß, daher als Eigenname: der Rhein. Rino, beim Otfried, ist umrinnen, umgeben. Rinit, es reinigt. Rennen, englisch: to run, ist Zweig dieses Stamms.

Wie aber wird der Fuchs zum Reinhard (Renard), Reineken? Seine List kennen alle Jäger und Fabelleser. Er ist in der Thierwelt, was einst Graf Reinhard am Hofe Königs Suentobald in Lothringen war — ein schlauer Gesell. Reinhard machte es zu Anfang des zehnten Jahrhunderts seinem Herrn, einem Bastard Kaiser Arnulphs, und — einem wahren Wütherich, durch seine Ränke zu arg: wurde von ihm verbannt, verschanzte und vertheidigte sich aber in seiner Burg gegen Suentobald so gut, und verwickelte diesen in so viele Kriege, bald mit den Deutschen, bald mit den Franken, daß sein Name nun Bezeichnung eines Erzschlaukopfs wurde, und sich im Meister Reineken, Renard, verewigte, dessen staatskluge Züge gegen das Ende des fünfzehnten Jahrhunderts Heinrich Alkmar, in seinem Reinecke be Voß, besang. Der lothringische Reinhard war übrigens Urahn der hessischen Fürsten.

Reinhilde
Heldenmüthige Herrin.

Reinhold
Der liebe Herr.

Der Engländer Rynold, der Franke Renaud, und der Italiener Rinaldo, sind seine Söhne.

Rembert
Ruhmvoller Herr.

Ohne Zweifel unser Reinbert. Man vergleiche Reinhard.

Sollte wohl im Kirchspiel Sanct Remberts in Hamburg ein Einziger dieses Namens jetzt leben? Schwerlich! Nun hat man freilich, seit Luther, in Deutschland die Heiligen nicht mehr zu Gevattern gebeten; aber in einigen hundert Jahren stirbt doch kein Name, der vorher viel gegolten hätte, so ganz aus, als die Namen der heiligen Wilobrod, Ansgar, Wilihad, Rembert, und andere des Gepräges. Daraus folgt, daß die Deutschen den Heiligen nie recht hold gewesen sind; oder daß die deutschen Heiligen in die Reihe der Wunderlichen gehörten, die Kirchen baueten, um Himmel und Erde mit sich zu versöhnen, um dann wenigstens ein Zeichen ihres Lebens zu hinterlassen.

Ricimer
Der ruhmvolle Mächtige.

Sey Rihhe: das Reich, oder Rhyswr: der Gewaltige, oder unser altes risinan: aufwachsen, Stammwort jenes svevischen Namens; so liegt ihm der Sinn, ein Mächtiger, immer zum Grunde, und unser Riese entspricht ihm.

Wem fiele nicht dabei das englische to rise, und und unser Reis, ein?

Ricimer war der gewaltige Sueve, der, ohne selbst gekrönt zu seyn, doch im ohnmächtigen Rom, kraft seines Schwerdts, nach Gefallen Kaiser erhob und entthronte.

Richard
Fester Herr.

Er war eher Deutscher, als Britte. Entsagen dürfen wir ihm durchaus nicht, dazu ist er zu sinnvoll, zu edel.

Seiner Tochter Richsa oder Richenza können wir indeß entbehren. Sie ist die verbildete, gefälligere Richarde.

An Richerz scheint Deutschland keinen Theil zu haben. Er ist vielleicht der verkürzte Richardson.

Richbag
Der mächtige Gegürtete.

Oder der mächtige Held. Denn Thegan, Degan, Dagan, bezeichnete den Tüchtigen, niedersächsisch: den Degeten, besonders im Kriege.

Stammwort ist Dager, das Schwerdt. Siehe
Dagan.

Richilde
Die mächtige Heldin.

Richlinde
Das Fräulein.

Wer dürfte es läugnen, daß das Weib, als
Wesen für sich, den größten Werth habe? daß es
dem Manne eine hohe Bedeutung gebe, indem es
die seinige von ihm empfängt? Beide sind sich unentbehrlich. Der Amazonenstaat war Schöpfung irgend eines Witzbolds, der damit den Töchtern des
Morgenlandes, die zartnervigen, und sich bis nach
Sonnenuntergang männerscheu in ihrem Harem ver-
schließenden Griechinnen nicht ausgenommen, eins
anhängen wollte, und nicht ahnte, daß sein Gespött
auf das ganze Geschlecht der Männer, der kläglichen
Opfer jener entbrüsteten Weiber, zurückfiel. Das
wahre Amazonenland lag nicht am Don, nicht in
Lybien; sondern zwischen dem Rhein und der Oder.
Hier aber wütheten die Heldinnen weder gegen ihre
Brüste, noch gegen ihre Männer. Mit treuer Liebe
hingen sie an ihnen, mit edelm Stolze nannten sie
sich nach ihnen. Kein männlicher Name von Bedeutung unter unsern Aeltesten, der nicht einen weiblichen gebildet hätte. Wäre die Geschichte ein Na-
menverzeichniß, so dürften wir den Untergang so
vieler trauten deutschen Weibernamen, die das innige
Verhältniß beider Geschlechter zu einander in der
Vorzeit beurkunden, nicht bedauern.

Deutet Diet auf den Stammhalter, auf den Mächtigen, so ist Rich ebenfalls der Angesehene, Reiche. Seine Tochter ist ein Mädchen edler Herkunft, wie wir es jetzt mißbräuchlich als Fräulein bezeichnen. Man vergleiche Dietlinde.

Richolph
Der Hülfreiche.

Hilperich hat durch Versetzung seiner Silben in unserm Namen nicht verlohren: denn Richolph darf keine Vergleichung mit den beliebtesten Benennungen, mit Adolph und Richard, scheuen, der arme Vergessene!

Richrot
Der starke Rottmann.

Ich halte ihn für den umgekehrten Roberich. Das sagt allerdings sehr wenig, und kann niemanden in seinem Glauben irre machen: er sey der rothschimmernde Herr, wenn dieser Glaube übrigens auf festern Gründen beruht.

Richtrude
Die hehre Freundin.

Hehr, nicht durch Stand und Schätze, die die Hoheit, den Adel, das Göttliche im Menschen, selten so herrlich gedeihen lassen, als es Preußen und Europa in der königlichen Richtrude verehrte, welche, vielleicht tiefer Gram über die Leiden ihres edeln Friedrich Wilhelm, und ihres geliebten Volks; über die Gräuel der Ungerechtigkeit, wodurch

der, nun entwaffnete, Frevler das Uebermaas seiner
Verbrechen füllte, so früh den Armen, nicht dem
Herzen, ihres untröstlichen gekrönten Mitdulders entriß. Als eine Heilige hatte sie gelebt; aber milder
war ihre Tugend, als man sie in Heiligen sich denkt;
als eine Märtyrin starb sie, und noch jetzt, nach
Jahren, trauert ein dankbares Volk mit seinem Könige um die Unersetzliche. Und wodurch war Louise
die hehre Befreundete aller Guten geworden? Durch
ihre Krone? Allerdings war diese Lohn und Werkzeug ihrer erhabenen Seele, um darin Millionen anschaulich machen zu können, was der äußern Hoheit
eine himmlische Gewalt über die Herzen giebt. Das
mußte sie auch als die größte Auszeichnung fühlen.
Doch hatte sie das Herz, was eines solchen Gefühls
fähig war, mitgebracht zur Krone. Und als die
Traute, die Auserwählte ihres angebeteten Gemahls,
als zärtliche Mutter, als edle, nicht herablassende
Bürgerfreundin: denn sie glaubte nicht, sich herabzulassen, nur heranziehen zu sich wollte sie Jeden,
den sie erreichen konnte; — da vergaß sie so gern
des äußern Glanzes, ließ ihn vergessen, und herrschte
durch einen Sinn, der sie selbst im niedrigsten Stande
zur Auserwählten, zur Richtrudis würde erhoben
haben.

Denn wo eine solche Unbeflecktheit des Sinnes
und der Sitten, wo eine solche Wahrheit und Un-
befangenheit des Urtheils, eine solche, sich sanft an-
neigende Gemüthlichkeit, eine solche Liebe sich zu
äußerer Schönheit gesellen, da widerstehe ihrer Herrschaft, wer alles Gefühl des Guten verwirkt hat!

Ribbag
Der mächtige Gegürtete.

Wir haben ihn eben als Richbag gesehen. Hier ist seine Aussprache gefälliger. Eine braunschweigische Abtei erinnert an den seltenen und eben nicht wohllautenden Namen.

Rhitage, beim Otfried: richten, würde vielleicht Anspruch an ihn haben, wenn er nicht vorher als Rich-Dag seine Wurzel dargelegt hätte.

Robert
Der Rothbart.

In wenigstens einem Dutzend deutscher Namen kündigt sich das Roth an. Es erleichtert dem Ausleger sein Geschäft, wenn er die unbeantwortliche Frage auf sich beruhen läßt: was sich wohl unsere Urahnen unter ihren Rothen gedacht haben? Denn eine andere Frage: warum sie von sieben Farben des Regenbogens nur eine in ihre Namen einmischten? (das Weiß, was in Blanka und einigen andern Namen schimmert, ist ja bekanntlich das Farbenlose. Gelb aber, haben wir aus Galba und sogar aus Gelesuinde verwiesen, wie Braun aus Bruno, und Grün aus Gruno) läßt sich befriedigend erledigen. Unter allen Farben ist nämlich die rothe am grellsten. Sie ist, wenn wir dem Gesichtslosen nicht auch einiges Recht über Farben mitzusprechen einräumen, wenn wir hier ganz unbefangen und unverwöhnt, nach unserm gesunden Auge, urtheilen wollen, die prächtigste. Kinder und Völker, die, wie sie, bloß sinnlich wählen, und es doch nicht in ihrer Gewalt haben, je nachdem sie das Blendglas der Zeitlaune, Geschmack genannt, halten, das Widrige schön zu finden, werden immer nach dem Rothen greifen. So die Altdeutschen. Die glänzendste, brennendste war ihnen Lieblings- und wurde ihnen Leibfarbe. In ihren Hütten erwuchsen sie, nach Tacitus Zeugniß, "nackend und schmucklos, zwischen ihrem Hausvieh. Höchstens ein Mäntelchen, mit Spangen oder Stiften befestigt, bekleidete sie da." Zog aber der erstarkte Jüngling zum Heere, so schnürte er seinen Kriegsrock an, seinen Rhuchen, und schon dieser Name, zusammengesetzt aus Rhudd, roth, und Gwn, das Kriegskleid, selbst unser Rock, deuten auf die Farbe, welche besonders die Häuptlinge und ihre Söhne schmückte. Sollten aber ihre Weiber minder im Heere geglänzt haben? Der Römer berichtet uns: "Mit Purpurstreifen war ihr Gewand durchwebt." Held und Heldin hießen deswegen die Rothen, die Farbenglühenden, und hießen gern so. Ihr Gun, wie ihr Helm, wurde Vereinigungspunkt des Heers, und dieß Heer entzog sich nicht unter nebelfarbenen Trachten den Blicken der Feinde, es heischte vielmehr durch die Farbe des Muths und des Bluts seinen Gegner. Hatte doch selbst die Natur das Roth zur Volksfarbe der Teutonen erhoben — durch ihr Haar! Omnibus, sagt Tacitus, rutilae comae.

Nicht brandrothes, aber ins Röthliche spielendes Haar war ihrer edeln Abstammung von Thuisko Zeichen, war ihr Stolz. In hohen Schweifen glänzte es im mächtigsten Volksstamme.

Denke man sich nun bei Rothard und Rothilde, mit Purpur geschmückte, oder — rothhaarige Geherzte: ihr Name war Ehrenname, und deswegen ist die Sippschaft der Rothen eine der mächtigsten unter unsern Vätern. Robert führe sie an!

Nach der Aehnlichkeit des Namens Rothbart darf man bei der letzten Silbe nicht an brecht, prächtig, denken. Es nennt das Zeichen der Mannheit, was wir gern durch künstliche Mittel hervortretben möchten, ehe es da ist, und was wir, sobald es zu einiger Kraft gedeiht, mit unnatürlicher Selbstverläugnung zu vertilgen suchen — den Bart.

In höchster Achtung stand er bei den Teutonen, und der Teutone durch ihn. Einem Kaiser gab er den prächtigen Beinamen Barbarossa; ein ganzer Volksstamm hieß nach ihm Langbärte, und — sage man was man wolle, die ehrwürdigste Sänger-Zunft beehrte sich, von der Ostsee bis zu den Pyrenäen, mit dem Namen der Bärte. Die Kriegslieder der Germanen, Tacitus nennt sie Bardita — Bardenlieder waren es. Der Bardengau, Bardowik, Bardenstedt, Bardenhagen, Bardendorf (Barentrupp) und mehrere, besonders lüneburgische Oerter bezeugen, trotz Cäsar, daß die Deutschen so gut ihre Barden hatten, als die Gallier.

Nun, die Barden und der Rudbart, den der Angelsachse zum männlich schönen Robert abglättete, sind von deutscher Zunge geformt.

Verarge mirs doch niemand, daß ich sie das ihnen angestammte Bürgerrecht zurück fodern und mich dabei so umständlich über die Bärte vernehmen ließ. Sie gehören ja so wesentlich zur Deutschheit, als die Mannheit, die sich durch sie ankündigt. Keine

Sprache in der Welt vermochte deswegen ihrer so
viele anzugeben, als die unsrige.

Stutz- Zwickel- Backen- Keil- Gabel-
Schnurr- Grau- Milch- und unser Rothbart, den wir uns jedoch lieber im englischen Zuschnitt, als Robert, wieder zueignen wollen.

Roderich

Stände es mit der Auslegung der meisten teutonischen Urnamen so mißlich, als mit dem, was ich
über Roderich und einige andere von ähnlicher Gestalt sagen kann: ich hätte sie alle in ihrer Vergessenheit auf sich beruhen lassen.

Rodan ist freilich ein altes Wort, welches seine
Bedeutung: bewegen, auf unsern Namen sichtbar
scheint übergetragen zu haben. Rob-Warthan
heißt: bewegt werden. Rodan wurde besonders vom
Aufrühren der Erde gebraucht, und erzeugte unser
Aus-Rotten, das sich in vielen deutschen Ortsna-
men, die auf ausgewurzelte Waldungen hindeuten,
verewigte.

Auch unsere Rotte, die weiland ganz ehrlich
war, ehe sie in die französische Compagnie überging;
jetzt aber den stürmisch zusammengelaufenen Haufen,
die aufrührerische Schaar, bezeichnet, ist von jener
Wurzel entsprossen. Nicht minder rütteln, heftig
bewegen, von Rod-Ellu, oder auch Allu, alles
erregen. Von Rodan erhielte nun der in Frage be-
fangene Name seinen Sinn:

Mächtiger Erschütterer,

oder, wenn wir an einen solchen Schrecklichen nicht denken mögen:

Starker Rottmann.

Wie leicht, und wenn wir auf die Achtung sehen, worin das Roth bei unsern Aeltesten stand, befällt uns dagegen nun der Zweifel: ob nicht Roderich auch zu den Rothscheiteln oder Rothbärten gehöre, die wir auf einer so hohen Ehrenstufe erblicken? dann müßte er freilich Rot- oder Rotherich heißen. Wie oft wurden indeß d, t und th mit einander verwechselt?

Rodogang
Der Rothschimmernde.

Gahun*), was hier durch die Aussprache in gang verändert wurde, und so auch in dem be-

---

*) Gahun: schön, war, wenigstens für den Deutschen selbst, die Tracht, worin er auszog gegen den Feind. Gallier und Römer hatten ihn gelehrt, nicht wie die Schaaren des Kitzorick, Luthi und Bodorick, vom Römer Cesorix, Lucius, Bojorix, genannt, unbekleidet und ungeschmückt zur Heerfahne zu ziehen. Denn Varro bezeugt, daß sich die Gallier in ihrem zottigen Gaunacum, oder Kriegsrocke, gefielen, ein Name, der, wie das teutonische Gahun, seine Wurzel im keltischen Gwn, Gun: das Gewand, hatte. Gahun, wie dieser Gun oder Gon, war nun auch das Panier oder Bannier, von Bann, hoch: das emporgehobene Heerzeichen, die Fann, Fahne. Sie hieß deswegen Gon- oder Gundfann.

Wo sich der Teutone sein Gun, sein Kriegsgewand, und sein Gundfann, als sein vorzüglichstes kanntern Namen Wolfgang erscheint, ist beim Otfried zierlich, dann auch munter. Ich beziehe es auf die Rüstung. Sicherer ist Rodogang mit Rotharb gleichbedeutend.

Rodowald
Der gewaltige Rottmann.

Nicht der Waldausrotter? Rodan heißt bewegen, nachher ausrotten, und Walde ist unser Wald.

Aber damals, als unsere Urväter ihre Namen bildeten, war das Waldausrotten noch keine verdienstliche — keine Herrn- — vielleicht noch gar keine Arbeit. Erst zu Heinrichs des Städte-Erbauers Zeiten wurde es licht in den deutschen Wäldern, durch die Axt und Hacke der Knechte.

Gahun, als seinen ehrenvollsten Schmuck, dachte, da dachte er sich sein Heer, und so wurde das Wort Gund ihm Bezeichnung des Kriegsheers. Gahun liegt als Wurzel vielen Wörtern zum Grunde, die man gewöhnlich aus andern Quellen ableitete. So unserm Bräutigam, dem englischen Bridegroom, worin freilich dem zweiten Gliede große Gewalt geschehen ist. Der Mund, nicht sowohl der sprechende, als der schmausende, smugiando, verwandt mit Smooth, hatte bei dem Teutonen großes Recht, besonders war er auf Hochzeiten von jeher in unserm Volke viel beschäftigt. Gai, von Gahun und Mon, bezeichnete den stattlichen, wohlzufriedenen Mund, die festliche Schmauserei, und bildete in Gaimon oder Gamm den Namen dessen, der bis auf den heutigen Tag im niederdeutschen Volksstande auf seiner Hochzeit das Amt eines Truchseß, eines Schüsselträgers, verwaltet.

Ehrenname wäre doch der Waldentwurzler nie gewesen.

Robo ist also hier, wie in Roborich, der zur Rotte Aufbietende, oder auch der Umschaarte, und Wald ist Walto, auf dessen Wink die Rotten daherwogen.

Roger
Der rothschimmernde Krieger.

Wir können des Rotger entbehren, wenn wir nur den gefälligern Roger behalten, oder vielmehr wieder unter uns ansiedeln lassen: denn seit Hengists Zeiten ist er ein Bürger der großen Insel geworden, die so manchen unserer kräftigsten Namen in Anspruch nimmt, und noch immer so festhält wie ihre Guineen.

Roland
Der stürmische Eiferer.

Von Rhull, wie Rollo, und Ando. Wenn anders jemals ein Roland, als Oheim, Bruder, Vetter, oder Feldherr Karls des Großen lebte, so war er doch unschuldig an der unförmlichen, hölzernen Riesengestalt auf dem Markte zu Bremen.

Diese hat ihren Namen von Ruach=Land, Rug= oder Gerichts=Verwaltung in der Stadt und ihrem Lande (Gebiete). Sie ist Zeichen der Reichs= Unmittelbarkeit.

Ein uralter Dolmetscher läßt sich über den Namen Roland in seinem Mönchs=Latein vernehmen: Rotolandus interpretatur rotulus scientiae, quia omnes principes omnibus scientiis excellit.

Aber ich traue dieser Auslegung so wenig, als der Erzählung eben dieses Herolds der Thaten Rolands, der den Saracenen Altumajor zu Compostella seinen Kirchenraub der Altäre des heiligen Jakob, mit peinlichem Bauchkneipen und — büßen läßt; auch von seinem Venerandus Rotolandus weiß, er habe Granada sieben Jahre lang belagert, und sey dann, von einem Engel ermuntert, mit seinen unermeßlichen Heeren davon abgezogen, um seinen, von den verbündeten Königen der Wandalen, Sachsen und Friesen, in einer Vestung hart geängstigten, Oheim Karl loszukämpfen. Wann und wo geschah das?

Rollo
Der Ueberherstürzende.

Rhull, schnell einherbrechend, stürmend, ist das Stammwort. Rollen, sich in schnellen Umschwingungen bewegen, ist davon noch in den gebildeten Sprachen Europens, wie in unserer Muttersprache, übrig.

Ob das keltische Rhobl, und unser Ruder, welches den Sinn desselben ausdrückt, wegen der schnellen Fortbewegung, von jenem Stamme abzuleiten sey? Dieß ist mir zweifelhaft. Gewaltig aber ist der Name Rollo. Kein anderer läßt den unaufhaltsam daher stürzenden, unter schreckhaftem Getöse zermalmenden, Ueberwältiger so bestimmt hören.

Bey Brenno, Rabbod, Ricimer, Marbod, Sigmar, Theutebad, Rollo, die Zeichen mit den Bezeichneten, mit den furchtbaren Ländererschütterern, die dadurch dargestellt werden, ver-

glichen, passen sie zu ihnen, wie ihre Schlacht-
schwerdter zu den Fäusten, die sie zogen. Die Namen scheinen zugeschnitten zu seyn nach den Isenbär-
ten, die sie führten; entweder aus eigener Wahl,
und dann drückte sich darin ihr Eigenthümliches ab;
oder nach den Sinnbildern ihrer Persönlichkeit, die
sie zu Heer- und Schildzeichen erkohren: Brenno
nach dem Berge, Hengist nach dem Rosse, Geiso
nach dem Bocke, Eberhard nach dem Keuler,
Rollo nach dem Rabe.

Ein Glück wars für Frankreich, daß seine Bischöfe den wilden Normann besser zu zähmen verstanden, als sein König, sonst hätte dieß Rad Karl
den Einfältigen mit seinem ganzen Reiche über und
über gerollt. So aber ließ sich unser Held die Tau-
fe, und als Gevatterngeschenk des Königs Tochter
Gisla, nebst der Normandie gefallen, warf seinen
fürchterlichen Rollo weg, und wurde ein Robert:
Nur zum Fußkusse seines Lehnsherrn konnten weder
König, noch Bischöfe, noch die Normänner selbst,
den stolzen Starrkopf bewegen. Ne-se by God!
lautete sein Schwur. Karl fand an dieser derben
Sprache ein solches Behagen, daß er von nun an
seinen Schwiegersohn nicht anders nannte, als Bi-
got. Daß er damit den Andächtlern der spätesten
Jahrhunderte ein Zeichen anhängen werde, ahnete
er nicht.

Rolof

Ohne Zweifel der zusammengeschrumpfte Rudolph oder Robolph.

Ro-

Romilde

Ruhmvolle Heldin.

Ruam, der Ruhm, und Hilde, bilden diesen schönen Namen.

Edel ist sein Sinn und lieblich sein Laut. Wenn er unsern Töchtern, die wir damit ausstatteten, ihre Bestimmung andeutet, nicht als verzagte, ohnmächtige Wesen jedem Ungemache ihrer künftigen Tage zu erliegen, oder, als Unmündige nur in Thränen und Wehklagen ein Erleichterungsmittel ihrer Schmerzen zu suchen; wenn er ihnen zu empfinden giebt, es sey des Weibes Ehre und Größe, schweren Verhängnissen mit dem Bewußtseyn innerer Kraft, wie der reine, fromme Sinn, der gebildete Verstand, die weise Thätigkeit, sie geben, entgegen zu gehen: wie herrlich ist dann seine Frucht! Aber — wir möchten gern durch Vergötterung des zarten Geschlechts, durch unsere ihm dargebrachte Huldigung, durch Anerkennung seiner Hoheit, unsere feinen Sitten beurkunden, und entheiligen doch eben dieß geschmeichelte Geschlecht durch die unwürdigste Tändelei, die wir uns damit, nicht immer aus sinnlichen Antrieben, als übertünchte Wüstlinge, sondern öfter aus unzeitigem Spieltriebe, sogar als Väter, erlauben. Wir behandeln, wir verzärteln unsere Nettchen und Malchen, als dürften sie einst bloß Kränze winden, und Becher der Lust trinken. Ist das ihre Bestimmung, ihre Ehre? Du trotztest einmal dem Tode, und ein Heldenband schmückt dich. Zehnmal ging deine Gattin mit stiller Größe, als Mutter deiner Kinder, dem Tode entgegen: ist sie weniger Helbin als du, weil sie sich keine Orden erkämpfte? — Der herrliche Name Romilde ehrt unsere Töchter in jedem Stande.

Rosamund
Der Rosenmund.

„Wie gemein! Der entzückte Schnitter mag seiner Dirne noch etwas Artiges mit dem Namen sagen, der sich so ganz für die weiland asiatische Banise eignet."

Mein Fräulein! Seit wann wurde die Rose gemein? Blüht sie auch im Gärtchen des Landmanns, so ist sie doch Ihres schönsten Topfes werth. Und würden Sie nicht Ihren Spiegel zerschlagen, wenn er Ihre Lippen bleichte, weil sie gerade so schön sind, als der Rosenmund einer blühenden Landdirne? Aber — nur sollen sie nicht so heißen! Wie denn? Purpurlippen? Das klingt, wie man's nimmt, königlich, oder — schneckenmäßig, dichterisch, und doch auch — lügenhaft. Die Göttin der Schönheit und Liebe wußte doch selbst wohl am besten, was sich eignete für sie, und ihr loser Sohn ruhte nie zwischen der Falte des Purpur, sondern am liebsten in der sich entknospenden Rose. Also mein Fräulein! entweder Sie entsagen aller Gemeinschaft mit Eros und Urania; oder Sie schämen sich der Weihe nicht, die Sie von ihnen empfingen, und gönnen den holden Töchtern der Natur den Vorzug, Ihrem Geschlechte anzugehören!

Roscelin
Der Rothbehelmte.

Der, durch eine verschiedene Mundart ganz umgestaltete, Rothhelm.

Roswitha
Weiße Rose.

Endlich einmal ein uralter weiblicher Name, dessen Sinn dem feinen Gefühle unserer Herrinnen sanfter zuspricht, als das kriegerische Gerüst, was in so vielen andern Namen teutonischer Heldinnen klirrt.

Die Rose, die Blume der Liebe, glänze sie roth oder weiß, prangte längst, wo nicht in den Lustgärten, doch in den Hecken Germaniens, ehe man dort das griechische Ρωδη buchstabieren lernte, und hieß, wie sie jetzt heißt, wahrscheinlich seit Brennus Zeiten, oder auch vom keltischen Wurzelworte rubb, roth; with, weiß, engl. white, niedersächs. witt. Ihr Stift und ihr Zeitalter ehrte einst in Hroswitha keine Heilige; aber eine gelehrte, fromme Sängerin und Geschichtsforscherin. Während die damaligen gefütterten Gelehrten, das heißt geistlichen Orden, in die tiefste Geistesarmuth und Sprachunkunde versanken, las und begriff sie die römischen Schriftsteller, neben ihren Kirchenvätern so, daß sie durch Geist und Sprache der Alten ein Wunder der abendländischen Welt wurde. Schade, daß sie ihre Muttersprache zu unbehülflich fand, und lateinisch schrieb. Ihre Schriften sind:

1) Sechs Schauspiele: Gallicanus, Dulcicius, Abraham, Paffnucius, Fides und Spes. Heilige, Märtyrer, Neubekehrte, Wollüstlinge,

spielen die Hauptrollen darin. Im Dulcicius umfaßt die, von Gott geweihten Jungfrauen verschmähte, Liebe des Haupthelden zuletzt Töpfe und Bratpfannen.

2) Acht Heiligengeschichten, das heißt jetzt, Legenden von der heil. Jungfrau, vom Märtyrer Gangolf, vom heil. Dionys, von der heil. Agnes, und andern.

3) Otto's des Großen Thaten.

4) Die Stiftung des Klosters Gandersheim, besungen.

Sollten sich in unsern niedersächsischen Stifsgewölben nicht noch mehrere verlohrne Abhandlungen und Sinngedichte Roswithens, und, was uns noch schätzbarer wäre, Urkunden über ihre Familie finden? Jetzt wissen wir nur, daß sie ein niedersächsisches Fräulein war, aber nicht einmal die Jahre ihrer Geburt und ihres Todes.

Rotbert
Rothbart.

Wem er als Barbarossa nicht gefällt, der mag sich einen prachtvollen Bepurperten darunter denken.

Fand aber Paulus Diakonus Glauben, indem er bezeugte, die Longobarden hießen eigentlich Langbärte; konnte der Bart einen ganzen gewaltigen Volksstamm nennen: warum nicht auch einzelne Ehrenmänner? Und, sage man was man wolle! so häßlich müssen Bärte nicht seyn, als uns das bartlose Geschlecht, aus baarem Neide, gern einreden möchte:

denn war nicht eben dieß bartlose und bartscheue Geschlecht in Deutschland das erste, welches den Enfans gatés de l'Empereur, wie sie sich selbst nannten, diesen Helden, die mit geschornen Köpfen und halbgeschornem Kinn, ja sogar mit Bartkämmchen, zu uns herüberstürzten, die Versöhnung, auch wohl noch etwas mehr, antrug? Was hatten nun unsere zurückgesetzten Zierbuhlen eiliger zu thun, als sich — einen recht stattlichen Backenbart wachsen zu lassen, um der liebenswürdigen fremden Halbwildheit doch um einen Schritt näher zu kommen?

Durften sie es nicht bis zu Longobarden bringen, so stellten sie doch zum Theil ganz allerliebste Roberts dar.

Rotger

Eines Wesens mit Roger.

Rothard

Rothschimmernder Held.

Den Namen Rothar, womit manche unsern Helden verwechselten, würden sich unsere Söhne verbitten, und das rothe Haar macht sich auch, seitdem es aufgehört hat, ein Schmuck deutscher Köpfe zu seyn, so selten, daß er in hundert Fällen neun und neunzig mahl fehl spräche. Beiläufig scheint auch dieser Name zu beweisen, daß unsere Aeltesten ihre Kinder nicht eher bürgerlich taufen ließen, bis sie ihr Haar unterscheiden konnten. Gleichwohl hörte man nichts von Verläugnung des Geschlechts der Soldatenpresse wegen, denn es bedarf für den Deutschen keines Zwangswerbungsraths, wenn er unter seinen eignen Fahnen, für seinen eignen Heerd, kämpfen soll.

Ganz gemein war nun wohl das rothe Haar unter den Teutonen nicht: wie hätte es sonst als Auszeichnung glänzen können? Und wer sich diesen Scheitelschmuck als aller Erbe, und dann noch dazu als brandroth, denkt, möge uns erklären, warum uns, die wir uns doch als ächte Söhne Hermanns fühlen, jetzt die Natur einen solchen Schmuck versagt? Aber die kältere Luft bleicht Haut und Haar. Mit unbedecktem Kopfe setzte sich ihr der alte Deutsche, von Kindheit an, aus, und — verglichen mit den Bewohnern Italiens und Galliens, die man noch jetzt so gut als die Israeliten, wie sie nach dem letzten Sanhedrin in Paris wieder heißen, am Rabenscheitel erkennen kann, war er falbhaarig. Die Goldfarbe galt ihm als Vorzug. Und warum nicht? Selbst der rothe Bart war ja ein Kleinod, was Kaiser Friedrich dem Scheermesser gewiß nicht Preis gegeben hätte.

Rothard also, und nicht Rothhaar, ist der eigentliche, auch als Ruthold vorkommende, Name. Rhudd-Hard, keltisch: der rothe Starke; oder auch Rhwd-Hard, der Roßfeste, geben allerdings Sinn. Rothar mag vielleicht im Rothard stecken, das heißt: der Held mag sich hier nach seinem falben Haar nennen. Robogang, sonst auch Hrobogang, Chrobogang, und sogar Robogauz genannt, erinnert aber daran, daß die rothe Farbe auch zum kriegerischen Schmucke, Gahun, gehörte.

Rothhelm
Rothbehelmter.

Seine älteste, dem Stammworte rubb, kelt. roth, näher stehende Gestalt ist: Ruodhelm.

Abgeleitet von Rhwd, keltisch: der Rost, bezeichnete er den Kämpfer mit rostigem Helm. Wodurch aber verrostet? Entweder durch Nichtgebrauch, oder durch Verwahrlosung, oder durch eignes Blut. Es gilt hier also den rothen, schimmernden Helmschmuck, die Auszeichnung des Kriegers höhern Ranges.

Rodan als Wurzelwort gedacht? stellte den bewegten Helm, und unsern Helden mit einem rauschenden Helmbusche, gleichbedeutend mit Wilhelm, dar.

Rothilde
Rothe. Heldin.

Daß unsere Kennerinnen den Namen nicht schön finden werden, selbst wenn sie sich dabei eine Rothwangigte denken, gebe ich zu. Rothe Wangen sind doch auch gar zu natürlich, zu ländlich. Es spricht sich Leben darin aus, aber nur gemeines, nicht das geistige, mehr nach innen, als nach außen wirkende Leben, was des Mädchens edler Herkunft seyn soll. Gefühl kündigen sie an; aber nur ein gebendes, kein verlangendes. Zärtliches Ersehnen und Schmachten bleicht die Wangen. Endlich, die lebhafteste Farbe des Gefühls ist immer wechselnd, wie das Gefühl selbst; dagegen weicht das schöne Roth des Schmucktisches keiner Leidenschaft, wie es keine Leidenschaft

verräth. Rothilde gefällt also durchaus nicht mehr.
Und nun ist sie gar eine Heldin mit rothem Haar!

Rotrud
Die rothe Traute.

Name des achten Jahrhunderts. Eine Tochter Karls des Großen führte ihn. Denke man sich jetzt lieber eine Rosenwangige, da die Rothhaarige doch schwerlich je wieder gelten wird, was sie zu Karls Zeiten galt.

Rudolph
Rothschimmernder Helfer.

Rudolph sowohl, als Robolph, der Kelte und sein Sohn, erscheinen hier als Rothköpfe oder in kriegerischer Tracht. Denn was wäre ein ruhiger Helfer, von Riu oder Ruge, die Ruhe, den Namen abgeleitet? Oder wie könnten wir gar an den Ruhhiu, an den Rauhen, dabei denken? Olph von Helfa, Hulpi, deutet offenbar auf den wackern Mann hin, der mit Heldenkraft die sinkenden Verbündeten stützt, und den schon abtrünnigen Sieg wieder zu seinen Fahnen herüberreißt.

Rudolph findet noch überall, wo man deutsch spricht und deutsch fühlt, Achtung und Aufnahme, wie wir noch nach sechstehalbhundert Jahren dem großen Kaiser huldigen, der als Wiederhersteller unsers verwirrten, zerrütteten Reichs, als der Züchtiger übermüthiger Raubritter, als der Schöpfer einer bessern Rechtspflege, als Retter und Schirmer Deutschlands, ganz jenen ehrenvollen Namen verdiente.

Vorurtheil mag es manchem scheinen, ich schäme mich dessen nicht: daß der edle Name, den wir so gern denken, sprechen und hören, allerdings eine Empfehlung des großen Habspurgers ist, der ihn rechtfertigte, und den er ehrte. Ein Rudolph, denke ich, hörte schon auf der Mutter Schooße, hörte nachher in jedem Ruf, las in jeder Unterschrift seines Namens, was er seyn und leisten sollte. Mit Vertrauen würde ich mich ihm genähert haben, weil ich ihn Rudolph nennen durfte: denn ich hätte ihm ja nichts vorgetragen, ohne mich im Schutze seines Namens zu glauben.

Ob der Urahn unsers glorreichen Kaiserstamms von dem mächtigen Geschlechte der römischen Anicier, und ob diese in gerader Linie vom Aeneas entsprossen seyen? Das veranlaßte viele schweißtreibende, höchst gelehrte Forschungen und Luftsprünge. Vor Luther führte dieß zu einer andern äußerst fruchtbaren Frage: wie viel Heilige und Märtyrer de gente Anicia für den Himmel erwachsen seyn möchten? Nach Luther: wie es mit der Schatzkammer dieser Consuln-Familie gestanden habe? Jetzt würde es darauf ankommen: wie viele Hunderttausend bewaffnete Plünderer sie ins Ausland zu senden vermocht habe? Doch der edle Franz so wenig, als Rudolph, bedürfen eines fremden Glanzes. Ihr Adel ist älter, als der trojanische Flüchtling. Er ist ewig, wie die Majestät der Tugend.

Seitdem des Jäger Büren Sohn, als Herzog von Curland sich einen Stammbaum vom Marschall de Biron verschrieb, und Niclas Buonaparte zum Napoleon umgeprägt, in allen Flugblättern seine Abstammung, ich glaube vom Attila, beurkunden ließ, sind die alten Sippschaften sehr im Preise gefallen. Sollte der Name Napoleon auch noch wohl tiefer fallen können? Der Corse vergriff sich in ihm. Er sollte einzig seyn und göttlich, wie der Name Messias, und doch hatte schon im Jahre 1219 der heilige Dominicus einen Napoleon, Sohn des Cardinal Stephan durch (geistiges) Weihwasser vom Tode erweckt. Er sollte nach Vertilgung der jetzigen verderbten, für so göttliche Zwecke ihres neuen Heilandes nicht empfänglichen, Menschheit ein Segen des künftigen Geschlechts werden. Und siehe! das alte Geschlecht lebt noch; der Schöpfer des neuen bejammert in seiner engen Werkstatt den Umtausch seines Namens. Und wenn nach Jahrhunderten Rudolph als Angebinde vieler Tausend deutscher Männer, Andenken und Sinn des Habspurgers erhält; so wird Napoleon da stehen in der Geschichte als Zeichen einer seltsamen, bangen, schrecklich aufgelösten Erscheinung.

Ruhetrudis
Stille Getreue.

Riu, die Ruhe, ist Stammwort. Karls des Großen Tochter nennt uns die Geschichte unter obigem Namen. War sie, was er ausdrückt, dann wohl ihr, daß sie nicht dem ärgsten weiblichen Ungeheuer, der Kaiserin nnd vielfachen Mörderin Irene zu Constantinopel als Schwiegertochter und ihrem eben so mordlustigen Sohn Constantius, als Gemahlin geopfert wurde! Auf dem Throne, wo damals Augenausstechen, Erdrosseln, Vergiftungen für kaiserliche Spiele galten, hätte eine biedere, gemüthliche deutsche Fürstin keine Ruhe gefunden.

Rumald
Der Ruhmvolle.

Eigentlich, der den Ruhm, Ruam, Festhaltende, von Halto, wenn nicht, wie es eben so wahrscheinlich ist, Rumhald für Rumhard auftritt. Dieselbe Bedeutung behält er immer.

Rundelinde.

Aergern Sie sich nicht an diesem Namen, meine Leserinnen! Bedenken Sie, daß die Schönheitslinie rund ist, und eine hagere Venus aller Augen beleidigen würde.

Sind Sie, Trotz der Foderung des Schönen, anderer Meinung; so gefiel sich doch Perthar's, Königs der Lombarden Ehegemahl, ohne Zweifel nicht übel, wenn er sie sein Rundchen nannte, und er selbst, der fromme Fürst, ließ sich nichts davon träumen, daß einst eine Schule erstehen würde, die über alle äußern Anschauungen den Stab bricht, und ihre Zünftigen in einen ewigen Kampf zwischen Sollen und Wollen verwickelt.

Vertheidigen, vielleicht gar empfehlen, läßt sich bei allen, die nicht in diesem Kampfe stehen, die Verdeutschung: Kleine Runde; allerdings: denn sie stellt einen Ausdruck höchster Vertraulichkeit, einen Triumpf der hausbackenen Liebe dar.

Aller Anstoß verschwindet aber, wenn wir bey Rundelinde, an das Urwort Runban, die Köpfe zusammen stecken, ins Ohr flüstern, die Geheimnißvolle machen, denken. Sie wird nun

Die kleine Flüsterin.

Jetzt erklärt sichs, warum sich diese Linde an keinen männlichen Namen hängt. Flüstern war nie des Mannes Sache. Es ist noch Eigenthümlichkeit der weiblichen blöden, wichtig thuenden, oder auch muthwilligen Rüge. Einst war es ausschließender, ehrenvollster Beruf der weisen Frauen im Volke, die als Alrundan, Alrunen, oder Alles, auch die Ereignisse der Zukunft, geheimnißvoll Weissagende, über Krieg und Frieden entschieden, und ohne Helenens Dreifuß, unsern Urahnen nicht weniger galten, als die delphische Pythia den Völkern des Morgenlandes.

Ruodogauz
Der Rothschimmernde.

Ein altfränkischer Geschichtschreiber, wenn ich nicht irre Sanct Rembert, nennt den muthigen Heerführer der Longobarden, die nach der Gefangennehmung ihres Königs Desiderius in Pavia, Karl dem Großen noch die Eroberung Italiens erschwerten, Ruodogauz, ein anderer Ruodogaud. Unter Helmgaud ist die letzte Silbe dieses unfeinen Namens erklärt. Ob sein Ruod auf das Haar, oder auf die Rüstung, deute, überlasse ich andern zu entscheiden, wenn sie können.

Rutgard
Rothschimmernder Held.

Rut steht hier in der ältesten keltischen Gestalt.

Gard, man stelle ihn auf die Warte, oder dem Feinde in offener Schlacht gegenüber als Hard, rechtfertiget immer die angegebene Bedeutung. Rutgard ist Rothard.

Sebald
Der sieghafte Held.

Sibba, verwandt, das Stammwort unserer Sippschaft, hat wohl keinen Antheil an obigem Namen, der sonst den heldenmüthigen Blutsfreund darstellen würde.

Sig, der Sieg, wurde auch Seg ausgesprochen. Daher des Tacitus Segemund. Was also Sibald oder Sibold, das ist auch unser Sebald, ein Sieghafter. — Zum Nothanker verhält sich dieser Sebald, wie Markolph zum Narren, und Gundibert zum Philosophen. Es giebt kein sicheres Mittel, dem ohnehin, kraft seiner Schwerfälligkeit, auch den unschuldigsten Scherz zu leicht für Ernst aufnehmenden Deutschen, selbst seine trefflichsten Namen zu verleiden, als wenn man sie Stümpern anhängt, und mit diesen dem öffentlichen Gelächter ausstellt. Wie es auch immer einen unbehülflichen, armseligen Witz verräth, seine Helden ihr Lächerliches von Namen entlehnen zu lassen, noch dazu von Namen, die schlechterdings nicht lächerlich sind.

Sebbi
Der Blutsfreund.

Der Angelsachse Sebbi, und der Friese Sippo, sind eines Stamms und eines Sinns.

Sibba, altdeutsch: die Sippschaft, läßt sich in beiden nicht verkennen.

Segeband
Der kühne Sieger.

Unbarmherzig gingen im Mittelalter die Aussteller der Urkunden mit ihren eignen Namen um So wurde in einer Verschreibung der Herren von Estorf, zu Anfange des vierzehnten Jahrhunderts aus Sigu Sege, aus Bald Band.

Am schlimmsten kommen in Handschriften überhaupt die niederdeutschen Namen weg, weil man sie nach der, im Mittelalter so äußerst vernachläßigten Volksaussprache niederschrieb.

Pardames, Tonnjes, Diberke, lassen sich, wie unser Segeband, auch Zegheband ohne Mühe entziffern; aber nur für Geschlechtsforscher ist ihre Vergleichung mit richtigern Formen Beruf.

Seguin
Der theure Sieger.

Vom uralten sage, sagen, niederdeutsch und belgisch seggen, engl. to say, schwed. säger, kann dieser Mannsname nicht herkommen: denn viel sprechen, sich in der Geschwätzigkeit gefallen, war wohl nicht Fehler unserer Alten.

Sigu und win sind vielmehr die Urbestandtheile Seguins.

Sibold
Der Siegesheld.

Wie man vom Kriegshelden spricht.

Aus Sigubald erwachsen, verdient dieser Name alle Empfehlung. Der breitere Seybold ist schon minder gefällig.

Siegerich
Der Siegreiche.

Welchen Deutschen, den nördlichen oder südlichen, gebührt jetzt vorzugsweise der Ruhm der Siegreichen? Frage den Preußen, er wird sich erschöpfen im Lobe der östreichischen Tapferkeit, und der Großthaten Schwarzenbergs bei Leipzig, wie jenseits des Rheins. Er wird Wreden bewundern, und den Antheil nicht verkennen, den Würtembergs tapferer Kronprinz, den das hessische Heldenheer an der Vollendung des großen Werks unserer Befreiung, in der Nähe von Paris, hatten.

Der Oestreicher erstaunt über Blüchers Thaten, der seit der Völkerschlacht, in fünf Monden fünfzehnmal den Tollkühnen in offener Schlacht zu Boden warf. Und alle diese Tapfern bestätigen freudig den lauten Spruch der stolzen Britten: daß Hannovers Heldensöhne sich und ihren unüberwindlichen Wellington acht Jahre lang mit Lorbeeren bedeckt haben.

Mögen sich denn alle deine Söhne, Teutonia! den glänzenden Namen der Siegerichs ferner, voll edler Eintracht, zueignen durch Großthaten, und zuerkennen mit Gerechtigkeit, den sie in einem, so beispiellos blutigen, Weltkampfe errangen!

Siegfried
Der milde Sieger.

Der schöne Zusatz Fried ehrt das alte edle

Volk, was seinen siegenden Helden keinen wilden, höhnenden Uebermuth, keine Grausamkeit gegen Ueberwundene und Wehrlose verzieh.

Siegfried bekämpft den drohenden Gegner, und verbindet die Wunden des Flehenden. Für den Frieden siegt er; aber er kündigt den Frieden nicht auf, um unter den Schädeln zerfleischter Heere neue Lorbeeren zu ärndten. Er ist ein Herzog Ferdinand von Braunschweig, der unter den Glückwünschen seiner Feldherren, auf dem Siegesfelde bei Minden, mit der Thräne im Auge, laut den Wunsch aussprach: „Möchte ich doch zum letztenmahle einen solchen Glückwunsch von Ihnen empfangen!"

Wie oft empörte uns in den schauervollen Darstellungen des letzten Vertheidigungskrieges die Redensart: den Sieg an sich fesseln! Denn sagt sie etwas anders als: in den Fesseln des Sieges gehen? Auf festem Boden steht in stiller Majestät die Göttin des Friedens, während Victoria sich auf ihrer rollenden Kugel zum Fortfluge hebt. Sie läßt sich nicht fesseln, die Unstäte, wir haben es gesehen; aber fesselt sie dich, glaubst du dich eins mit ihr, und gefällst dir nur in deinem Schwindel: so hast du schon deine Menschlichkeit aufgegeben. Leichenfelder sind dir nun Zweck, wie sie Gebiet deiner Göttin sind.

Siegibot
Der sieghafte Held.

Bobo, Reinbod, Marbod und unser Sigibod, nennen keinen Boten, so ehrhaft auch sein Amt seyn mag, wenn er als Staatsbote, als bevollmächmächtigter Gesandter, als Kriegs- und Friedensbote in seinem Wappenrocke, und als Siegsherold, auftritt.

Bodo oder Bold, Baldo, in geschwinder Aussprache Bod, der Kühne, ist doch nicht minder preiswürdig. Wenn aber Sebald, der feine, edle Bruder unsers etwas zu altväterischen Siegeshelden, sich mit genauer Noth noch unter den Lebenden erhält; so fürchte ich, ist es um alle biedern Bods auf immer geschehen.

Siegmar
Berühmter Sieger.

So hieß Hermanns Vater. Mögen Hermanns Söhne wider alle Vergewaltiger deutscher Freiheit und Rechte den schönen Namen verdienen!

Sigu ist beim Otfried: der Sieg. Mari: berühmt, daher maruni, verherrlichen. Die Mähre, der Ruf, die Nachricht, Erzählung, ist uns noch übrig, außer mehrern Namen, die es trefflich ausprägt, Reinmar, Hilmar, Tankmar, denen aber unser Siegmar vortritt.

Siegmund
Siegeskünder.

Beim Tacitus Segemund, der Mund, der Herold des Siegs. Nach Form und Sinn wahrlich einer der schönsten deutschen Namen!

Siegulph
Der Sieghafte.

Eigentlich Siegs-Helfer, Siegsbeförderer. Die Endsilben elf, ilf, olf, ulf, bildeten sich aus dem keltischen Helpe und dem teutonischen Hulpe. Richtiger ist also darin das ph.

Siegwart
Der geherzte Sieger.

Nicht von warto, hüten, borgt Siegwart seine Endung: denn er heißt eigentlich Siguharto, und hat sich nur durch eine schnelle Aussprache verkürzen lassen.

Wie furchtbar könnte der Name für Väter und Erzieher, wie warnend für Jünglinge werden, wenn er erstände, und dann lebendige Darstellungen der Albernheiten veranlaßte, wozu, vor noch nicht vierzig Jahren, ein damals blühender Schriftsteller alles, was lesen konnte von deutschen Jünglingen und Mädchen, durch seinen Siegwart versuchte!

Dieser Ueberdruß des Lebens, wie es den Bürgern der Erde an ihre täuschenden Reize, an ihre groben Genüsse, an ihre sklavischen Verhältnisse, an ihre unerträglichen Bürden fesselt: dieß süße, wehmuthsvolle Schmachten nach Erlösung, was der Auserwählte keinen kalten Vernunftmenschen, sondern nur seinen Mit-Auserwählten und — dem Vertrauten seiner Leiden, dem milden Monde, zwischen Gräbern und schauervollen Trümmern vorwinseln darf: dieß Hinaufschwindeln zum Aether, wo seliges Ausruhen in wonnigen Träumen die müden, liebenden Seelen erwartet — und, um nun alles kurz und deutsch zu sagen: dieser jugendliche Wahnsinn, worin sich Uebermuth, Arbeitsscheu und Geschlechtstrieb zum Verderben der Erkrankten — und ihrer waren mehr

als eine Legion — vereinigten, war die Frucht eines
Büchleins, dessen Titel den kräftigen männlichen Namen Siegwart entweihte.

Der bessere Geschmack bewahre uns auf immer
vor allen kläglichen Wichten im Geiste solcher Sieg-
warts. Entnervung des Geistes und Körpers war
nie der Weg zum Heldenthum, weder im bürgerlichen Leben, noch im Kriegsgetümmel.

Sindered
Der Bestimmte.

Sinde, das Maaß, scheint mir hier keine an-
gemessene Bedeutung zu geben. Sinni, der Sinn,
stellt aber, mit redie verbunden, den Mann dar,
der mit sich fertig, der gefaßt und fest ist in seinen
Unternehmungen.

Stiliko
Der Stille.

Stilli war bei den Aeltesten: die Stille, das
Swigeli: das Schweigen, niederdeutsch: Schwie-
gen.

Stiliko, der berühmte und berüchtigte Wende,
Günstling Kaiser Theodosius des Großen, sieghafter
Vertheidiger seines Reichs wider die einbrechenden
Gothen, nachher Vormund und Schwiegervater sei-
nes vierzehnjährigen schwachen Kaisers Honorius,
und zuletzt, berauscht von seinem Glücke, Verräther
am Reiche, das er den Verheerungen der wilden
Völkerschwärme Preis gab, um in der allgemeinen
Verwirrung den Thron von Constantinopel für seinen

Sohn, das römische Kaiserthum für sich selbst, zu rauben: Stiliko war nicht, was er hieß. Im Gepräge des Hofes, im Getümmel des Heers hatte er gelebt, und zuletzt brachte ihn sein rastloser, ränkesüchtiger Geist aufs Blutgerüst.

Nach eilfhundert Jahren fand man noch in Rom, bei der Gründung der Peterskirche unter Pabst Julius dem Zweiten, den Sarg der Tochter Stiliko's, der, als jungfräuliche Gemahlin eines gekrönten Knaben, verstorbenen Maria. Er war von Marmor, neuntehalb Fuß lang. Mehrere krystallene und goldene Gefäße und Edelgesteine, ein goldnes Diadem mit Diamanten reich besetzt, fand man darin, neben den unversehrten Gebeinen. Julius überließ diese der Verwesung, aber ihre Umgebungen förderte er zu Tage.

Sturm
Der Niederwerfende.

In der Geschichte Karls des Großen und seiner Franken kommt Sturm sogar als Heiliger vor. Er giebt dem Rollo an Kraftzeichen, als Darstellung des mit der Schnelligkeit tobender Elemente daher stürzenden Ueberwältigers, nichts nach.

Suanhildis
Die holde Seherin.

Abermals eine ächte, vielleicht die köstlichste, Perle im Kranze vaterländischer Namen, womit wir das kommende Geschlecht schmücken sollten!

Erwarteten Sie aber, meine Leser, nicht eher eine Schwanenholde, als eine Weissagerin in der lieblichen Suanhildis? Vielleicht sind beide sehr nahe mit einander verwandt.

Suahan, später suachan, weil h und ch leicht mit einander verwechselt wurden, war unser suchen, ausforschen. Der Ausforscher von Amtswegen, der Richter, hieß Suanar, und Suani das Urtheil, die Schlichtung des Streits, dem unsere Sühne, Aussöhnung, entspricht.

So hieße also Suanhildis eine holde Richterin? Ja, wenn uns nicht unser niederdeutsches: Es swanet mir, statt: ich ahne, oder es ahnet mir, daran erinnerte, daß suanen nicht bloß über das Gegenwärtige, sondern auch über das Zukünftige etwas bestimmen, es erforschen und vorherverkündigen bedeuten müsse. Denn dieß niederdeutsche swanen kommt doch sicher von suanan her, nicht von dem vermeintlichen Stammworte unserer Ahndung oder Vorempfindung, Ando, teutonisch: die heftige Gemüthsbewegung, wovon andrabo, sich fürchten (eigentlich Ando-Raban, von Rabes, schnell) mit nichten dem niederdeutschen Volks-Ausdrucke: etwas antragen, das heißt: ahnen, bemerken, seinen Ursprung gab: denn dieß antragen entstand offenbar aus an und tragan, und erinnert an die Redensart: der Sinn trägt es mir zu. Warum sollten wir die Wurzel unserer Ahnung in Ando suchen, da sie im niederdeutschen Swanen noch unverwandelt vorhanden ist?

Und der Schwan? Woher sein Name, als von dem Sterbeliede, was ihn den Alten so merkwürdig machte? Der Unglückliche! Nur für den letzten bängsten Lebensmoment, der Begeisterung, und, indem er sich zum Gesange erhebt, nur einer Thränodie fähig! In jeder, nur nicht in dieser Hinsicht, eignet sich der Gewählte Apolls zum Bilde des deutschen Mädchens. Schön, sittig, edelstolz, sicher im Gefühle der flecken= losen Unschuld, schwimmt es auf dem Strome seines Lebens dahin, spiegelt sich in demselben, ist und macht empfänglich für die lieblichsten Bilder der Zukunft, und weissagt im Blick, im Ton und Wesen seinem Auserwählten das höchste Lebensglück. *) –

Suinthilde

Da hätten wir ja wohl eine Sonnenheldin? einen Namen, um den wir die Vorzeit beneiden müßten!

Dießmal erspare ich Ihnen leider eine so edle Mißgunst! Sunnhilde hätte allerdings leicht in Suinthilde übergehen können; es gränzt ja hart daran. Aber — ich gestehe meine Aengstlichkeit offen= herzig — die ersten Namenspräger waren wohl sehr gescheute Männer, beinahe so gescheut als Her= mann Heinrich, mein Nachbar. Urtheilt der Mann über das, was vor Augen liegt, so trifft er auf ein Haar, und weiß alles bei seinem Namen zu

---

*) Man unterscheidet im Sprechen und Schreiben ah= nen vorempfinden, und ahnden, strafen. Dazu hat man, wie ich glaube, keinen Grund. Suahan, for= schen, urtheilen, ahnen, und suahan, richten, stra= fen, ist ja ein Wort. Es leidet kein d, und auch ohne dieß willkührlich eingeschobene Zeichen wird sich die Ahnung, als Strafe, mit der Ahnung, als Vorgefühl, nicht verwechseln lassen.

nennen. Bilder, dichterische Vergleichungen und Verschönerungen mißrathen ihm dagegen immer. Nie wagt er deswegen vom traulichen Geflüster des Wests, vom Purpur umsäumten Abendhimmel, auch nur ein Wörtchen. Die Sonnenheldin wäre sicher eine Prachtgestalt, die ich ihm erst im Volkstone anschaulich machen müßte, und die er doch nie wieder nennen würde. Kurz, sie ist für ihn und unsere Urahnen zu dichterisch! S u i n t h i l d e deutete vielleicht auf eine zu kühne Heldin hin, denn S u i t h o ist: zu viel. Dem Teutonen war nun aber keine Heldin zu kühn, und den Verwegnen würden, so wenig er, als wir, in Eigennamen ein Ehrenmahl setzen.

So ist denn wohl unsere Heldin eine S u a n c h i l d e? Vielleicht! Nur dünkt mich, u und i stehen im Laute zu weit von einander ab, um in einander überfließen zu können.

„So erklären Sie sich doch endlich, und führen uns vor einer Deutung vorbei, die das ganze Geschlecht der Hilden entehren würde!"

Besorgen Sie nichts. Ein E b e r im E b e rh a r d war edel, aber ein S w i n o? — Unmöglich konnte sich eine Heldin damit schmücken! Aergerlich war es mir immer, auf skandinavischen Thronen Könige S w e i n erblicken zu müssen. Doch lag die Schuld nicht an mir selbst? Weder der Däne S w en o, noch die deutsche S u i n a, haben das Mindeste mit unserm unsaubern Hausthiere gemein. Des Normanns Ven und unser Win deuten auf das Edelste, was wir uns wünschen, auf einen sanften F r e u n d. Das S trat diesen Wörtern vor, wie andere, die mit

W beginnen. So bei dem Minnesinger Herr Henrich von Vellbig:

„Swer mir schade an meiner Brouwen" statt Wer mir u. s. w.

Von Wan, der Wahn, bildete sich swanen, niederdeutsch: ahnen; von ware, engl. wear, unser schwer: von unserm wahr, schwören.

Aus einer Stelle der Willeramschen Verdeutschung des Hohen Liedes; sie steht im 9ten Verse des 1ten Capitels, erhellet, daß dieß vorgeschobene s statt so, gilt.

Willeram schreibt: Aber doch suiese ih mit Persecutionibus et aerumnis non in gequa'let si.

Suiese ist: so, wieso; das heißt: wiewohl nun.

Sueno ist also nicht Swein, sondern Freund; und unsere Suinthilde So=win=Hilde, die so freundliche Heldin.

Suitbert
Der ausgezeichnet Herrliche.

Gewöhnlicher lieset man diesen Namen des ersten Verdenschen Bischofs Swibert.

Suitho war teutonisch: zu viel. Im niederbeutschen ist es noch übrig: dat is to swiet, das geht zu weit. Swydich, holländisch: sehr.

Tankmar
Der gepriesene Angreifer.

Dankbarkeit war gewiß herrschende Tugend unserer Alten. Sie ist ja unzertrennlich von dem biedern Sinne, den wir in ihnen kennen. Sie ist ja unverletzbar bei Völkern, die es in der Aufhellung ihrer Begriffe, und zugleich in der Aufräumung ihrer natürlichen Empfindungen, noch nicht weiter gebracht haben, als Tankmars Väter und Brüder. Selbstsucht und Härte, freilich unter der Tünche der Gerechtigkeit, haben sich erst mit der Aufklärung so gewaltig eingedrungen in die Menschheit, daß die geübtesten Weisen an diesen Zerstörern alles Edeln, in sich und andern, genug zu bekämpfen haben, und der minder Bewährte ihre oft sehr geheimen Anschläge nicht bemerkt; oder auch ihre plumpen Maßregeln gleichgültig entschuldigt und erträgt.

Nur Menschen und Völker, die überall auf ihren Vortheil sinnen, und alles auf ihren Vortheil beziehen, können sich rühmen, einmahl ihre Selbstsucht verläugnet zu haben, einmahl nicht undankbar gewesen zu seyn. Der Unverbildete kennt keinen solchen Ruhm. Gerechtigkeit, Güte, Dankbarkeit, sind Foderungen seines Herzens, die er erfüllt, ohne sich deswegen ein Verdienst zuzueignen.

Was bedeutete nun ein Tankmar, ein ruhmwürdiger Dankbarer? Ihm selbst und seinen Zeitgenossen hätte er nichts bedeutet. Ein ganz anderer Sinn aber spricht aus ihm. Er ist der berühmte Dago, oder Degenführer, der ehrhafte Angreifer, Sinnverwandte des Dagobert.

Tankred
Der Kampffertige.

Schwerlich würde man eine befriedigende Erklärung dieses, in der Geschichte der Kreuzzüge so denkwürdigen, Namens finden, wenn man das keltische Dager, Schwerdt, und das altdeutsche dago, antasten, wovon später beim Otfried Thegan, ein tüchtiger, handfester Krieger, herstammt, nicht als Wurzelwort annähme.

Redin, engl. Ready, als fertig, bereit, ist noch in unserm niederdeutschen Ree vorhanden. He het it ree dan: er hat es bereits gethan.

Daß Tankmar und Tankred so früh, so ganz vom vaterländischen Boden verschwanden, würde bei dem Rittergeiste, der sie dem Volke gab, und in den beiden Helden, die diese Namen führten, so große Vorbilder fand, unbegreiflich seyn, wenn man nicht wüßte, wie zahlreich und gewaltig gleich nach den Kreuzzügen die biblischen und Heiligennamen — mochten ihnen unsere Väter hold seyn oder nicht: denn vom Verstehen dieser Fremdlinge darf noch jetzt nicht einmahl die Rede seyn — unter bischöflicher und klösterlicher Obsorge, herüberströmten. Nur wenige Heidennamen der Väter konnten sich halten. Und wie viel der Verdrängten sind in den neuesten Zeiten, nachdem sich endlich die Wuth der Umgießung deutscher Namen in alte und ausländische Formen gelegt hatte, zurückgeführt in ihre Heimath? Wo lebt jetzt ein Tankred und Tankmar? Wollen wir für gute Deutsche gelten, so dürfen wir auch uns unserer Namen nicht länger schämen.

Tanquard
Tapferer Wächter.

Es war mir noch immer, als hätte ich unsern wackern Tankmar und Tankred zu nahe gethan, und der wider ihre Dankbarkeit aufgestellte Grund sey kaum überredend, weil er eigentlich zu viel beweise. Nun aber erscheint Tanquard, ihr Bruder, und will durchaus als rüstiger Wächter gelten. Was wäre auch ein Erkenntlicher auf der Hut? An Dankbare dürfen wir also bei ihm und seines Gleichen nicht weiter denken.

Tassilo
Der Stammvater.

Tad, keltisch: der Vater, Taib, der Großvater. Das friesische Aita, und das in mehrern Sprachen geltende Atta, Vater, wird mit großer Wahrscheinlichkeit aus eben dieser Quelle abgeleitet. Sil und Hil bezeichnen die Erzeugung, Familie. Daher noch Kinder erzielen. Tadsilo ist also ein Familienvater. Der Name erinnert uns an den unruhigen Herzog von Baiern, der seine blutige Fehde mit Karl dem Großen so hart büßen mußte. Er verlor sein Land und wurde in eine Mönchscelle eingekerkert. Sollte aber nicht der schöne Eigenname, nach einem Jahrtausend seiner Vergessenheit, wieder eingeführt zu werden verdienen.

Tatbert
Der berühmte Vater.

Tad, Tassilo, Totnan, Tatbert und

mehrere andere Namen bewähren es, wie viel Ehre unsere Urväter darein setzten, ihr Geschlecht zu erhalten, ihr Daseyn zu verlängern. Dieß Streben theilten sie mit andern alten Völkern. In welcher Achtung stand zum Beispiel Abraham, der hebräische Diet oder Tab!

Mehr der Trieb, als das edle Bedürfniß, sich in dem Kreise zarter, ganz von uns abhängender, Wesen eine kleine Welt für sein verdienstliches Wirken zu schaffen, erzeugte jenen Ehezweck. Denn auch der dunkle Hang, in einer Nachkommenschaft fortzuleben, gewinnt ja nichts durch klare Vorstellungen, oder vielmehr, er läßt sich nicht daraus herleiten. Mochte er aber immerhin eigennützig, und bei manchen Völkern ehrsüchtig seyn, jener Trieb; so gewann doch die Menschheit offenbar dadurch.

Wie soll man dagegen die Scheu eingebildet großer Geister, und wie die Unentschlossenheit, die Engherzigkeit mancher Geschäftsmänner, beurtheilen, die im Mittelstande, auf eine naturwidrige Verläugnung des mächtigen Triebes der Fortpflanzung, einwirkt? Wie die verderbliche, entvölkernde Ehelosigkeit des Kriegsstandes? Wie läßt sichs endlich rechtfertigen, daß der Staat das Verdienst der Erziehung einer zahlreichen Familie so wenig selbst nur bemerkt?

Tetta
Die Säugerin.

Eine Amme? Ja, in der ersten Bedeutung dieses Worts, was wahrlich nicht für die feilen, entehrten Dirnen geprägt ist, die ihre eignen Säuglinge

wegwerfen, um fremden, mit der ersten, nicht bloß
körperlichen, Nahrung ihren Sinn und ihre Sünden,
für Lohn, für Kost und faules Leben, einzuströmen.
Was dem Römer seine Alma mater, und welche Pa-
tricierin hätte sich nicht dadurch geehrt gefühlt? das
war dem Urdeutschen seine Tetta, ein Weib, das
den sanft umwölbten heiligen Quell des Lebens, der
Kraft, des Geistes, künftiger Geschlechter, freilich,
ja selbst ausschließend für lüsterne Blicke; aber nur
der Säuglinge, die dazu hinanstreben, und der Gatten, die für das schöne mütterliche Verdienst ein Herz
haben, bestimmt glaubte.

Tad, der Vater, nannte seine Auserwählte, als
Miterzeugerin und Pflegerin seines Diet (Geschlechts), Tetta oder Editha, und die milde mütterliche Brust heißt, wegen ihrer Bestimmung, noch
jetzt, im niederdeutschen Volke, wie einst bei Kelten
und Griechen. Einen andern schön bezeichnenden Urnamen hat sie aber längst verloren. Sie hieß dem
Teutonen Spunna, weil sie dem Säuglinge seine
Nahrung gleichsam zuspinnt.

So in Willerams hohem Liede:
> Uua'nda be'zhzer sin't dine spunne de'-
> mo wine sie stin'chent m'it den bez-
> hesten salbon.

> (Denn besser sind deine Brüste als Wein, sie
> duften von den besten Wohlgerüchen.)

Teutomar
Ruhmvoller Deutscher.

Wie aus Teut Diet, so wurde aus Teuto-
mar Dittmar. Beide sind eines Sinns: denn

des Deutschen Ruhm war es, seinen Stamm nachzuweisen, und ihn nicht aussterben zu lassen.

Teutram
Der starke Teutone.

Ueber die zweifelhafte Silbe Ram' habe ich mich, wenn nicht befriedigend, doch ausführlich genug, unter Bertram erklärt. Unausweichlich ist ihr Sinn des Starken in allen ihren Zusammensetzungen.

In diesem Sinne gibt sie dem Teutram das, was sein Eigenthümliches, was seine Ehre war — Kraft. —

Thedel
Junker.

Unser Dietlin, der ja sogar in Itel und Eitel überging.

Thekla
Die Wackere.

Sehen Sie hier, deutsche Mütter, ein Angebinde für Ihre Töchter, dem Ihr richtiges Gefühl weder Schönheit noch köstlichen Gehalt absprechen wird. Denn von Thegan, beim Otfried: der Bewährte, der Tüchtige, oder weiter zurückgeleitet, von Dagan entsproß Thegala, Tekla, die Wackere. Degelik ist dem Niederländer noch, was der Niederdeutsche in der Volkssprache dögent, tüchtig, ausdrückt. Mit der Tugend ist Thekla eines Stamms. Und im Namen der Tugend, die unter öftern sanften Erinnerungen erstarket, wie sie hier ein, seit Jahrhunderten vernachläſſigter, Name giebt, bitte ich Sie: erheben Sie dieſen Namen doch wieder zu ſeiner verdienten Geltung!

Theodulph
Hülfreicher Deutſcher.

Als Theodolph verdiente der edle Name wieder hergeſtellt zu werden, und indem er dann den lieblichen Griechen Theodor völlig erſetzte, würde er wohl gar unſerm, eben ſo gefälligen, Adolph den Preis ſtreitig machen. Wer lieber die Gottheit als den Theut im Namen ſieht, der doch urſprünglich eins war mit Thiu oder Diu, denke immerhin bei Theodolph an dieſe keltiſche Wurzel.

Theotbald
Deutſcher Held.

Schon das Alterthum rechtfertigt das Wegſchneiden des hier harten t. Und wie an Milde, ſo an Adel, gewinnt der Name dadurch: denn als Theobald wird er Bezeichnung des Götter entſproſſenen Helden. Nur denke man dabei nicht an das griechiſche Theos, ſondern an das keltiſche Thiu.

Theudehat
Vater Theut.

Aus Theutetad erwuchs der ehrwürdige Name, der dem Kelten, und nachher dem hievon abſtammenden Gallier, als Götternamen galt.

Wüßten wir nicht aus dem Geſtändniſſe der galliſchen Druiden ſelbſt, beim Appianus Marcellinus: „Aus fremden Inseln (den britischen und dänischen) und aus den überrheinischen Ländern (Deutschland) seyen andere (Volksstämme, außer den Ureinwohnern, Aborigenes) nach Gallien hingeströmt"; so würde uns Teutates, der gallische Gott, schon einen Wink von der ältesten Verwandtschaft der Gallier mit Theuts Söhnen geben.

Viel Böses weiß Lucanus von diesen Teutad „— denen Teutates, der Wüthrich, versöhnt wird durch schreckliches Metzeln." Auch Lactantius bezeugt: „die Gallier versöhnen den Teutates mit Menschenblut."

Cäsar, dem beide vielleicht nachsprachen, erzählt doch nur: „die Todesstrafen derer, die man auf Diebstahl, Mord, oder irgend einem andern Verbrechen ertappt hat, gelten für die beste Göttersühne; fehlt es aber an solchen Opfern, so tödtet man auch Unschuldige." Er nennt dabei nicht ausschließend den Teutad. Der Römer machte ohne Bedenken unsern grauen Stammältesten zum Mercurius, womit er gerade so nahe verwandt war, als der gallische Hesus mit Jupiter, und Ditis mit Pluto. Sehr merkwürdig ist mir Cäsars Bericht: „Alle Gallier rühmen sich ihrer Abkunft vom Ditis." Denn dieser Ditis, der die Ausleger nicht weniger geneckt hat, als Hesus, ist wohl kein anderer, als unser Diet, und der Druiden Zeugniß beurkundet nun, sowohl das höchste Alter dieses teutonischen Namens, als, wo nicht die Abstammung der ersten Bewohner Galliens von den Thuiskonen, doch ihre gemeinschaftliche Herkunft von dem Urvolke, welches wir bald Kelten, bald Kymren, nennen, und
dessen

dessen frühester Wohnsitz in Asien uns die Verwandtschaft so vieler deutschen Wörter mit den griechischen erklärt, ohne daß wir annehmen dürfen, unsere Urahnen haben von den Helenen erst sprechen gelernt.

Wollten nun die Gallier für Aborigenes, für ältestes Urvolk gelten; um wie viel mehr durften sich die nächsten Abkömmlinge des Theut-Tad, des Diet, dem jene Altäre baueten, ihres höchsten Alters rühmen? Sie, deren Sprache unter allen Mundarten Europens, bei weitem am vollständigsten und unverkennbarsten, die Sprache jenes uralten asiatischen Volks wiedergiebt, welches den Norden und Westen unsers Welttheils bevölkert hat? Europa hat kein Urvolk, wenn es Deutsche nicht sind.

Thielo
Der Mächtige.

Auch ein Diet, oder vielmehr ein Dietlin, welcher Name, dem Altschwaben nicht fremd, erst in Thedel, und dann in Thielo überging.

Thieß
Der Mächtige.

In wie viele, und in wie abweichende Formen goß man doch den deutschen Diet, oder Theut? Hier ist Diet's (Sohn), also auch der Erbe seiner Macht.

Thietberga
Diets Busenfreundin.

So denken wir uns die Berga, die Bergende, die Bewahrerin in ihren stillen, wonnevollen Verhältnissen zu dem Geliebten. Ausruhend an ihrer Brust, bewacht von ihrem Herzen, findet er die größte Sicherheit. Aber mit heldenmüthiger Entschlossenheit birgt ihn seine Getreue auch in der Gefahr der Schlacht. Da ist sie sein Schild. Sie lebte für ihn, und sie weiß als ächte Tochter Thuisko's für ihn zu sterben.

Holperich und eckig ist freilich der Name für Ohren, die an Lotten und Louisen gewöhnt sind; aber dafür hat er auch Sinn!

Ob Thietberga, Lothars des Ersten Gemahlin, eine solche Getreue ihm war? Er selbst, der Unbeständige, zieh die junge Fürstin einer unnatürlichen Liebe zu ihrem Bruder, dem Grafen Hubert. Und freilich weiß man nicht, wozu der arge Wüstling, der einige Klöster in Vogelhäuser und Harems verwandelt hatte, fähig gewesen wäre. Die Königin bestand die heisse Wasserprobe — vor ihren Kammerherrn; nicht so die Probe der peinlichen Beichte vor dem Erzcaplan Günther von Köln, und einem halben Dutzend anderer Bischöfe. Sie bekannte, was sie bald darauf, im Nonnenschleier, vor dem heiligen Vater widerrief. Benedict — denn was vermochte, schon in der Mitte des neunten Jahrhunderts, der Bannstrahl aus dem Vatican! — drang sie dem Könige wieder auf, und sein Nachfolger Nikolaus versagte ihr die Scheidung, die doch ihr einziges Heil blieb; weil Lothar sie nur als eine beargwöhnte, beschimpfte, unglückliche Fürstin am Hofe duldete, und nach wie vor an seiner schönen, schlauen Waldrade hing. Ohne Zweifel das ganze Verbrechen der armen Thietberga!

Thumo
Der Herr.

Er stehe hier, dieser Name, in seiner altdeutschen Gestalt, wiewohl ich ihn für einen römischen Bastart halte.

Konnte von Domus zu Otfrieds Zeiten ein Thuomis, und später unser Dom, älter Thumb, werden: warum nicht auch von Dominus das Otfriedsche Duamo, Herrschaft verwalten, Gericht halten? Von Damno ließe es sich eben so leicht ableiten; aber der alte Vizthum ist doch offenbar Vicedominus. Sey indessen Thumo Herr oder Richter: ein Teutone ist er nicht!

Thusnelde
Theuts Heldin.

Wie noch jetzt in der niederdeutschen Mundart Theutsche oder Deutsche Duitsche heißen, so sprachen von Anbeginn unsere Stammväter hier Theut, dort Thuit aus, und vielleicht war die letztere Aussprache die älteste; wenigstens entspricht sie dem keltischen Thiu oder Diu vollkommen.

Das englische Tues in Tuesday, und unser Thus im überschriebenen Namen, sind eins.

Daß sich in der Aussprache dieses Namens statt des h ein n einschob, wird uns nicht befremden. Vielleicht haben aber römische Geschichtschreiber dieß n geschaffen.

Möge Hermann seine Gemahlin indeß Thushelde oder Thusnelde genannt haben: schön und werth Ihrer edelsten Töchter ist ihr Name, wie sie selbst als ein Weib von seltener Liebenswürdigkeit und Größe in den wenigen Thatsachen erscheint, die uns die Geschichte von ihr aufbewahrt hat.

Mit Hermann hatte sie gekämpft für Deutschlands Freiheit. Durch Verrath ihres eigenen Vaters war sie ihrem mit höchster Leidenschaft an ihr hängenden Gatten entrissen und den Römern ausgeliefert. Hermann tobte und sann auf blutige Rache, während Thusnelde, die Gefangene, die Verrathene, im feindlichen Lager, mehr durch ihre würdevolle Haltung, mehr durch ihren, Theilnahme und Ehrfurcht gebietenden, thränenlosen Blick, als durch ihre Schönheit, aber auch durch diese die Bewunderung des römischen Heers für sich erregte. „Mehr ihrem Gatten, als ihrem Vater, hing sie an", erzählt Tacitus: „keine Thräne, kein Flehen von ihr, vor ihren Besiegern; aber ihre gerungenen Hände, wie ihre Blicke, sanken herab in den Schooß, worin sie das Pfand der Liebe Hermanns trug."

Und wäre Thusnelde auch nicht das Lieblichste, das Zarteste und Ehrenvollste, was wir als weiblichen Namen aussprechen können: so sollte ihn doch wegen der heiligen Märtyrin für Deutschlands Freiheit, die er verewigt, nie ein stumpfer Sinn Hermanns Töchtern entrissen haben! Ihr Leiden wurde unser Heil. Es entrüstete zu neuen ehrenvollen Kämpfen die Stämme des tief gekränkten Helden. Denn was ihm Thusnelde war, das spricht er in wildhöhnender Leidenschaft vor seinem Verbündeten aus. „Ha, ein wackerer Vater! Ein gewaltiger Oberfeldherr! Ein Heldenheer! Vermochten doch seine zahlreichen Schaaren ein einzelnes Weib zu entführen! Wir haben nur drei Legionen, nur drei ihrer Anführer erlegen! Aber ich führe auch nicht durch Verrath, nicht wider schwangere Gattinnen Krieg, sondern wider bewaffnete Männer in offener Feldschlacht!"

Der Untergang des herrlichsten weiblichen Namens bestimmte mich zunächst zu dieser Schrift. Um ihn endlich der Vergessenheit wieder zu entreissen, in Zeiten, die uns so lebhaft an Hermann und seine Auserwählte erinnern, vermag ich nichts, als ihn an Ihr Gefühl zu halten, edle deutsche Mütter! Ist ein Laut, ein Buchstabe wider ihn, und winkt er nicht, wo er gesprochen, gehört, gedacht wird, auf das Trefflichste hin, wie es sich im reinen, feinen Sinn der Töchter Thuisko's offenbart: so — mögen ferner Lämmer und Wölfinnen (Agnesen und Lucien) unserer Deutschheit trotzen!

Tombert
Der gepriesene Thomas.

Oder, da doch alles verdeutscht werden soll, der gepriesene Zwilling. Ein Zwittername, mit hebräischem Kopfe und deutschem Fuße, wahrscheinlich Backwerk eines angelsächsischen Mönchs. Nur der Seltenheit wegen steht er hier.

Totilas
Der Stammvater.

Aus Tab, Vater, wurde in einer verschiedenen Mundart Tod, Tot. Hil war gleichbedeutend mit Sil, im Keltischen: die Erzeugung, Familie. Daß auch diesen deutschen Namen das verheerte, geplünderte Rom einst mit Schrecken nannte, wissen wir. Warum aber fürchten wir uns noch vor diesem Namen, und suchen ihn nicht wenigstens als Tasilo, mit sanft=lispelndem und sich rundendem Tone, wieder hervor?

Totnan
Der Vater.

Der brittischen und friesischen Namen-Verwandlungen gewohnt, wundern wir uns nicht darüber, daß hier Tab, der Vater, sein Mann in Nan veränderte, was freilich ganz müßiges Anhängsel dieser, sich eben nicht empfehlenden, Benennung ist. Tassilo macht den Angelsachsen des achten Jahrhunderts Todnan völlig entbehrlich.

Totto
Vater.

Er stellt sich auch als Dodo, Dudo, Dido, dar. Mit Tab und Diet ist er innig verwandt.

Trutmann
Der treue Mann.

So hieß der erste Gränzgraf, oder Schirmvogt, des von Karl dem Großen gestifteten Erzstifts Bremen.

Ubald.

Er ist entweder, und am wahrscheinlichsten, Ubbald, vom keltischen Ubd, der Herr, gleichsinnig mit Otto, oder Ubarbald, ausnehmend kühn.

Udalschalk
Der gute Knecht.

Wer dem Namen Schuld geben wollte, er ließe sich nicht hören, der würde ihm doch großes Unrecht thun. Er ist für gothische Zungen und Ohren, denen Godschalk nicht volltönig genug klang.

Den gemeinen Diener bezeichnete Obalscalo nicht, sondern den ritterlichen Knecht, den Knappen.

Ulrich, auch Udalrich geschrieben, ist gleichen Ursprungs.

Ulrich
Begütert.

Gewöhnlich übersetzt man diesen Namen Hulderich. Seine älteste Gestalt Udalrich, auch Olrich, deutet aber nicht auf das altsächsische Hult, die Treue, sondern auf Odal hin, und Huldrik ist nur Bequemung nach einem Vorurtheil. Ulrich ist Stamm- und Sinnverwandter des Alarich.

Noch immer behauptet er sein wohlbegründetes Recht an Deutschlands Söhne, seitdem er ihnen durch den geistvollen, unerschrockenen Ritter des noch blühenden freiherrlichen Geschlechts von Hutten, der ihn verewigte, so kräftig empfohlen worden ist. Wenige Männer stellt die Geschichte dar, so voll hohen, feurigen Muths für die Aufklärung und Freiheit ihres Volks, und dabei so vielseitig gebildet, so geübt in Sprachen und Wissenschaften, so überströmend von üppigem, der Dummheit und Tyrannei gleich furchtbarem Witze, als diesen Ulrich von Hutten. Mit Luther, Franz von Sickingen, Erasmus, Hermann von dem Bussche, und andern Bestürmern der Barbarei im engsten Bunde, wie viel Großes wirkte da der wackere Mann! Was er seyn wollte, das war er. Bei einem schwächlichen Körper ein Held in der Schlacht, mit der Feder in der Hand; hier ein rachmüthiger Verfolger des fürstlichen Mörders eines seiner Blutsfreunde; dort ein gründlicher Kirchenverbesserer; dort ein Staatsgelehrter, hier ein Juvenal; aber nie ein Hofmann. Bei dem größten Reichthume seines Geistes lebte er deswegen in den ungünstigsten Glücksumständen; aber dafür gelang ihm auch so viel Großes, was wohl unter der Sorge des Pfründners: wie er seinen irdischen Segen am behaglichsten in Saft und Blut verwandeln könne, schwerlich gediehen wäre.

Unni
Der Wonnige.

Darf ich diesen äußerst seltenen Namen mir nicht als verstümmelt denken, und von Wunna herleiten: so weiß ich nichts damit anzufangen. W wurde ja von unsern Aeltesten, wie jetzt noch von den Britten, vor einem Lauter als ein schnelles U ausgesprochen, und ließ sich in Wunni leicht als ein entbehrliches Lautzeichen vergessen.

Unruh
Der Rastlose.

In seiner Urgestalt sieht er wild genug aus: Unruoch, Unruoh. Auch ein Vorname aus der Karolingischen Zeit, der keinem trägen, und, kraft seiner Schläfrigkeit mit der Erde, die ihn doch so leicht nicht abschütteln wird, wenn's gleich hier und da derbe Stöße darauf giebt, ganz zufriedenen Kopfe, gebührt. Auch gerade keinem Manne, der in keinem Geschäfte, selbst in keinem Gedanken, zu Hause ist; sondern auf dem Fittig des Augenblicks von Diesem zu Jenem forteilt, alles will, viel beginnt, nichts vollendet, und sein Leben für den Preis hält, um den er den großen Guckkasten der Welt möglichst benützen, das heißt: Wechsel auf Wechsel sehen und erfahren will, bis der barmherzige Freund Hain endlich den Schieber vorrückt, und der Unruh des armen Flüchtlings ein Ziel setzt.

Hadert aber dem Säugling mit seiner Mutter, weil er nicht schlafen kann, wenn sie schlafen will: stampft er seine Windeln zurück, und will sich durch kein Zuckerläppchen mit diesen Marterbanden versöhnen lassen: — wiegt er sich im Stande der Freiheit mit dem Lächeln, mit den hellen Blicken, mit dem leichten, muntern Aufstreben eines Genius in der Mutter Schooße: so nenne ihn Unruh, daß er geweckt werde zum wahren Leben durch diesen Namen, und andere wecke dazu! Ich kenne nichts Langweiligers, als ein Menschenleben von siebenzig bis achtzig Jahren, ohne die edle Unruhe, die den Jüngling zum Manne im Wirken, und den Greis zum Jünglinge in geistiger Regsamkeit, macht.

Urumold
Gefälliger Freund.

Etwas gewinnt die Gestalt dieses Holden, eines Sohns des zwölften Jahrhunderts, wenn man sein erstes U als V lieset. Immer bleibt er indeß vierschrötiger Gestalt, dem es nicht darauf ankommt, das Fruma: den Nutzen, daher unser: zu Nutz und Frommen, es frommt mir, als Vrum in sich darzustellen. Het vrome bedeutet im Niederländischen den Vortheil. Fromichheit war unsern Aeltesten nicht das reine Pflichtgefühl, was sich so herrlich anpreisen, aber auch so unaussprechlich schwer einpflanzen läßt dem sinnlich schwachen Menschen, sondern der heilbringende Sinn.

Uta
Die Gute.

Siehe Juta und Ota.

Volbrecht
Der durchaus Herrliche.

Der Prächtige ohne Mangel. Also ursprünglich gewiß kein Leibeigner, und jetzt, wo allen Ständen die Bahn zur Ehre offen steht, wo der verständige Landwirth, der erfinderische Künstler, der verdienstvolle Staatsdiener keiner zufälligen Vorzüge bedürfen, um in ihrem aufgeklärten Volke zu gelten, ein Name für alle Männer, die ganz sind, was sie seyn sollen.

Volkmar
Der durchaus Berühmte.

Wie äußerst selten läßt sich auch dieser empfehlungswürdige Kraftname unserer Urväter noch in Familien hören!

Seine Stammglieder sind: follich, völlig, daher follchoman, vollkommen, und das bekannte Mar.

Vollrath.

Ob das erste Glied des Namens auf das Follu, Volle, oder auf das Folch, Multitudo, Volk, deute, das heißt: ob es die älteste oder spätere Wurzel meine, bleibt ungewiß. Die Bedeutung: der Volksrath, ist so edel, als die: der Mann voll Raths, der kluge Rathgeber.

Unsere gelehrten Rugämter mögen mich also nicht stochern *), wenn ichs abermals meinen Lesern überlasse, sich bei dem wackern Namen eine der angegebenen Bedeutungen zu denken.

Volquin
Der Volksfreund.

Er sollte sich Volkwin unterschreiben, oder unterschrieben haben: denn auch er gehört leider mit zu den längst Verdrängten! Ungewöhnlicher ist seine Form Folquin, weil man den Verein der Vielen

---

*) Reizen ersetzt dieß, in der eblern Bedeutung vergessene, Wort Luthers doch bei weitem nicht. „Glauben Eure Churfürstlichen Gnaden nicht", schrieb er an seinen Beschirmer: „daß ich E. Ch. G. Vernunft habe stochern wollen."

Stukan war den Urdeutschen: mit einem Stecken reizen, etwa den Dachs in der Höhle, und stochern deutete späterhin auf ein empfindliches Necken, Spitzreden, Anstechen.

(Fullen), den Bund der Stämme, in den ältesten Zeiten abwechselnd Volk, Volch und Folch schrieb.

Will man ihn lieber, wie Volkmar, von follich ableiten, so stellt er den Freund im vollen Sinne des Worts dar.

Waifer
Bewaffneter.

Wafan, oder Wapan, ist die Wurzel dieses veralteten und jetzt, aber zur Unzeit, an die Zucht barscher Korporale, oder roher Knaben-Peiniger, erinnernden Namens. Waipher ist seine ältere Gestalt. Woher aber hat die Waffe, älter Wape, davon das engl. Weapon, und unser Wappen, ihre Benennung? Ich vermuthe, vom teutonischen Worte wipphan, welches schnellen, fortschnellen, bedeutete, und das niederdeutsche wippen, auf- und niederschnellen, wie die Sweppe, Peitsche, nachgelassen hat.

Die ersten Waffen der Deutschen verdienten, mit Ausschluß des Helms, der besonders Auszeichnung der Angesehenern war, des Panzers, dessen Gebrauch erst späterhin allgemeiner wurde, und des Schildes, insgesammt den Namen der fortgeschleuderten. Ihr Degen, Thegan, Dogan, sehr lang, vorn gerundet, und bloß zum Hiebe bestimmt, von ihnen an der rechten Seite getragen — erst die Franken fingen an, ihn, nach dem Beispiele der Römer, links zu gürten — war in der That ein gewaltiger Schneller. Der Degen in König Childerichs Grabe gefunden, maß 3½ Schuhe. Und das Schwerdt Rolands, was Karl der Große erbte, spaltete mit einem Hiebe den gepanzerten Mann und — sein Pferd! wenn man dem treuherzigen Berichte Turpin's über dieß Wunderschwerdt, wonach ja Napoleon so gelüstete, glauben will.

Gemeiner noch als Degen waren die Lanzen, vom keltischen Worte Llanzan, werfen, fortschwingen, so genannt. Bei den Kimbrern, Cheruskern (Harzanwohnern) und Markomannen, fast von der Länge der, seit zwei Jahren vom Kaukasus bis Paris so bekannten, furchtbaren Kosacken-Speere. Vorzugsweise heißt diese Lanze mit dem Schilde in den Capitul. 5 Buch), §. 247. Waffe. Wiewohl die Pfrieme, Framea, beim Tacitus, diese allbeliebte deutsche, vorn mit Eisen beschlagene Handhabe, zum Stich, und Wurf für die Reisigen bestimmt, vermittelst des in der Mitte, wie an den Tatarn-Speeren, befindlichen Riemens, nicht wenige Schnellkraft bekam. Durch ihn wurde der Jüngling zum Landwehrmanne, mit großer Feierlichkeit, erklärt. Ihn schenkte, als Pfand der Treue und Ehre, der Bräutigam seiner Verlobten.

Noch hatte man außerdem mancherlei Geschoß, Wurfspieße, Steine, zuweilen eichelnförmig zugespitzt, und andere schleuderbare Dinge. (Saxa, glandes, aliaque missilia. Tacit.) Noch Streitäxte, Secures, Streithammer, Bipennes, Streitmesser, Spathen, Spathae, woran unsere Gartenschaufeln erinnern. Alles dieses Gezeug wurde geschleudert und geschwungen. Es hieß daher Waffen; und Helm, Schild und Panzer: die Wehr. Wehr und Waffen sind also nicht gleichbedeutend.

Waimar
Ruhmvoller Heilige.

Woher der Sitz eines unserer edelsten Fürsten=
häuser, und unsers großen Göthe, seinen Namen
habe? Ich denke — weil ich mich doch einmal in
ein Feld wagte, wo sich ohne Vermuthungen durch=
aus nicht weiter kommen läßt, so darf ich ja wohl
auch hier sagen, was ich nicht strenge beweisen
kann: ich denke von Win, Wein, und Mor, die
wasserreiche Fläche. Liegt Waimar in einem von
Bächen und mit Hügeln umkränzten Thale, so berufe
ich mich nicht auf das lateinische Vinaria.

Waimar, der Mannsname des siebenten Jahr=
hunderts, ist Sprosse des altdeutschen wihem, hei=
lig, geweiht, und nicht das Wasser oder Wasserthal,
unser Moor, sondern Mar, der Berühmte, hing
sich ihm an.

Wala
Waller.

Ein bedeutender Name in Zeiten, wo Wallen
und Pilgern, wo müssiges Hinschlendern, oft auch
elendes sich Hinschleppen zum heiligen Lande, als
höchstes Verdienst galt, was den Vatermord vergü=
tete und den Himmel öffnete.

Wallo, ich ziehe fort, ist Stammwort. Das
französische Aller, welches davon entsproß, scheint
die Vermuthung zu begünstigen, daß der Name
Gallier nicht von Kelten, sondern von den Wal=
lern, von einwandernden Völkern, entstand. Denn
die Verwechselung des W mit G ist so gewöhnlich,

als die Weglassung des halben Hauchbuchstaben W vor Aller, dem Geiste der gallischen Sprache gemäß.

Unter den Wälschen, Luther nennt sie noch Walen, dächten wir uns dann die Galli Cisalpini, die Wallonen in Belgien wären ein gallischer Volksstamm, und am Ende würden die Walliser, ja, trotz Strabo, die Kelten selbst ihre Väter, Wandervölker, an deren Namen weder das griechische Καλειν, noch das deutsche Hallen, Gellen, noch das brittische To call, einen Antheil behielte.

Doch was geht uns jetzt Kelten und Gallier, Wallonen und Galater an? Unser Wala ist ja ein ehrlicher Deutscher, der sich vielleicht seinen Namen nach einer glücklichen Fahrt zum heiligen Grabe oder zum heiligen Stuhle beilegte.

Walbert
Der berühmte Waller.

Nichts hätte ich dagegen, wenn man sich, wie in Walgundis, bei Wal das Walto denken wollte. Wenn wir aber wider eine wallende, oder fahrende Kriegerin — vielleicht ohne Grund — eingenommen sind, so wüßte ich doch in der That nicht, was wir gegen einen berühmten Waller haben könnten? Wallfahrer in Menge wurden doch, nicht bloß berühmt, sondern sogar Heilige, durch ihre Queerzüge. Und ist unser Name, wie ich nicht weiß, älter, als die heiligen Pilgerschaften, als die Kreuzfahrten, so mögen wir uns erinnern, daß unsere Urstämme freilich keine Don Quichotte, wohl aber unstete Mannen genug aufstellten, denen ihre

Heimath, ihr Gau bald zu eng wurde, und die ihren Thatendurst in der Fremde stillten. Dem freien Geiste muß die Welt gehören, oder er erlahmt bald. Das Ausströmen in fremde Staaten war deswegen für Thuisko's Söhne Bedürfniß, wie für Britten, Holländer, für Venedig, Genua, und die Hansestädte ein Verkehr mit fremden Welttheilen. Ganze Stämme nannten sich ja Wallende. Seit Heinrichs des Städte-Erbauers Zeiten hörten freilich die Auswanderungen im Großen auf; im Kleinen dauern sie aber gegenwärtig noch immer fort. In welchem, nur irgend zugänglichen Lande der Welt wohnen nicht Deutsche? Also — so gut im Wallen, als in der Gewalt suchte und fand der Deutsche seinen Ruhm! Walbert läßt sich, auch ohne ein vorgesetztes St. wohl denken.

Waldemar
Ruhmvoller Herr.

Ein prächtiger Name, oder Gefühl und Gehör müßten uns gewaltig trügen! Walto gebietet uns an sich schon Ehrfurcht; hier aber erscheint er auch als Mari, und läßt uns fragen: ob er durch einen Heereszug nach Paris, oder durch eine neue Schöpfung seines Reichs, oder durch seine Herrschaft im Reiche der Geister, oder endlich durch eine volle Schatzkammer, hervorglänze? Denn die Waldungen, wovon man von Anbeginn den Herrschernamen entlehnte, weil man seine Herrlichkeit darnach wog, sind jetzt im Preise gesunken. Würde man sonst so sehr dagegen wüthen?

Waldrada.

Möge sie nun die einfache Waltera, die Gebieterin seyn; oder möge ihr Rada seine Bedeutung der Raschen hier mit aussprechen; immer ist ihr Name des hochherzigen deutschen Mädchens werth, das seine Bestimmung fühlt, durch festen Sinn und Liebe mit zu herrschen, und über Tändeleien, und Verzärtelung und Launen hinweg, die Würde und Wirksamkeit im Hause zu behaupten, welche Teutonia ihren freien Töchtern immer zuerkannte.

Walfried
Friedlicher Waller.

Friedlich waren die auswallenden Stämme Thuisko's, so lange man sie friedlich empfing, ihnen Boden gab, und Freiheit, nach der Väter Sitte zu leben. Dieß dachten sie sich nach einer weltbürgerlichen Ansicht, die freilich für andere Staaten wahre Herausforderung war, als ihr Recht. So waren sie in ihrer Einbildung friedliche Waller, so wie sich lange nach ihnen auch die wandernden Boten des Kirchenthums Walafrieds nannten, wenn sie gleich wie Sanct Wolfram den ungläubigen Friesen Radbod mit der Hölle zur Taufkufe zwangen, oder wie Kilian der Heilige, Ehescheidung und Kinder=Enterbung predigten, oder die Klöster mit geraubten Kindern bevölkerten. In ihrer eignen Meinung und in den Actis Sanctorum blieben sie bei dem Allem wahre Walafrieds.

Walgundis
Die gewaltige Kriegerin.

Eine Gundis, eine Heldin im Walde, das heißt, nach der ersten Bedeutung, in der Einöde, nach Kero, im Holze, wäre entweder eine Kriegerin da, wo es keinen Feind zu bekämpfen giebt, oder wo man sich vor ihm verstecken kann.

Eben so wenig will mir eine irrende Kriegerin gefallen, von Wallo, daher der Waller, die Wallonen, Waliser, Welschen.

Die fahrende Ritterschaft spuckte nie in Deutschland, und eine, nicht etwa mit dem Kreuze bezeichnete, sondern auf Abentheuer ausziehende, Heldin hätte schwerlich bei ehrhaften Burgmännern, die mit ihrem Gewerbe keinen Scherz treiben ließen, weder Aufnahme, noch freies Geleit gefunden.

Waltgundis also, die Muthige, Gewaltige im Kriege, ist unsers Namens Deutung. Ob durch hohe Geburt, oder durch die Kraft ihres Arms, oder, am wahrscheinlichsten, durch den Beistand ihres Walto, des Gewaltigen im Gau, mächtig? dieß läßt ihr Name unerörtert.

Hadern mag ich indeß mit Niemanden, der statt unsers Walt ein Bald setzen, und so die überschriebene Heldin neben Baldechilde stellen will.

Gundibald bekäme dann eine Gefährtin, die sich nur herausnähme, sein Unterstes nach oben zu kehren. Doch was müssen sich Gundibald und Gundibert nicht gefallen lassen! Entriß man diesen doch vor zwanzig Jahren der Vergessenheit, um ihn, mit dem Unüberwindlichen seiner Zeit, nicht Napoleon, sondern Kant, eine Lanze brechen zu lassen! Wahrlich, sein Name hat nicht dadurch gewonnen.

Walter
Der Gebieter.

Kündigt nicht des Namens Volllaut seinen Sinn an? Der Italiener hat den Teutonen im Gualteri unversehrt erhalten. Wie jämmerlich aber sticht der Franzose Gautier gegen seinen Stammherrn ab? Walto, ich herrsche, liegt hoch in walten, Gewalt, verwalten. Validus stellt sich ihm als nahe verwandt zur Seite. Ist aber Walto von baldo, waghaft, entsprossen? Kühnheit setzt allerdings Kraft voraus, und bahnt im Heldenvolke den Weg zur Herrschaft. Oder ist Walte Saltus, Wald Woold, niederdeutsch: Holt, des Herrschernamens Wurzel, wie es einst des Herrschers Gebiet und Sicherheit war? Ich stimme für das letztere. Das weite ist doch gemeiniglich auch das mächtigere Gebiet. Mehr oder minder bedeutend ist der Edelmann wie der Hofherr, nicht nach der Kopfzahl seiner Hausgenossen, sondern nach dem Umfange seiner liegenden Gründe. Des Fürsten Macht wird freilich jetzt am kürzesten, nicht am sichersten, nach den Tausenden bestimmt, die er zum Heere aufbieten kann: denn ein zahlreiches Heer, was sein Vaterländchen aushungert, ist eine schwache Stütze der Macht. Hatte der teutonische Gewaltige eine wohlbestandene Waldung, eine weite Wildbahn, so fehlte es ihm auch nicht an Wildtreibern, weil er sie mit ihren Triften durchfüttern konnte. Nun war er nicht bloß Waldherr, son-

bern, sobald es ihm gelüstete, Waldger. Wo seine
Mannen für ihn zu schwach waren, da waren seine
Bäume desto stärker.

Walter haben wir noch viele; wie lange wir
aber noch Waldherrn haben dürften, wenn die Forst-
aufklärung wie der Borkenkäfer, ferner ungehindert
aufräumen?

Wandelbert
Berühmter Vandale.

So haben wir einen Norbert und Lambert,
Brechte, die durch ihre Namen bezeichnen, welchen
Stämmen sie angehören.

Abgeleitet von Wanda, die Kleidung, das Gewand, wäre Wandelbert: ein schön Gekleideter.
Mag aber mancher seiner Abkömmlinge in Kleidern
sich brüsten, und seinen Ruhm suchen beim Krämer,
Schneider und — Pöbel; er selbst wollte und kannte
keinen Kleiderruhm. Brecht stände dann hinter
Wando ganz müssig.

Jenes wandelnde Volk aber, dem Europa
zu enge wurde für seine Züge, und die gewaltigsten
Reiche erlagen, behauptete seinen hohen Kriegsruhm,
und von ihm abzustammen, schätzte sich der Held zur
Ehre.

Wandelmoda
Geberite Vandalin.

Leicht erklärt sich der Name; aber nicht so leicht
läßt sich das Kebsweib deuten, woran man bei
unserer Wandelmode denken muß. Hier ist mein
Auslegungsversuch. Denn da wir doch wohl die Fa-

voriten und Mâtressen nicht länger in Deutschland
dulden werden, so dürften die alten Kebsen vielleicht wieder in ihre Rechte treten.

Withem, das Brautgeschenk, witheman,
widmen, Wedding, engl. die Hochzeit, der Tag ge-
genseitiger Widmung, erinnern uns an unser wet-
ten, zum Pfande setzen, und an die Gewitse, durch
Brautgeschenke Gewonnene, woraus Kevese und
Kebse wurde. Denn die Verwandlung des G in
K ist in der ältesten Sprache sehr gewöhnlich. Ke-
vetskind war, was wir sehr unnatürlich — damit
ja das Fils naturel, Fille naturelle, sich fein bald
in unserer Sprache darstellen möchte: denn es war
doch französisch, und klang so unschuldig als Maî-
tresse, wofür der plumpe Deutsche das unleidliche
Buhlerin hatte — ein natürliches Kind nennen.

Wandelmoda war die Kebse — hätte doch,
statt des züchtigen Worts, die nicht so züchtige Sache
aufgehört! — Hugo's, Königs von Italien, und
Stamm-Mutter eines nachher sehr mächtigen Fürsten-
geschlechts, durch ihren Kebssohn Obert oder Hubert, Fürsten von Toscana.

Wandergesill
Reisegefahrter.

Vadere und Wandern sind sich sehr ähnlich,
und doch nur zufällig; jenes kommt vom griechischen
Βατέω, oder Βάδω, her, womit unser Pfad einen
gemeinschaftlichen Urstamm hat, dieses vom urdeutschen andar, welches im Italienischen und Spanischen noch seine älteste Gestalt beibehielt, und gehen
bedeutet.

Daß Sil dem Kelten die Nachkommenschaft bezeichnete, ist schon öfter bemerkt. Ge-Sil wäre denn wohl der Familiengenoß, der Begleiter. Selidon hieß der Familienraum, das Haus; daher unser Saal, Luthers Söller. Il und In wurden mit einander verwechselt, das teutonische Chind ging als Child nach Britannien über; der Gesill wandelte sich in Gesin, Guesin, daher unser Gesinde *), dann in Wessen, Wassen, der Diener, woraus zuletzt Vasall wurde. — Darstellend genug ist Wandergesill. Man sieht, sobald man seinen Namen lieset, den frommen Abentheurer, Stab und Christuskreuzchen in der Hand, wie er Wälder und Wüsten durchstreift, um für sein Mönchthum Boden zu gewinnen, oder unter dem Beile der Heiden als Blutzeuge zu fallen.

Ein solcher Wandergesell zog auch nach Frankreich, vertauschte dort seinen Knotenstock mit einem reichen Krummstabe, und starb endlich nicht als Martermann, aber doch als wunderthätiger Heiliger. Sanft ruhe nun seine Asche und sein Name!

Warnefried
Sanfter Erinnerer.

Waran hieß dem Teutonen: etwas als wirklich bemerken, wahrnehmen, War-

---

*) Ein Hofgesinde dürfte die Sprache wohl nicht wieder aufnehmen, denn der Hofstaat ist allerdings glänzender. Aber das uralte Reitgesinde des Heers, unsere so unpassende als undeutsche Bagage, sollte doch wieder in Geltung treten!

nissi, die Wahrheit, Warendo oder Wareno, die Verbürgung der Wahrheit, daher das französische Garant und das engl. Warand. Wareno als Zeitwort: ich sage die Wahrheit vorher, ich warne. Warnefried ist nun der freundlich Warnende, der sanfte Erinnerer. Von wardan, bewahren, abgeleitet, ist er dagegen der Friedensbewahrer, der Friedliche.

Beide Bedeutungen empfehlen den, unter uns seit Jahrhunderten erloschenen, Namen, und der gelehrte Freund Karls des Großen, dessen Schriften für sein Zeitalter musterhaft waren, und es für den Geschichtsforscher zum Theil noch jetzt sind, der berühmte Paul Warnefried, ehrt ihn nicht weniger.

Wasmuth
Muthvoller Dienstmann.

Also nicht der Mann frischen, wachsenden Muths? Nein, Wasso ist hier der Dienstmann im keltischen: Gwas der Vasall, nicht der Teutone Wasso, der Frische. Wassemo, Fruchttreiben, ist Sprosse dieser letzten Wurzel. Ein drittes Stammwort, wasso, scharf, wovon unser wetzen, vielleicht auch unser Witz: denn zwischen Scharfsinn und Witz unterschied der Teutone noch nicht, abstammt, indem Witti: geschärfter Verstand, sich wohl von jenem Urworte herleiten ließe, würde den Sinn geben: Ein Mann von eindringendem Muthe.

Weigelinde
Die Starke.

Stammwort ist Wik oder Wig. Inde ist

bloß weibliche Endung, das l Nachlaß des verkürzten Wiglin.

Welf
Junger Wolf.

Wie dem Lateiner sein Catulus, so galt dem Teutonen sein Welfo, für das Junge des starken Waldthiers. Leuwelp war der junge Löwe, und bedeutet in der englischen Sprache noch eben dieß: Welpe war unter den Chaucen: der junge Hund. Daß sich aber der Deutsche, indem man durch jene Namen den jungen Held bezeichnete, nur das kühne, angreifende Thier als Sinnbild dachte, können wir voraussetzen. Ihm schwebte dabei besonders der Angreifer seiner Heerde, womit er seine Kräfte maß, der Wulf, im Englischen, der Aussprache nach, noch unverändert im Sinne. Welf würde ihm bald der junge Wolf. So lange unsere Ahnen das blutige Handwerk des Krieges und der Jagd für ihre ehrenvolleste Bestimmung hielten, standen auch Wolf, Welf, Wulfhildis, Welfa, bei ihnen in hoher Achtung. Die Milderung des Sinns und der Sitte verdrängte allmählich diese Namen, und ich denke wir ehren sie ferner als Alterthum! Erhalten wird er sich im Gedächtniß und in der höchsten Achtung der Deutschen wie der Britten, dieser Urahn. Er stellt ja in ihm den Stammvater des mächtigsten, um Deutschlands Freiheit, um Großbritanniens Glanz verdienstvollesten Fürstenhauses, dar.

Besonders dir, mein Vaterland, das du unter dem Schutze der glorreichen Welfen seit einem Jahrtausend zum Königreiche erwuchsest, nicht um, wie die

Schöpfung Napoleons, wie das ohnmächtige Königthum Westphalen, in vier Jahren eine Krone, als Zeichen der Sklaverei, schimpflich zur Schau zu tragen, und eben so schimflich einzubüßen; sondern um freie Staaten, Völker voll hohen deutschen Muths, treu dem erhabenen Regentenstamme ihres Bluts, treu dem Bunde Teutonia's, auf viele Jahrhunderte darunter zu vereinen — Hannover! Wie ehrwürdig muß dir der Name Welf seyn.

Ein edler Sueve war Stammherr des mächtigen Hauses, das bereits Karls des Großen Sohne und Thronfolger eine Gemahlin gab, sich im eilften Jahrhunderte, durch Kuniza mit dem longobardischen Fürsten Azo von Este verband, und durch diesen, von einer Seite Italien, von der andern Deutschland, durch seine Zweige größtentheils beherrschte. Schon Otto von Freisingen bezeugte vom Geschlecht der Welfen, indem er es dem Hohenstaufischen Hause zur Seite stellt: „Magnos duces producere est solita." Er spricht von der antiqua et nobilissima familia Guelphorum, und der lange Kampf beider Stämme, worin Heinrich der Löwe seine Länder, nicht seine Größe, verlohr, zuletzt aber in der entscheidenden Schlacht am Welfsholze bei Helmstedt die Gibellinen oder Weiblinger erlagen, bewies die Furchtbarkeit jener Fürsten, deren Nachkommen jetzt durch Macht und Glanz, mehr noch durch Gerechtigkeit, Weisheit und Heldenmuth, die Bewunderung und Freude, die Befreier und Beglücker der Völker sind.

Wenilo
Eilender Freund.

Denken wir uns darunter den wackern Waffen-

gefährten, der seinem geliebten Mitkämpfer in der
Gefahr flugs zu Hülfe eilt, oder überhaupt den edeln
Mann, der da, wo es seines Freundes Freiheit,
Ehre und Leben gilt, die Frage: was muß ich thun?
eher entscheidet, als zögernd denkt, so hat Wenilo
einen trefflichen Sinn. Wen ist das gewöhnlichere
Win, im Dänischen Ven, Freund.

Ilo, eigentlich iligo, das altdeutsche eilig.
Sonderbar, daß Laut und Sinn mit dem lateinischen
Illico so genau zusammentreffen. Und doch hat sicher
nicht erst das Heer des Brennus dieß Wort so wenig
von Rom entlehnt, als dorthin gebracht. Kero hat
ilanlihu, eilig.

Werimbert
Ruhmvoller Vertheidiger.

Gerbert und Herbert haben sich darin ein
W aufdringen lassen, was freilich in der Aussprache
wohl älter war, als sie selbst. Were, die Brust-
wehr, darf man nicht verwechseln mit Were, Gewähr leisten. Dieses stammt von War, das Wahre
her, und erzeugte auch Warnissi, die Wahrheit.
Unser Wurzelwort ist dagegen aus Ger, Krieg,
Wehrstand, erwachsen.

Werner
Der Krieger.

Die olympischen Götter erscheinen mehrentheils
leicht, und wie zum Staat bewaffnet. Aber Mars
tritt in voller Rüstung auf, und bedarf ihrer, weil
das Ungeheuer, dessen er mächtig bleiben sollte, weder

der Ferse noch des Scheitels schont. So auch Werner unter den Teutonen. Allen Wigs, Harbs, Balds, Dags, Berts, Mars, Hilds, tritt er vor. Was sie leiser oder lauter andeuten, das vereinigt der Sohn der Werre in sich. Er bedarf keiner Sinnbilder des Helms, Wolfs, Ebers: er rühmt sich nicht seiner Macht, seines Muths, seiner Ehre; einfach und doch erschöpfend bezeichnet er in sich, was Siege erzwingt und Ehrfurcht gebietet. Hermann und Günther sind seine Mithelden. Leisten diese drei, was sie versprechen: wehe dann den übermüthigen Glücksrittern, die ihnen Fehde entbieten!

Werner ist nicht bloß Wehrmann. Die Werre schließt tapfere Gegenwehr ein; aber sie beschränkt sich nicht darauf. Der Abgetriebene kann wieder vordringen. „Man soll dem fliehenden Feinde goldne Brücken bauen." Recht; wenn er nicht weiß, und man selbst noch weniger begreifen kann, warum er flieht. Sonst, wenn er einen Stärkern hinter sich fühlt, nimmt er wohl das Geleit über hölzerne Brücken, bis in seine Heimath an. Unser Werner wehrt sich so, daß sein Gegner wehrlos wird, und mit der Möglichkeit die Lust verliehrt, neue Angriffe zu versuchen. Und er müßte nicht wissen, was sein Name von ihm erheischt, wenn ihm grauete vor dem Fechtu, Fechten, Fehde, Ausforderungskriege, sobald des Landes Heil davon abhängt. Seinen Vätern war ja der Krieg so unentbehrlich, daß sie sich, wie wir wissen, in ihren fürstlichen und ritterlichen Kampffesten, zur Lust die Hälse brachen, wenn kein Feind an der Gränze stand. Was waren ihre Ordalien*) anders, als unter den Schutz der Gottheit gestellte Raufereien auf Leben und Tod? So wenig ahneten jene Werners, daß Bürgerzwiste vor Gott und den Gesetzen unrecht sind. Sie glaubten sie durch Muth, Kraft, und Offenheit zu heiligen.

Der unblutigste Krieg aber, der sich je in Teutoniens Gränzen entspann, war doch der Wartburger. Ein Landgraf und sieben Edle bekämpften sich darin Jahre lang. Täglich wurden Siege errungen. Einer der wackersten Helden behauptete zwei und fünfzig mahl das Schlachtfeld, und gleichwohl — gab es keine Erschlagene, keine Verstümmelte. Unsere Werners waren — Landgraf Hermann, Heinrich von Veldig, Walter von der Vogelweide, Reimar von Zweten, Eschilbach, Bitterwolf,

---

*) Aus Vor bildete sich Ur, welches in belgischer und niederdeutscher Mundart Oor oder Or wurde.

Der Begriff jenes vor, vorher, voraus, früher, blieb dem Ur in Urkunde, Vorkundmachung; Urkunden, im Voraus kund machen; Ursprung, der früheste, erste Anfang; Urvater, der erste, der Stammvater; Urphede schwören, im Voraus dem Fehtu oder Angriffe aus Rache, eidlich entsagen; Urtheil, Ordeel, Ordal, Vorherbestimmung oder Entscheidung, von Theilen, Scheiden) der Schuld oder Unschuld, durch Vergleichung der Gründe, oder wie einst, durch den Ausgang des Zweikampfs; Ursache, vorher zum Grunde liegende erste Sache. Urlaub aber, Urlaubii, kommt von dem teutonischen Verlouvan, niederdeutsch: Verlöven, engl. To allow, her, und bezeichnet die Erlaubniß.

Ofterdingen, Klingsor — wetteifernde Minnesinger.

Wetzilo
Der Weidliche.

Wethelich oder wathelich war teutonisch: stattlich, ansehnlich, vielleicht von Wade, das Kleid; daher Gewade, Bekleidung, unser Gewand. Wand, Tuch, Wandschneider, sind noch bekannte niederdeutsche Ausdrücke. Gewadet, ganz mit Leinewand bekleidet seyn, hieß: sich stattlich und Standes gemäß tragen.

Vergl. Blanka.

Das Z ist, nach Otfried, ein überflüssiger, bloß ob stridorem dentium eingeführter, also an sich müßiger Buchstabe, und so würde unser Name ursprünglich Wethilo geheißen haben.

Wibald
Handfester Held.

Wig = Baldo. Keine Härte blieb in diesem Namen nach seiner Verkürzung zurück, und doch konnte ihn so wenig seine Gefälligkeit als seine empfehlende Bedeutung vor der Verstoßung schützen!

Wibo.

Ein kurzgliederiger Friese, hohen Alters, aber schwer zu bestimmenden Namens. Vielleicht unser Wilibald.

Wiborad
Rüstiger Wibo.

Rabes oder rabe, hurtig. Hier und da er-

scheint er verkürzt Wibrod, und verführt den Erklärer zur Unzeit an das keltische Brawd, Bruder,
zu denken.

Wichmann
Starker Mann.

Ließen sich Familiennamen so leicht verdrängen,
unsere Werner, Hartmann, Wrede, Walter
und Wichmann lebten nur noch in der Geschichte.
Denn sie stehen in keinem biblischen Geschlechsregi-
ster und klingen gar zu deutsch.

Jetzt, von unserer Ueberverfeinerung zurück,
wieder zu uns selbst gekommen, und vom Zwange
des Mönchthums erlöset, möchten wir uns gern mit
den gewichtigen Namen unserer Alten, besonders auch
mit Wichmann, dem Starken, wieder versöhnen,
wenn nur erst einer aus unserer Sippschaft seinen
kleinen Vierschrötigen beim rechten Namen nennen
wollte.

Seltsames wenn nur! Hätte ich doch nicht
geglaubt, daß der Name unserer Kinder mehr Ver-
wandtschaftssache wäre, als die Tracht unserer Kleinen! Wir kleiden sie nach Stand, Alter und Jahrzeit.
Sollen wir denn erst einen Familienrath darüber ab-
stimmen lassen: ob wir sie als Deutsche, und nach
der Jahreszeit benennen dürfen, wo wir Wichmänner
brauchen, wenn wir uns nicht als Wicht-Männer,
als Wichte, wollen behandeln lassen?

Wicker
Der Starke.

Das alte Wicken, Winken, nachher: auf die

Zukunft hinweisen oder weissagen, ist unserm Namen fremd. Er kommt von wig oder wik, fest, her, und erinnert an einen deutschen ritterlichen Kreuzfahrer, der bei Antiochien einen furchtbaren Löwen spaltete, seinen Namen also vollkommen rechtfertigte. Er heißt auch Wicke und Wiger.

Widerad
Rüstiger Gegner.

Von Widar, der Widersacher, welches in der Zusammensetzung sehr darstellende Wörter bildet.

Widarmezzo, ich vergelte, messe wieder um. Widermurte, der widrige feindselige Muth. Godes Widerwerte ist beim Otfried der leidige Höllengeist.

Der bekannte Abt zu Fulda, welcher wider Bischof Hezel, unter des Kaisers Augen, im Dome zu Goßlar jenes schreckliche Blutbad anrichtete, verdiente also seinen Namen Widerad mit der That.

Wido
Fleckenloser.

"Recensent *) (sollte heißen der Beurtheiler) kann (im 151sten Blatte der jen. allgem. gelehrten Zeitung vom Jahre 1798) nicht unbemerkt lassen, daß es mit solchen Dolmetschungen (alter deutscher Namen) überhaupt, und besonders deshalb eine äußerst ge-

---

*) Des historisch-etymologischen Versuchs über den keltisch-germanischen Volksstamm, von Hüllmann.

wagte Sache sey, weil schon die germanischen appelkativen (Namens-) Wurzelsilben, die wir noch lange nicht vollständig kennen, geschweige die dazu genommenen uns fremden celtischen, so vieldeutig sind, daß sie uns jeden Augenblick verwirren. Bis wir also von jenen eine gründliche Kenntniß erlangt haben, wäre der beste Rath, entweder auf dergleichen Namen-Auslegungen gänzlich Verzicht zu thun, oder wenigstens die Bedeutung einer Wurzelsilbe zur Erklärung anzuwenden, die einen plausibeln (gefälligen) Sinn gäbe. —"

Mit hoher Achtung für die Einsichten, wovon diese Bemerkung zeugt, darf ich mir doch einige Erinnerungen dawider erlauben.

Die Vieldeutigkeit der Wurzelsilben altdeutscher Namen macht die Auslegungen derselben schwierig. Wird sie je aufhören diese Vieldeutigkeit, zum Beispiel der Silben: Her, Ger, Ram, Rab, Mar? Stellt uns eine gründliche Kunde ihrer verschiedenen Bedeutungen wegen des Sinnes sicher, den sie in einzelnen Namen haben? Schwerlich! Aber sollen wir deswegen keine Auslegungen dieser Namen wagen? Giebt nicht jeder, mit nöthiger, das heißt aber keinesweges vollständiger, Sprachkenntniß; jeder, mit Beurtheilungskraft, und sorgfältiger Vergleichung ähnlicher Namen-Bildungen angestellte Versuch einer Erklärung, gründlichern Forschern Gelegenheit, hier zu billigen, da zu erweitern, dort zu berichtigen, und so nach und nach den Deutschen die Räthsel ihrer Namen zu lösen?

Der Name Wido ist den Meisten ein solches Räthsel. Ich kann mich gründlicher Kenntniß der
teuto-

teutonischen Sprache nicht rühmen, aber das dünkt mich, weder an wide, weit, noch an Witti oder Gewitti, die Einsicht, noch an widar, entgegen, noch an Withem, das Hochzeitsgeschenk, noch endlich an das keltische Gwydd, Wild, dürfen wir bei Wido denken, noch endlich an wihi, rein, Wihiba, das Heilige, Geweihte.

Wido, in Italien Guido, ist Wibrecht, friesisch verkürzt: **der ruhmvolle Starke**. So wurde ja aus Albrecht Azo, Ascelin. Gewiß, der Sinn des Namens ist so kräftig, als der Laut desselben gefällig.

Wigand
Der Starke.

Auch ein Name der ältern Zeit, deren wehrhafte Söhne ihm seine volle Bedeutung gaben. Allmählich verschwand er, in dem Grade, als die deutschen Wigande, die Männer mit eiserner Faust, sich verminderten.

In den Heldenbüchern gilt er als Lieblings-Bezeichnung eines freien, waghaften Ritters.

Warum ihn einige Erklärer vom allemannischen weigan, ableiten, dessen Bedeutung: **beunruhigen**, noch unerwiesen ist, begreife ich nicht. Wig ist teutonisch: **fest**. Lud-wig, fester Mann. Wig-Bild, Weichbild, fester Ort: denn Buhila ist in der ältesten Sprache: ein aufgeworfener Ort. Daher Beule, Erhöhung, Geschwulst, Bollwerk, Wall, und das niedersächsische Bülte, Heidhügel, auch das engl. to build. Wighuis ist, fländerisch, noch ein kleines Castell. Brunswiek, Osterwiek, Harderwiek, waren Vesten. Wig-Hand, die feste Hand, der Heldenarm, unser Wigand.

Wilfried
Gefälliger Freund.

Der Wille paßt doch besser zum Freunde, zum Sanften, Freundlichen, als der Wilde! Der Mann mit sanftem Willen widerstrebt uns nicht, sondern gewinnt durch Herzensgüte bald unsere Zuneigung. Völlig gleichbedeutend sind also Wilfried und Winfried; aber doch nicht gleichen Stamms.

Wilgard
Der entschlossene Wächter.

Die Warten liegen in Trümmern; aber der Wächter bedürfen wir noch. Nur müssen es Willewarts, freudig entschlossene Hüter deutscher Gränzen, deutscher heiliger Fürsten- und Volksrechte, des Staaten-Bundes, der uns unüberwindlich macht, und des Sinnes seyn, wodurch wir, von Anbeginn, als ein freies Volk bestanden. Wächter und Wehrmänner, aufgeboten, nicht durch eine allgemeine Begeisterung für die Sache der Freiheit, sondern hingetrieben durch Zwang, um das Schutzheer vollzählig zu erhalten, werden schlafen, oder sich fortschleichen von der Hut, sobald der Zwang nachläßt. Und Deutschland! dein Feind wird nicht schlafen! Pflanze deinen Söhnen den Sinn ein, der ihre Väter stark machte, sich frei zu machen vom fremden Joche! Laß sie eifersüchtig, laß sie stolz werden auf die Sitten, auf die Sprache, auf die Rechte, welche sie unabhängig von dem Volke erhalten müssen, das uns seit Jahrhunderten verachtete, bedrohte, mißhandelte, und seine Absicht, uns aus der Reihe selbstständiger Bürgervereine zu vertilgen, vollständig erreicht wähnte, als unsere Wilgards zu Hunderttausenden aufstanden, und wider die Hunnen unserer Zeit die Schlacht bei Merseburg erneuerten.

Wilhad
Der Lusthasser?

Das wäre ja ein wahrer Büßer-Name! Ob der heilige Angelsachse, den, als ersten Bischof von Bremen, noch jetzt eine Kirche in Stade verewigt, ihn mitbrachte zu seiner Zelle? Oder, ob er erst späterhin seiner Enthaltsamkeit damit eine Artigkeit bezeugen wollte? Welii ist beim Otfried Wohlseyn, Ergötzlichkeit. Weelbe bezeichnet ebenfalls die Wohlfahrt. Hate, der Haß, ist noch im Niederdeutschen und Englischen unverändert übrig. Denkt man aber an Will, der Wille, so ist Wilhate einer, der seinen Willen, seine Lieblingsneigung streng beherrscht, der Selbstverläugner.

So könnte es scheinen. Doch wie leicht verlohr sich das r in hart? Willhard ist, genauer zugesehen, der Entschlossene, völlig sinnverwandt dem Wivilo.

Wilhelm
Stattlich Behelmter.

Swell, keltisch: sich kräuseln, aufsprudeln. Daher die Quelle, Welle, wallen.

Swill ist ohne Zweifel desselben Stamms, und

bedeutet: schwanken, umherirren. Gwilmer, Willimer, ein (hin und her wogender) Seemann. Sollte nicht Wille, die unstäte, sich zu einem Gegenstande neigende, innere Bewegung, aus eben dieser Wurzel entsprossen seyn? Nicht auch der Wilde, durch keine Regel und Sitte Geleitete, Umhergetriebene, sich leicht Verirrende? Das G des Stammworts verlohr sich hier in den Abgeleiteten, wie dieß in vielen andern Wörtern sein Schicksal war. So ist Gwall keltisch, der Wall; the Well, the Will, the Wild, engl. der Brunn, Wille, Wilde.

Wilhelm ist also der schwankende, sich wellenförmig bewegende Helm, das heißt: der wogende Helmbusch, Zeichen und Zierde des muthig dahin eilenden Kriegers.

Leiten wir unsern schönen, und gedankt sey es seinem schützenden Geiste, sich noch immer in Geltung erhaltenden, Namen vom keltischen gwell, wohl, ab (auch hier warf der Teutone bald das G weg, und der Britte stellte es in seinem Well nicht wieder her): so haben wir dieselbe Bedeutung: guter, schöner Helm.

So lange Helm und Speer die Schutzwehr der Staaten sind, und übermüthige Eroberer den stillen, großen Sinn unsers Volks, das in seiner Bildung längst über die Kriegslust hinaus ist, durch ihre Frevel reizen, bis er sich erhebt zum Widerstande, so furchtbar, wenn er vergelten muß, als großmüthig, wo er ertragen darf, mögen Deutschlands Söhne, wie durch den Muth, so durch den Namen des edeln Schweizers sich auszeichnen, der das als Wahrheit fühlte, und wider Geisler sieghaft bewies, was der Mann des Schreckens unserer Zeit einst den polnischen, vergebens um Freiheit flehenden, Gesandten mitgab: "Ein Volk, das den Willen hat, frei zu werden, ist unüberwindlich."

Wilibald:
Freudiger Held.

Ein Name voll Milde und Bedeutung! Wer ihn mit Ehre führt, dem ist Heldenthum Bedürfniß, und das Verdienst großer Thaten ein Preis, werth der größten Anstrengungen und Gefahren, ja des Lebens selbst. Deßwegen wünscht, sucht und segnet er die Stunde des Kampfs, der seinen Muth verherrlichen, seine Kraft bewähren wird. Er fällt, und vertauscht seinen Tod nicht mit dem längsten Leben, das vom Staate zehrt, wie das Unkraut vom Boden. Er siegt, und die Narbe, die er hätte vermeiden können, und das Bewußtseyn, mehr als diese Narbe gewagt zu haben für Pflicht und Ehre, gilt ihm über Orden und Verdienstsold. Man entweiht den ganzen ehrwürdigen Stand der Vaterlands-Vertheidiger, wenn man vom Gnadensolde spricht. — Und, wie am Tage der Schlacht, so im ganzen prüfenden Leben, ist Wilibald der Mann voll freudigen Muths, keiner Bangigkeit empfänglich, beharrlich im Kampfe wider seine Verhältnisse, unüberwunden, wenn gleich erdrückt durch feindliche Gewalt.

Leser! Wie gefällt dir der Name?

Wilken
Der schön Behelmte.
Wiliko ist Wilhelm, in friesischer Mundart.

Willa
Die Willfährige.

Entgegenkommend fremden Absichten und Wünschen, aber nur so lange sie nicht aufs Sträfliche und Schändliche gehen, ist Willa. Jene Gefälligkeit, wobei sich weibliches Zartgefühl, weibliche Würde und Ehre verläugnet: wodurch sich das Weib zum schimpflichen Mittel niedriger Zwecke herabwürdigt, mag jetzt der feinen Welt für Artigkeit, oder doch für verzeihliche Schwäche gelten; der alte Germanier benahm sich dagegen sehr unfein.

"Bewacht von Keuschheit leben die Weiber, unverführt von Schlüpfrigkeiten der Bühne, durch keine wollüstige Tafel verweichlicht. Aeußerst selten sind Ehebrüche in einem so zahlreichen Volke, und strafen darf sie der Germane auf frischer That. Mit geschornem Haar, ganz entkleidet, stößt er die Treulose aus dem Hause, und peitscht sie mit Ruthen durchs ganze Wigbild *) vor sich her. Keine Gnade dann für die verwirkte Zucht. Sey die Uebelthäterin noch so schön, so jung, noch so reich; keinen Mann wird sie finden. Dort nennt niemand Ver-

---

*) Vicus. Ist nicht die Uebereinstimmung dieses römischen Worts mit unserm, sicher nicht davon abgeleiteten, Wik abermals Hindeutung auf eine älteste gemeinsame Wurzel.

brechen allerliebst, und verführen oder verführt werden heißt nicht: Geist der Zeit." So Tacitus. Wer fände nach einem solchen Sittengemälde den lieblichen Namen Willa noch zweideutig?

Willebrand
Der huldvoll Erhabene.

Aber welch einen Begriff muß man sich von der Verfassung der Teutonen bilden, wenn man durch ihre Namen überall auf Otto's, Walto's, Brechts, Marks, Kunos, Brenno's hingeführt wird? Lauter Gewaltige! Namenlos schleichen sich die Bürger der niedern Stände unter ihnen weg, wenn sie nicht wenigstens als Edils, Wigs, Harbs, Näfs, Salb's, Hilds — eine zweite zahlreiche Herren-Ordnung! mit jenen Häuptern in Bewegung kommen können!

So etwas deutet doch offenbar auf einen Standes-Prunk hin, wobei es mit der Volksfreiheit sehr mißlich aussah! —

Freund! Sie sprechen von Bürgern: warum nicht auch von Gelehrten, von Künstlern, von Seefahrern? Wer nicht da war, konnte nicht genannt werden! Häupter und Häuptlinge waren da. Die Höhe und der Umfang ihrer Macht im freien Volke wird durch ihre Namen angegeben. Ihre Namen wurden herrschend unter ihren Stämmen; das war ganz in der Ordnung. Auf den Wich, Brecht, Bald, hatte jeder Deutsche Anspruch. Kein Brenno hätte ungestraft die freien Gers- und Hilds erdrückt. Seine Sicherheit rieth ihm, sich zu ihnen als

Willebrand, als willfähriger, wohlgeneigter Herr, herabzulassen.

Willekin
Freundliches Kind.

Willi drückt die Zuneigung, Sanftheit, Bereitwilligkeit aus.

Willeram
Der Leidenschaftliche.

Der Mann von kräftigem Willen. Zweihundert Jahre nach Otfried von Weißenburg lebte Willeram, Abt zu Merseburg (ums Jahr 1080), für seine Zeiten ein gelehrter Erklärer der Bibel, der das hohe Lied deutsch übersetzte, und sich durch die, ihm trefflich gelungene, Bearbeitung unserer Sprache, die seit Otfried und Karl wieder ganz vernachlässiget war, ein großes Verdienst erwarb.

Es erregt wehmüthige Empfindungen, zu bemerken, daß so viele kräftige, zum Theil unersetzliche Worte jenes geistvollen Verbesserers unserer vaterländischen Sprache, jetzt ganz verlohren sind. Hier einige zum Beispiel: Dicco — fest; Kunft — Ankunft; Spunne — mütterliche Brust; Gewatet — bekleidet; Unkraft — Ohnmacht; Scunden — hinweisen; Sprinzegan — springen; Abo — entweder; — Rechton — Gerechte; Herebirga — schirmend; Wathlich — schön; Ekkeren — erwählen; Wara — wahrnehmen; Michel — groß; Nôt thun — wehe thun; Scone — Schönheit; Des Leides leban — Leidtragen; Salo — schmutzig.

Willigis
Der Willige.

Die Silbe Gis zu Anfange der Namen, macht dem Ausleger, wie wir gesehen haben, Schwierigkeiten, weil es sich nicht immer bestimmen läßt, ob sie das gewöhnliche Wis, oder das verkürzte Gisiu, oder gar das schnell ausgesprochene Geis sey. Zu Ende des Namens, wie in Willegis, ist sie wohl nur Bildungssilbe, die unser ig ausdrückt. So heißt beim Otfried zeitig: citigis; manch: mennegis.

Ueberhaupt war noch zu des Weissenburger Mönchs Zeiten die Sprache, wie er bezeugt, so barbara, agrestis, indisciplinabilis, daß weder Zahl noch Geschlechter im Schreiben unterschieden werden konnten, und in der Wortbildung eine völlig regellose Willkühr herrschte. Daher schrieb er selbst in einer Zeile: zisamenen, in der folgenden gisamanen, zusammen. Wer sich versucht fühlt, aus Gis unser Geist zu machen, und haragis: fester, oder auch von Hari, Heer, kriegerischer Geist, Willigis: williger Geist, zu übersetzen; trägt einen guten Sinn in diesen Namen hinein. Geist war aber Gaste, und zu Otfrieds Zeiten Keist. Dieß K ging freilich leicht wieder in G über, und der Abstand zwischen Gis und Geist ist nicht groß. Doch entspricht ja unser Ges, in Billiges, Weniges dem alten gis noch mehr.

Willo
Willfähriger.

Steht der Mann mit dem Willen hier ohne alle

nähere Bezeichnung, so entschuldige man es doch, wenn wir uns in ihm irren sollten: wenn er vielleicht nicht der Willige, sondern der Begehrende, oder auch der Entschlossene, der auf seinem Sinne Bestehende, seyn möchte. Wie vieldeutig ist der Wille in ältester und neuester Gestalt, wenn ihm kein Bestimmungswörtchen hinzutritt!

Wir glaubten nur, Willo müsse sich nach seiner Willa bequemen, und diese könne als Begehrende oder als Eigensinnige nie gefallen haben, wohl aber als die Sanfte, Gefällige.

Wie aber, wenn Willo nur friesische Abkürzung des Wilhelm wäre? Dann stände die sanfte Willa allein, und einem Dutzend zusammengesetzter Namen fehlte die Wurzel. Ein Friese Willo ist da; aber ist dießmahl unser unveränderter Alemanne.

Wimund
Wahr und besonnen redend.

Fürwahr ein Wihiu, den sein Kranz mehr kostet, als die meisten Kalenderheiligen der ihrige. Wihimund ist der heilige, das heißt: der reine Mund. Noch jetzt gilt es den Deutschen für einen großen Ruhm, reinen Mund zu bewahren, oder besonnen und wahr zu reden.

Von Witti abgeleitet, wäre Wimund der weise Redende, und das ist, dem Sinne nach, eben dasselbe.

Wigmund deutete auf den Mann von fester Sprache. Da wir aber auch einen Wahrmund, verhunzt Pharamund, haben, so dürfen wir diesem

ja wohl unsern Wimund als sinnverwandt zur
Seite stellen. Sind doch jener Franke und dieser Longobarde eines Urstamms! Wimund, der herrliche
Name; der beschämende Erinnerer an ein großes Gebrechen unserer Zeit, wo man es über dem Viel- und
Schönreden mit dem Wahrreden, mit der Heiligkeit
der Zusagen, mit der Beweiskraft des Gesprochenen
und Geschriebenen, immer weniger genau nimmt, und
unsern überrheinischen Nachbarn ihre Mundgeläufig-
keit so gern ablernen möchte — er ist nicht mehr!
Und wäre es doch werth, nie unter uns auszusterben.

Winfried
Sanfter Freund.

Nannte etwa der große Karl den, mit seinem
Könige Desiderius gefangenen, longobardischen Ge-
heimenrath, aus besonderer Zuneigung, seinen Win-
fried? Oder nahm man es zu seiner Zeit mit dem
Unterschiede zwischen Warne- auch Werne- und
Winfried, so genau nicht? Warnefried und
Winfried sind eins, als Person, aber nicht als
Name. Den Win kennen wir längst als Freund,
und Fried bezeichnet den Sinn, welcher uns den
Freund schätzbar macht. — Am wahrscheinlichsten ist
wohl, durch Ungenauigkeit, Winfried aus Wun-
fried, der sanfte aus dem fröhlichen Freunde geworden.

Winnigis
Der Freundliche.

Wie bei Willigis, so ist hier gis nur Bildungssilbe. Den Win, Freund, können wir nicht

mehr verkennen. Vielleicht verhält sich Winnigis zu Willigis wie Winthelm zu Wilhelm: das heißt: von diesen vier Namen könnten zwei als unrichtige Lesearten gestrichen werden. Aber welche nun? Hic haeret aqua!

Winthelm
Held mit fliegendem Helmbusch.

Neue, und nicht die kleinste, Verlegenheit für den Ausleger, der sich doch gleich bleiben soll, so lange ihm dieß möglich ist: denn in manchen Fällen wird er von der Unstätigkeit seiner darzulegenden Namen gezwungen, den Maasstab, womit er ihr Aeußeres und Inneres, wie er glaubte, ganz richtig gemessen hatte, zu vertauschen.

Man lese doch nur unsere Alten, um sich über ihre, hier und da doch ganz unverantwortliche, Unbeständigkeit in der Benennung ihrer Helden zu ärgern! Griechen und Römer wurden auch wohl zuweilen durch die Verschiedenheit der Mundarten, durch ihr eignes ungenaues Gehör, oder auf der Flucht ihres Griffels verführt, fremden Eigennamen einen Buchstaben hier zuzusetzen, dort zu nehmen: ihre eignen Volksnamen geben sie desto getreuer, und als Abschreiber sind sie gewissenhaft. Aber unsern Scriptoribus rerum, und annalium, kommt es auf ganze Silben nicht an. Manche Buchstaben sind ihnen die willkührlichste Sache von der Welt. G und H, V und W, B und W, F und V, G und K, Ch und H, vertauschen sie, so oft es ihnen einfällt. Aus Gerberga machen sie Guepa, aus Bald—Bold

und Bot. Selbst in ihren Abschriften erscheint Hug-
bert bald als Hucbert, bald als Hubert.

Mit Wilhelm war ich längst fertig: denn wie
konnte ich Bedenken tragen, seinem Wil eine andere
Bedeutung unterzulegen, als es offenbar in zehn andern Namen hat? Nun tritt mir Winthelm, endlich auch Quickhelm, in den Weg. Jener war
ohne Zweifel ursprünglich mit Wilhelm eins. Aber
ist durch die unleidliche Fahrlässigkeit der Schreiber,
aus dem Willen ein Wind, oder aus dem Winde
ein Wille geworden? Daß es den ersten Vertauschern
beider Worte eingefallen sey, Wille und Wind,
als verwandte Kräfte, gleichsinnig im Namen darzustellen — denn sie sind ja beide bewegend und unstät — glaube ich nicht. Sie verwechselten sie ohne
Absicht.

Dem Ausleger bleibt aber nichts übrig, als —
wiederzugeben, was und wie er es findet. So erinnert ihn der Windhelm, von Wint, Ventus,
Le Vent, The Wind, an die Windfahne. Er er-
blickt in überschriebenem Namen den, mit einem flie-
genden Helmbusch geschmückten, Krieger.

Wippo.

Der Friese Wibo. Unverkürzt ist er unser
Wibrecht.

Wiprecht

Der ruhmvolle Starke.

Also von wihi, heilig, daher wihinon, weihen, stammte der Name nicht. Ruhm galt freilich
unsern hochherzigen Alten viel; aber wir dächten, bis

zum Heiligenruhm wagte sich ihr Wunsch wohl nicht hinauf! Und wenn sich die Sanct Jörgen und Sanct Moriz als ritterliche Heiligen gefielen, so waren sie ja Ausländer, und — schwerlich wurde der Heiligenschein schon kraft bischöflicher Vollmacht ertheilt, oder durch unsinnige Büßungen erworben, als Wiprecht in die Reihe deutscher Namen trat. Der stürmische Ritter Groitsch hatte längst Wiprecht geheißen, ehe er als Klosterbruder, oder, wenn Sie wollen, als wunderlicher Heiliger, seine Rittersünden abbüßte, wie Karl der Fünfte in Sanct Justi seine Kaisersünden.

Dieß alles habe ich wohl erwogen, und möchte daher meinen Wiprecht, sonst Weipert, am richtigsten Wibrecht genannt, lieber von wido, weit, ableiten. Dann wäre er ein Weitberühmter. Aber was wollen wir nun aus seinen Vettern Wido und Wimund machen? Einen Weiten? Was hieße das? Einen Weitmund? Pfui! Noch einmal also zurück!

Wihida, das Heilige, war den Teutonen Reinheit, Fleckenlosigkeit, und stammt vielleicht von wiht, her, was beim Otfried bedeutet: Ganz und gar nichts. Daher witto, farbenlos, weiß. Wihiu, der Heiliggesprochene, und Wihiba, die Heiligenknochen, sind offenbar spätere Bedeutungen.

Wibrecht erscheint nun als Mann des tadellosen Ruhms. Und da den Ruhm des Mannes der Urzeit nichts so entweihte, als Feigheit, so ist er ein Geherzter ohne Furcht und ohne Tadel.

Sie schütteln noch ungläubig den Kopf? Haben Sie vielleicht den Witbrecht im Sinne? Auch mir

drängte er sich gewaltig vor, dieser wahre Kraftname!
Wimund und Wido sprechen nicht wider ihn.
Konnte der Friese den Urnamen zum Wibo, Wippo,
verbilden: warum nicht auch zum Wido? Und der
Weimund — doch den trifft ja seine Reihe auch!
Wer Weipeit, ein altes gewöhnliches Gebilde,
mahnt mich natürlicher an Weihhi, als an Wig.
Deswegen —

„Nicht zu rasch! Von Wigbild wurde ja auch
Weichbild."

Sie haben Recht. Und ich gestehe, daß sich wig
im Gefühle der Teutonen besser zum brecht fügt,
als wihi. Wibrecht stehe und falle also als
Mann der Kraft!

Witmar
Ruhmvoller Weise.

Mit Wittekind aus einer Wurzel entsprossen, bezeichnet Witmar den verständigen, gesuchten Rathgeber, der etwa mit der Witti-Vrouwe, nicht
weißen, sondern weisen Frau, oder Wizzo, Weissagerin, auch Alrune genannt, gleichen Ansehens
war.

Allu-Runban, alles zu raunen, geheimnißvoll mittheilen (Rhin, keltisch: das Geheimniß)
war ihr Geschäft.

Wittekind
Der kluge Sohn.

Als Wittekind und Wedekind behauptet sich dieser, weiland soberühmte, Name noch im Lande der

alten Sachsen. Gewitti oder Witti ist seine teutonische Wurzel. Die Wittheit, ein Ausschuß berathender Bürger in Bremen, so wie die Webbeherrn, das englische Wit, das niederdeutsche Weten, die Wetenschap, deuten auf den Sinn jenes Urworts, Weisheit, hin.

Wizzi, wizuan, weissagen, und Wisbuam, Weisheit, stammen auch davon ab, und unser Wissen, Wissenschaft.

Chindi oder Kindi, ursprünglich Chunno, Kunno, ist bekannt.

Witzo
Der Weise.

Wir haben ihn schon als Wizan gesehen.

Wizzi, Strafe, auch Schmerz, hat keinen Theil an seinem Namen.

Witsun, wisun, weise, ist sein Stamm. Friesisch lautet der Name Witio.

Wivilo
Mann voll festen Sinnes.

Wigwillo, so verkürzt, daß er alle Härte des Ausdrucks verliert, und jenseits der Alpen nicht milder gebildet werden konnte. Den Geist der Alten stellt auch dieser Name empfehlend dar. Und Heil dir, Germania, wenn dieser Geist, wie ihn eine allgemeine Noth wieder weckte in uns, nie von uns weicht: sollte auch kein zweiter Napoleon ihn jemals aufs neue versuchen!

Wi-

Wizan
Der Weise.

Was sich der Teutone unter seinen Weisen dachte? Keinen Bürger zweier Welten, der in die Tiefen seines Ich hinabsteigt, und dann auf der Schlußleiter, die er da wundersam zusammenfügte, stracks ins Unendliche hinüberschreitet, um den erstaunten Sterblichen im Vorbilde zu zeigen, wie man aus dem Raume ins Unräumliche emporsteigen, da, gleich einer leuchtenden Erscheinung, die Sternenwelt bedrohen, und nun furchtbar — zerplatzen könne.

Wizan blieb mit seinen Anschauungen auf der Erde, streckte seine Fühlhörner nicht über alles Fühlbare hinaus, lehrte was seinem Stamme frommte, und wurde gern gehört, weil man ihn begriff.

Besondere Schulen haben ihn nicht verewigt, auch keine Folianten von ihm selbst geschrieben, oder von seinen Lehrlingen ihm zugeschrieben, der Nachwelt verrathen, was ihm den Namen Wizan erworben habe: denn Lesen und Schreiben war seine Wissenschaft nicht. Vergleiche ihn nun mit Chiron, oder mit dem Tonnenmann von Sinope; genug, er war ein Weiser im Leben und fürs Leben. Und was er geleistet habe, das findest du ausführlich beschrieben in Tacitus Büchlein: von den Sitten der Deutschen. Schauen wir in diesen Spiegel, so können wir uns kaum der Frage erwehren: obs nicht besser stand mit unserer Volkssittlichkeit, ehe unsere Wizans in fremden Zungen so viel über alles hinredeten, was seiner Bestimmung nach nicht eingrei-

fen soll, und seinem Gehalte nach nicht eingreifen
kann ins menschliche Leben?

Wolf.

Nehmen wirs doch mit dem alten biedern Volke
nicht gar zu genau, wenn es hie und da in der Wahl
und Bildung seiner Namen wider unsern Geschmack
verstößt! Im Ganzen müssen wir immer doch den
richtigen Sinn bewundern, wovon es sich dabei leiten ließ.

Sein Wolf gefällt uns nicht. Denn wie könnten wir es dem Wütherich verzeihen, daß es ihm
gleich gilt, ob er das Schaaf oder den Schäfer packt:
wenn er nur ein Lebendiges, dessen er mächtig wird,
zerreißen kann? Was vermöchte uns mit seiner un-
zähmlichen Wildheit, mit seiner Unersättlichkeit, und
mit dem schauderhaften Geheul, welches ihm den
Namen gab (Huulan, daher Uulwelf, zusammengezogen Wulf), zu versöhnen? Nein, Gnade
findet er nicht bei uns! Auf seinen Balg setzen wir
einen hohen Preis: und um unsern Abscheu gegen
ihn aufs stärkste auszudrücken, stempeln wir das
schrecklichste Thier unter der Sonne, die Hyäne,
mit dem Namen Grabwolf.

So wir. Unsern Vätern war dagegen ein offener
Wolfsrachen beliebter Helmschmuck; daher der Name
Wolfhelm. Wolfsstärke war ihnen hoher Wunsch;
daher ihr Wolfharb. Der Muth des unbändigen
Thiers bildete ihren Wulfer oder Wulfger; ihre
Wulfhilde, auch Ulphilas, das Wölfchen. Ihre
Edeln beehrten sich mit dem Wolfsnamen, und ver-
schmähten selbst die scheußliche Wolfskehle nicht.

Wollten sie den kühnen Mann aufs kürzeste darstellen, so schoben sie seinem Namen den Wolf vor. Held-Dieterich von Verona hieß nun Wolfdieterich.

Bei dem Allen war im freistirnigen, blauäugigen Volke wahrlich kein Wolfssinn; nichts, was der Mordlust und der Hyänenwuth ähnlich sieht, die in der Gräuelgeschichte eines andern Volkes die Scheußlichkeiten der Bartholomäusnacht, und die Mordspiele der Robespierre's, der Carrier's, wie anderer Königs- und Volkswürger, noch zu milde bezeichnet.

Wolfgang.
Der schöne Wolf.

Wir haben das verlohrne Wort Gahun, was beim Otfried schön bedeutet, bereits in Helmgaud gefunden, wo es sich freilich nicht einmal so kenntlich mehr zeigt, als in dem sehr gewöhnlichen Heldennamen der Alten, Wolfgang.

Wolfhard
Der gehertze Wolf.

Bisher übertrug ich das hard in unsern Urnamen immer durch stark, fest. Noch nicht zu spät bemerke ich hier, daß von harbo, fest, wahrscheinlich das alte Harte, engl. Heart, dieß Werkzeug und Sinnbild der Festigkeit, seine Benennung erhalten habe. Schon zu Otfrieds Zeiten hieß es Herza. In seinem Lobgedicht auf Ludwig den Franken rühmt er:

In si'nes selbes brusti
Ist her'za fi'lu festi.

Doch ist das niederdeutsche Harte ohne Zweifel ältere Form des Worts. Warum sollten nun unsere Urahnen bei ihren Hards immer nur des Hardo, nie des Harten oder Herzen, gedacht haben, da fest oder kühn seyn, und Herz haben, noch jetzt gleichbedeutend sind? Wolfhard stehe deswegen hier als ein Geherzter.

Wrede
Der Friedensstifter.

Hier steht Fridu, den wir unter Fredegunde kennen lernten, in belgischer, oder wenn man will, in niederdeutscher Tracht. Denn Free, Frede, ist zwischen der Niederelbe und dem Rhein Volks-Aussprache, und je näher den Niederlanden, um so breiter und weicher wird der Laut des F. Friederich herrscht überall unter Deutschen, drückt mehr aus, als Wrede, und scheint diesen entbehrlich zu machen. Aber in der That ist uns kein Name entbehrlich, womit unsere Väter den Wohlthäter aller Staaten, aller Stände bezeichneten. — Was ist die Macht, die nur im Kriege sich erhebt, und durch Krieg gesichert wird? Eitles Blendwerk, unstät und wechselnd, wie das Glück der Schlachten! Und das Volk, welches eine solche Macht dulden, unterstützen, welches sich und seine Kräfte aufopfern muß für ihre verderblichen Absichten; wie unaussprechlich leidet es, wie wird es gepreßt, erschöpft, gelähmt in seiner freien, frohen Wirksamkeit; wie zurückgestoßen in Rohheit und Verwilderung; kurz, wie wird es gemißbraucht für den eingebildeten Vorzug, das siegreiche, furchtbare, oder wie die Franzosen bis zur Schlacht bei Wilna, die große Nation zu heißen! Unglückseliges, nun seit 22 Jahren blutendes Volk! Was bist du geworden bei deiner Größe? Und wo ist der Glanz, wofür du dich aufgeopfert hast?

Segen also über Euch, Ihr Schutzgötter der Völker, die Ihr jetzt im furchtbaren Vereine gerüstet da steht, um der Welt den Frieden zu sichern! Bedarf Deutschland immer der Hermanns, so möge es auch nie der Wreden ermangeln, die, wie sein baierischer Held, durch glorreiche Schlachten, einen glorreichen Frieden gewinnen.

Wulfhildis
Die unerschrockene Wölfin.

Wir können den Namen nicht edler wiedergeben, als wir ihn finden. Für den Teutonen hatte er nichts Unedles; denn er sollte nicht auf Raublust, nicht auf Blutgier hindeuten, die uns beim Wolfe einfallen, sondern nur auf seine Unerschrockenheit.

Wunfried
Der Freund des Vergnügens.

Fried drückt die sanfte, frohe Hinneigung zu Etwas aus.

Wunna ist unser Wonne, Wunnlust das höchste Vergnügen, Wunnlied einen Freudengesang anstimmen.

Wundram

Wahrscheinlich mit Gundram eins. Die Vertauschung des G mit W ist in der altdeutschen Sprache nicht ungewöhnlich.

3.

Käme es darauf an, alle Buchstaben zu besetzen, so würde hier Zwentobold, oder Zwentipolk, der heldenmüthige Freund, in seiner eben nicht freundlichen Gestalt, erscheinen. Doch so wenig G als Z haben eigentlich Ansprüche an ihm, da er Wentbald heißen sollte. Er läßt also dem Verfasser dieses Versuchs noch Raum für einige Mittheilungen übrig. Die erste hier unter der Aufschrift:

1. Deutschheit.

Ein gelehrter Beurtheiler dieser Blätter glaubte in einigen, ihm zur Ansicht vorgelegten Papierspänen der Handschrift, wie er sich ausdruckt, nur den Willen zu erkennen, unser großes, freies Volk zum kriegerischen Muth, und zu einer künftigen bewaffneten Haltung gegen eine andere ci-devant grande nation, aufzubieten. Getroffen war das; aber nur halb. Im Jahre der Befreiung Deutschlands, während des ewig denkwürdigen Bundes der Mächtigsten unsers Erdtheils in der großen Kaiserstadt, zur Sicherstellung unserer Unabhängigkeit, als Deutscher zu Deutschen sprechen; über eine allgemeine deutsche Angelegenheit, über Volksnamen sprechen, die noch dazu vorn und hinten Kraft, Freiheit und Krieg darstellen; wer vermöchte das, ohne Erinnerungen an die Schmach, an den Jammer, worunter wir erlagen; ohne Blicke des höchsten Unwillens auf die Stifter unsers Elends; ohne öftere starke Erweckungen zum beharrlichen Widerstande gegen alles, was uns in Zukunft wieder lähmen und unterjochen könnte? Doch Entbieter des Kriegs sollte Teuto nicht, Herold des Friedens, der Volkseinheit, die diesen Frieden allein sichern kann, und worauf unsere Großen mit dem edelsten Eifer jetzt hinwirken, worauf jeder, in dem ein deutsches Herz schlägt, aus allen Kräften hinzustreben, nie, oder jetzt heilig berufen ist; ein Bote der Deutschheit sollte der Darsteller der Namen, des Sinns, der Sitte unserer Väter seyn. Immer zu schwach, zu armselig, zu unbedeutend ist er für seinen großen Zweck; aber ganz verlohren können und werden doch seine Winke nicht seyn. Und sollte man ihn mit Freundlichkeit einführen in die lesenden Stände, weil er für gelehrte Forscher zu dürftig, als Gesellschafter dagegen zu langweilig, zu trocken ist? Die Frage bleibt ja immer: sind die Namen, die er darstellt, werth der frühern Zeit, worin sie galten, und der Folgezeit, denen sie wieder angeboten werden? Wer dieß nicht läugnen kann, empfehle sie durch stärkere Gründe, in gefälligern Darstellungen, und gönne dem Verfasser dieser Bogen dann nur das Verdienst, seinen guten Willen zuerst ausgesprochen zu haben!

Wie viel duldet man jetzt in Deutschland, bloß des guten Willens wegen? Die französischen Spielblättchen sollen vom deutschen Boden weichen. Das wäre etwas; denn mit ihnen wichen auch wohl aus deutschen Kränzchen einige hundert fremde Wörter, die sich mit jenen Zeittödtern eingedrungen haben. Aber nun sollen Alexander, Franz, Friedrich Wilhelm, mit sich spielen lassen! Nun sollen Blücher, Schwarzenberg, Wrede, Kutusow, warum nicht auch Wellington? für die Ehre gekämpft haben, die stämmigen Lanzenknechte in den Karten zu ersetzen! Das ist doch arg! Helden der zweiten Stufe müssen denn wohl als Spielfische glänzen, und am Ende erscheinen die vier sieghaften Hauptmächte als Farben, damit ja alles, was mit den größten Ereignissen unserer Zeit zusammenhängt, dem kartensüchtigen Volke, höhern und niedern Standes, eingespielt werde! So strebt selbst ein verirrter Spieltrieb auf das Eine hin, was wir Alle wollen; auf Eigenthümlichkeit und Deutschheit. Niemand rügt deswegen seine Verirrung; man findet seine öffentliche Ausstellung nicht ärgerlich, sondern nur lächerlich.

Und wie horchen und harren wir auf die Werke des deutschen Geschmacks, der deutschen Volks-Einheit, die uns das so allgemein gewünschte, so laut gefoderte Denkmal der Leipziger Hermannsschlacht verspricht! Werke sage ich; denn ein Werk, sey es auch wahres Wunder der Kunst, bliebe doch wohl tief unter seinem erhabenen Zwecke, tief unter der Erwartung unsers großen Volks!

Todte Denkmäler sind Aegyptens Pyramiden von dem Leben und von der Kraft des Volks, das sie baute; würde die Riesensäule des Odenwaldes mehr seyn, als ein todtes Zeichen, als ein Sinnbild vor den künftigen Jahrbüchern unserer Wiedergeburt?

Was jene denkwürdigen Siegestage herbeiführte, war Völker-Einheit; was sich von ihnen hertagen soll, ist Völker-Einheit. Ein Denkmal jener Siege, und der Völker würdig, die sie erkämpften, muß also ein großes, lebendiges, aus der Mitte jener Völker selbst gebildetes, Gesammtwerk seyn.

Nicht die Stätte, wo es sich erhebt, sondern die fremden Heere, die dort standen, als in ihrer Heimath, die da ihr Vaterland ersiegten: sie, und ihren Heldenbund soll es verewigen. Nun trete nach Jahrhunderten der Reisende in Leipzigs Umgebungen an den Fuß einer Säule, an die Schwelle eines Tempels; fühle und bewundere in den Darstellungen der Kunst, was seinen Vätern da Großes gelang, und wähne sich über ihren Gräbern auf väterlichem Boden; bald wird der blasende Postknecht seine Täuschung stören, und zwanzig Meilen weiter wird man des brüderlichen Schwärmers lächeln: denn wer hat da von den Bundeszeichen gehört? So lange die Irmensul die Hermannsstämme um sich her versammelte, begeisterte sie alle zum Muthe; nach Hildesheim verpflanzt, gehörte sie nicht mehr den Sachsen an, sondern — dem Domküster. Und werden die Denkmäler der Völkerschlacht nach den, allerdings höchstedeln, Ansichten und Umrissen, wie sie sich in öffentlichen Blättern ausstellten, aufgeführt, so wallfahrten die, welche ihrer am wenigsten bedürfen, ich meine Leipzigs Bürger, in Schaaren zu der kostbaren Lustflätte, und aus fernen Landen ziehen, den Kopf voll Meßgeschäfte, Hunderte dahin, um doch sagen zu können: wir haben das Wahrzeichen von Leipzig gesehen! Alles, was man bisher in einem Geiste, der sich Hunderttausenden in seiner Fülle von großen Gedanken und hohen Gefühlen mittheilen möge! empfahl, werde vereinigt ausgeführt als Werk des Volks, das ein Bundessiegel, ein unvergängliches Ehrenmahl für seine Helden, eine heilige Denkstätte seines gegenwärtigen Geistes, seiner innigen Verbrüderung für die späteste Nachwelt will! Eine Riesensäule erhebe sich auf dem Johannisberge: ein Tempel, Ehrfurcht gebietend durch seine Größe, mehr noch durch die Sinnbilder bürgerlicher und christlicher Eintracht, die ihn stützen, vereinige in seinen äußern Hallen, als ein Pantheon der Deutschen, die Bildsäulen unsrer großen Fürsten und Kämpfer für Freiheit und Wahrheit! Sein Inneres weihe an dem jährlichen großen Bundesfeste Christen aller Bekenntnisse, zu der brüderlichen, nicht Duldung, sondern Achtung, ohne welche nie eine Volkseinheit entstehen und bestehen wird.

Aber nun umgebe, nicht ein Lustgebüsch, sondern deutsches Leben, mehrere Tausend gewerbsamer Bewohner, denen ein Anbau in der Bundesstadt von ihren Fürsten, und durch die Beiträge ihrer Mitbürger erleichtert wurde, das herrliche Ganze! Bildungsanstalten für Bürger und Krieger, milde Stiftungen, besonders für gebrechliche Verdienstsöldner, ein Verein heimathloser, von ihren Obern als wackere, geschickte Ansiedler empfohlene Bürger, bestehe da unter dem Panier seiner erhabenen Stifter, unter dem Schirm des höchsten Reichs-Oberhaupts, und — der Name der Pflanzstadt des deutschen Bürgersinns sey Siegesheim, des Sieges Heimath, der Ort, wo er, wie das väterliche Haus die Brüder, so seine Erkämpfer vereinigte im festen Bunde! Wir sind arm, theure Mitbürger, aber nicht zu arm für ein solches Werk, wenn es uns nur nicht an einem deutschen Herzen gebricht!

---

2. Teutsche oder Deutsche?

Teutscher.

Deuto ist die Ueberschrift Ihres Buchs? Wer war denn Deuto? Einen Teuto, Theut, Teutat, einen Thuisto, Thuisko, kennen wir!

Deutscher.

Söhne des Mißverständnisses und der Unkunde!

Teutscher.

Wir haben Zeugen für jene Namen, glaubwürdige Zeugen. Oder kannten Cäsar, Tacitus, Vellejus, Florus, Eutropius —

Deutscher.

Halten Sie ein! die Reihe möchte zu lang werden, wenn alle für Zeugen gelten sollen, die von Livius bis Cellar, Theut und nicht Deut geschrieben haben.

Teutscher.

Fehlte es denn allen jenen Männern an Kunde des Volks, was doch ganze Legionen des römischen Heers gebildet, und ganze Legionen vernichtet hatte? Oder fehlte es ihnen allen an richtigem Gehör?

Deutscher.

Sie schrieben nach der Aussprache, denn Urkunden fanden sie nicht vor.

Teutscher.

Nach der Aussprache wie sie war vor achtzehnhundert Jahren. Und wir schreiben nach der Aussprache wie sie jetzt ist: denn Urkunden aus Teuts Zeiten finden wir nicht vor. Ihr Deuto aber ist vollends aller Geschichte fremd.

Deutscher.

Leider! Und doch natürlich, weil unsere Geschichte von Römern herstammt, die, wie Sie einräumten, den Deuto bald als Teuto, bald als Teutonus, bald als Teutates, bald als Thuisto zu hören glaubten. Solche Namenverfälscher beweisen nichts wider ihn.

Teutscher.

Haben Sie denn aber auch nur das Mindeste für ihn bewiesen? Ihre weiche niederdeutsche Aussprache ist doch wohl kein Beweis?

Deutscher.

Wofür halten Sie, Freund, den Stammvater unsers Namens?

Teutscher.

Für den Stammvater unsers Volks. Zu Tacitus Zeiten galt er dem Germanen für einen Gott: denn welches ältere Volk hätte sich nicht seiner Abkunft von den Göttern gerühmt?

Deutscher.

Diesen Glauben hatten also alle Völker mit einander gemein, wie ihre Abstammung. Daß Priester und Dichter Stolz und Verachtung der Ausländer, der Ungöttlichen, darauf pflanzten, wissen wir; aber geschaffen haben sie den Glauben nicht. Er war Eigenthum der Menschheit, so lange sie noch ungetheilt im Götterlande Asien wohnte.

Teutscher.

Zugegeben! Was gewinnen Sie aber damit für Ihren Deuto?

Deutscher.

Einen Namen ihres Stammgottes hatte die Menschheit, so lange sie eine Sprache hatte. Sie theilte sich in Völkerschaften: ihre Sprachen wurden sich fremder; ihres Gottes Name wandelte sich im Verhältnisse ihrer Sprachen —

Teutscher.

Was wollen Sie mit dem Allen?

Deutscher.

Wer aber die ältesten Sprachen und die neuesten verstände, wie wir unser Latein und Deutsch, würde doch den allmählichen Wandel, den Uebergang des Namens jenes einen Stammgottes von Mundart zu Mundart, nachweisen können.

Teutscher.

Für uns würde immer dadurch —

Deutscher.

mehr entschieden, als Sie glauben! Sie nennen unsern Stammgott Teut, ich Deut. Welcher von beiden sieht dem Θεος und Deus am ähnlichsten?

Teutscher.

Alle diese vier Namen stehen dem asiatischen

Stammgotte gleich fern; ihre Aehnlichkeit oder Unähnlichkeit ist sehr zufällig.

Deutscher.

Wir wollen sehen! Theos, Deus, Deot, Deut, Diet, Dido, Dodo, Odo, Godo, Gott. Alles Bezeichnungen eines Begriffs, älter als sie ist der keltische Diu, mit dem der griechische und römische Gott offenbar verwandt sind; und nicht verwandt seyn sollte der Stammvater des Volks, das, so weit die Geschichte reicht, immer mit den Kelten im engsten Bunde stand? Finden wir ihn nicht in unserm Thiat, Diet oder Deut?

Teutscher.

Schwärmerei, mein Lieber! Glauben Sie im Ernst, dadurch den Saltus Teutoburgensis in einen Deutoburgensis umschaffen zu können?

Deutscher.

Also noch einmal Ihr Tacitus, der Ihnen denn wohl beteutender seyn muß, als die teutlichsten Winke Ihrer Sprache, und nach dem Sie, um Sich gleich zu bleiben, teutsche Namen so teuten werden, daß des Römers Visurgis, Luppia, Amisia und Hercynia leibhaftig wieder hervortreten, wie sie sich in seinem Kopfe gestaltet hatten.

Teutscher.

Spötter! Hielte ich Sie nun beim Worte, wie würden Sie bestehen mit Ihrem Deuto? Dann erschiene Ariovist, Ariomir, selbst Theut mit seinen Söhnen; im neuesten Zuschnitte. Wo Sie sich auf die Teutonen berufen müßten, nenneten Sie Deutonen. Denken Sie sich dann Ihre Leser, Ihre Beurtheiler! Wie wir heißen wollen, und aus überwiegenden Gründen heißen müssen, das dürfen Sie laut erklären; aber uralte Namen nach dem Geiste unserer Zeit umschmelzen, und indem Sie Mißverständnisse heben wollen, andere veranlaßen, das hieße — sich übereilen!

Deutscher.

Sie haben Recht! Teuto bleibe also die Ueberschrift dieses Versuchs. Sie aber, mein vorsichtiger Freund, stammen, mit allen wackern Deutschen, lieber von Deut, dem Göttersohne, ab, als von Teuto, dem Waldhihho, dem Einleger des Waldes, wie ihn der stolze Quirite schildert. *)

---

3. Laß fremde Namen wie sie sind!

Holder.

Was Grundsatz! Er ist in Sprachen Frucht des Gebrauchs, und der entscheidet für mich!

Walling.

Der Mißbrauch, Freund, darf keinen Grundsatz bilden! Aufhören muß er!

Holder.

Und aufhören muß die Eigenthümlichkeit, muß der Volkswerth des Deutschen nun auch im Schrei-

---

*) Andere, vielleicht genügendere Beweise für das D in unserm Namen, vergleiche man unter Günther.

ben? Sollten wir nicht jede Sitte festhalten, die uns noch einen Schatten davon übrig läßt?

Walling.

Also deswegen schreiben und sprechen wir Petrarch, Don Karl, Peter von Kastilien, Bertram von Molleville, Johann Jacob Rousseau?

Holder.

Warum nicht?

Walling.

Auch der Bitte schreibt William, der Franzose Guillaume Tell. Wir sind folglich wieder — nur leidige Nachtreter. Und Volkswerth? Hm?

Holder.

Sie gestatten es doch dem Engländer, unsere Namen nach dem Geiste seiner Sprache kurz und kräftig wieder zu geben?

Walling.

Noch mehr, ich habe nichts dawider, wenn der Franzose unsere Namen schleift, der Italiener sie singt, der Spanier sie gurgelt, der Ungar und Russe sie zischen und käuen. Alle nach dem Geiste ihrer Sprache, nach dem Bau ihrer Sprachwerkzeuge.

Holder.

Und wir allein sollen uns des Rechts begeben, fremden Namen den Stempel der Deutschheit aufzudrucken?

Walling.

Fremdes Unrecht wird bei uns kein Recht! Fremde Un-

Unbildsamkeit, fremde Nothhülfe entschuldigen unsern Muthwillen, unsere Gewaltthätigkeit nicht. Wir können das Fremde bei seinem rechten Namen nennen, deswegen sollen wir es.

Holder.

Bej vielen, selbst europäischen Namen, würde ich die Probe schlecht bestehen. Für das polnische Nieszczerba und für das ungarsche Kersztes Mezcje ist meine Zunge zu schwer.

Walling.

Sie verändern also in der Aussprache nach Belieben die Mitlauter, setzen nach Belieben Lauter hinzu, und behaupten doch keck, Sie haben Polnisch und Ungarisch gesprochen?

Holder.

Und Sie, Freund?

Walling.

Ich mache meine unrichtige Aussprache zu keinem Gesetz.

Holder.

Erscheint nun unsere Wissenschaft in der Darstellung des Ausländischen nicht flugs wieder, wie zu unserer Aeltervater Zeiten, in dem buntscheckigsten Gewande, um uns zu belehren, der Dichter Horatius habe dem Augusto und seinem Maecenati recht artige Sachen gesagt; minder höfisch haben sich einst Demosthenes wider Philippum von Macedonia erklärt; denn sind Sie unschuldig daran!

Walling.

Ich wüßte wahrlich nicht, ob meine Sünde größer wäre, als die, römische und griechische Namen so zu beschneiden, daß ihr Eigenthümliches völlig verlohren geht. Wir nehmen dem Horatius ohne Fug und Recht zwei Glieder. Statt der Endung, die der Sprache Roms so vollkommen zusagte, bringen wir ihm das harte, in Rom nur als Frembling geduldete, z. auf. Was berechtigt, was bringt uns doch zu diesem Muthwillen? Hätten wir dem Römer einen Properz, dem Athener einen Kallisthen, einen Kallimach genannt, wer würde uns verstanden haben?

Holder.

Ich schreibe für Deutsche.

Walling.

Unsere Bildner arbeiten auch für Deutsche. Und doch darf man ihren Helden von Rom und Athen nichts Deutsches ansehen. Sei uns doch des Römers Name nicht minder ehrwürdig, als seine Toga! Sie wissen, es stand besser um seinen Staat, so lange dem Bürger die uns, ich begreife nicht warum? so anstößige, männliche Namen-Endung us galt, als seitdem sie übergieng in das lieblicher tönende i und o. Fabio Marsigli, Giustiniani sind mir kein Fabius, Marcellus, Justinianus.

Holder.

Das heißt ja wohl, Name und Kleid machen den Mann?

Walling.

Das Kleid kündigt ihn an, der Name spricht ihn

aus. Volksgeist und Volksnamen sind sich nicht so fremd, als es wohl scheinen möchte. Juan, Jean, John, Giovanni, Iwan: wie sprechende Zeichen des Geistes, woran sie erinnern! Unser Johann, der verstümmelte ebräische Fremdling, der seinen Sohn, den handfesten Hans, nun fast ganz vom deutschen Boden verdrängt hat, soll jene Zeichen ersetzen. Er ersetzt keins. Man sieht und hört ihm weder den spanischen Ernst, noch die französische Leichtigkeit, noch die brittische Kraft, noch den zärtlichen Sinn des Transalpiners, von dem allem nichts merkt man ihm an. Aechte, ehrliche, bedächtige, flache Deutschheit spricht aus ihm.

Holber.

Das nenne ich mir Zartheit erhabener Geister, wovon uns gemeinen Seelen sogar nichts ahnet! Nun, lieber Walling, verargen Sie's unserm guten Johann nicht, daß er seinen undeutschen Brüdern thut, was er überall von ihnen leiden muß.

Walling.

Freilich, von Anbeginn war's so. Gemächlichkeit, Unfähigkeit und Unlust, sich nach andern zu bequemen, auch wohl der Dünkel, fremde Namen durch Einkleidung in einheimische Trachten zu ehren, und so dem Fremdlinge Anstand und Sitte zu geben, machte die Völker recht erfinderisch in der unseligen Kunst, die so viele Verwirrung und Dunkelheit in die Geschichte gebracht hat. Lesen Sie Cäsars und Tacitus Berichte über die alten Heermannen, oder romanisirten Germanier, und dünkt's Ihnen nicht, als gälte es italischen Stämmen?

Holder.

Allgemeinheit und Alter hätte also doch die Erscheinung, worüber Sie sich so entrüsten, für sich?

Walling.

Sie bleibt nichts desto weniger baare Unsitte. Wäre denn nur noch Bestand und Einheit darin! Aber Ihr kennt und wollt ja keine Regel. Hatte der erste im übersprudelnden Kopfdrange Virgil, Ovid, Terenz, geschrieben, so ergriffen hundert Hohlköpfe den starken Einfall, und bald erkrankte die ganze schreibende deutsche Welt an der Verstümmelungswuth.

Holder.

Halten Sie uns doch, ich bitte Sie, ein wenig Thorheit zu gute, die nun schon längst die Geltung der Erbsünde für sich hat, eben so allgemein ist, und eben so sehr den leidigen Sinnen schmeichelt, als diese.

Walling.

So sündigt wenigstens mit Bestand, daß Eure Willkühr, Eure wunderliche Laune, nicht in einen so grellen Widerspruch mit allem Schein des Rechts trift!

Holder.

Wissenschaft der Sprache ist ein prächtiges Wort; aber eine unaussprechlich schwere Aufgabe, wenn man sich darin die Kunde denkt, alle Redeweisen auf Vernunftgründe zurück zu führen, und ein Werk von Jahrtausenden, eine Schöpfung des Zufalls, als Lehrgebäude eines mit sich selbst einigen, denkenden Kopfs zu würdigen.

Walling.

Ich errathe, wo Sie hinaus wollen; aber ich lasse Ihnen keinen Ausweg. Werk der Vernunft ist jede Sprache. So kann sie erforscht, so soll sie behandelt, gebildet, berichtigt werden. Angemessenheit, Bestimmtheit, Gleichförmigkeit, sind Forderungen, die die Vernunft keiner Sprache erläßt.

Holder.

Unter uns ist nicht die Rede von der Sprache der Wilden am Oronoko. Auch Reinheit, Wohllaut, Schönheit sollen die gebildete Sprache bezeichnen.

Walling.

Nun frage ich Sie: denken Sie sich den Griechen, den Britten als Deutsche? Sollen Ihre Zuhörer und Leser sich diese Fremden als Einheimische denken? Warum nennen Sie denn einen Jacob Stuart, wo James doch richtiger bezeichnete, wo und wer Ihr Mann war? Ist das natürlich? angemessen? bestimmt? Und sollen die fremden Namen durchaus verdeutscht werden; warum lassen Sie dem Plaut, Liv, Tacit, Aul, Gell, Sophokl, Pers, was Sie dem Cornel, Homer, Virgil, nehmen? Ist das Gleichförmigkeit? Noch einmal, seyn Sie eins mit sich selbst, wie es in der Namenverfälschung alle übrigen Völker Europens sind! Mißhandeln Sie alle fremden Namen, oder keinen!

Holder.

Wohlan, Freund! Ich, unter zehntausend meiner schreibenden Brüder der einzige, gelobe Ihnen Gleichförmigkeit in dem Einen oder Andern, wenn

Sie mir Uebereinstimmung mit sich selbst versprechen, und uns fremde Namen, nicht nur nach ihrem eigentlichen Laut, sondern auch mit ihren Volks-Schriftzeichen wieder geben wollen.

Walling.

Diese sind etwas Zufälliges in der Sprache. Deutscher Sinn und Laut bedarf keiner mauerrechten festen gothischen Zeichen. Aber auch in diese Netze sich eine sprachrichtige Rede Cicero's kleiden.

Holder.

Soll nun heißen des Ciceronis.

Walling.

Wozu das doppelte Zeichen der Wortbeugung? Unser Geschlechtswörtchen ersetzt ja schon die römische Endung. Dieß halten wir fest, als wesentlich im Geiste der Sprache. Kein Pünktchen entfalle hievon aus Gefälligkeit für das Fremde; aber die muthwillige Verstümmelung ist durch wilden Neuheitsdrang in diesen Geist hineingetragen, und muß wieder heraus!

---

4. Meine Heiligen,
jetzt schlummernd im Reiche der Todten, und ihre Gegenfüßler.

Adela.   Abraham, Völkervater. Hebr.
Adelbert.   Adam, Mensch. Hebr.
Adelhard.   Agnes, Lamm. Griech.
Adelgunde.   Alexander, Hülfsmann. Griech.
Adelm.   Anastasius, Auferstandener. Griech.

Adelsrinde.	Andreas, Männlicher. Griech.
Ajda.	Anna, Holdselige. Hebr.
Aswin.	August, Herrlicher. Röm.
Baldwin.	Benjamin, Sohn der Rechten. Hebr.
Bathilde.	Catharina, Reine. Griech.
Bernold.	Clara, Berühmte. Röm.
Berta.	Christian, Christ. Griech.
Bertrade.	Christoph, Christträger. Griech.
Blanka.	Cölestin, Himmlischer. Röm.
Blithilde.	Cyriakus, dem Herrn angehörend.
Brenno.	Griech.
Brunhilde.	Daniel, Gott richtet mich. Hebr.
Dagobert.	David, Geliebter. Hebr.
Detharb.	Egidius, Beschirmter. Griech.
Dietlin.	Elias, Göttlich. Hebr.
Dietlinde.	Elisabeth, Gottes Eid. Hebr.
Edelinde.	Ephraim, Gewächs. Hebr.
Editha.	Esaias, Gottes Heil. Hebr.
Edelbald.	Esther, Verborgene. Hebr.
Eginhard.	Eva, Lebende. Hebr.
Emma.	Euphrosyne. Fröhlichkeit. Griech.
Franke.	Eusebius, der Fromme. Griech.
Friso.	Felicitas, Glückseligkeit. Röm.
Geiso.	Felix, Glücklich. Röm.
Gerbert.	Florentius, Blühender. Röm.
Gilbert.	Gabriel, Gottesmann. Hebr.
Hartwin.	Hiob, Feindseliger. Hebr.
Hela.	Hieronymus, Heiliger Name.
Herbert.	Griech.
Hersende.	Ignatius, aus Egnatia. Griech.
Hertlin.	Joachim, Gott wird ersehen. Hebr.
Hildebold.	Johann, Holdseliger. Hebr.

Ida.	Jonathan, des Herrn Geschenk.
Isfried.	Hebr.
Kunibert.	Joseph, Wachsender. Hebr.
Lambert.	Josua, Helfer. Hebr.
Levigild.	Isaak, Gelächter. Hebr.
Liemar.	Judith, Bekennerin. Hebr.
Lindbert.	Justus, Gerecht. Röm.
Ludger.	Lätitia, Vergnügen. Röm.
Madesuinde.	Laurentius, Blühender. Röm.
Manfred.	Lazarus, von Gott geholfen. Hebr.
Marquard.	Lucius, Wölfisch. Griech.
Meinhard.	Magdalena, Hohe. Hebr.
Nanthilde.	Magnus, groß. Röm.
Norbert.	Margarethe, Perl. Griech.
Northilde.	Martha, Hausherrin. Hebr.
Obert.	Matthäus } Gottes Gabe. Hebr.
Oswald.	Matthias }
Otfried.	Melusine, Sängerin. Griech.
Raimund.	Michael, wer ist wie Gott? Hebr.
Reginbert.	Moses, herausgezogen. Hebr.
Reinhilde.	Narziß, erstarrt. Griech.
Richilde.	Nathanael, Gottesgabe. Hebr.
Richtrude.	Nikolaus, Volksbesieger. Griech.
Rigulph.	Paulus, gering. Griech.
Sebald.	Petrus, Fels. Griech.
Seguin.	Philippus, Pferdefreund. Griech.
Sibold.	Polykarpus, fruchtbar. Griech.
Sigmar.	Rahel, Schaaf. Hebr.
Sigmyn.	Rebecka, Fest. Hebr.
Suanhilde.	Sabina, Sabinerin. Röm.
Tankmar.	Samuel, vom Herrn erhört. Hebr.
Tankred.	Sarah, Fürstin. Hebr.

Tas-

Taffilo.	Simeon, Zuhörer. Hebr.
Tadbert.	Sophie, Weisheit. Griech.
Thekla.	Stephan, Gekrönter. Griech.
Thusnelde.	Susanna, Röschen. Hebr.
Totilas.	Sylvester, Waldmann. Röm.
Ubald.	Thaddäus, Bekenner. Hebr.
Unruh.	Theodor, Gottes Gabe. Griech.
Walbert.	Themotheus, Gottesverehrer.
Waldrade.	Griech.
Walfried.	Tobias, Gutmann. Hebr.
Walter.	Urban, höflich. Röm.
Weigelinde.	Ursula, Bärin. Röm.
Wibold.	Zacharias, des Herrn Gedächtniß.
Wilgard.	Hebr.
Willa.	Zebedäus, Begabter. Hebr.
Willebert.	
Willeram.	
Wrede.	

Die Römer Anton und Julius bezeichnen besondere Geschlechter. Wer seine Abkunft von den Söhnen des Herkules und Aeneas nicht beweisen kann, hat schlechthin kein Recht daran. Eben so müssen die deutschen Ignatius und Sabine ihre Abstammung aus Apulien und aus Numa's Volke darthun, oder ihre Namen bedeuten nichts. Sehr bedeutend sind nun freilich: Ahasverus, der Erbfürst, Bartholomäus, der Soldatensohn, Cornelius, der Gehörnte, Demetrius, das Volksscheusal, Jacob, der Stampfer, Dionysius, der Taumelnde, Thomas, der Zwilling, Lucia, die Wölfin, Gideon, der Zerstörer, Maria, die Herbe,

Jonas, die Taube. Ehren wir aber unsere Kinder und unser Zeitalter durch solche Namen?

5.

So manches erlaubte ich mir meinem Teuto mitzugeben, was mir, indem ichs seinen Namen anwebte, bedeutender schien, als jetzt, wo ichs nicht mehr wegschneiden kann, um nicht hie und da weniger als wenig gesagt zu haben. Erlauben Sie mir, meine Leser, auch noch folgende,

die Rechtschreibung deutscher Namen

betreffende, Kleinigkeit anzuhängen. Doch wir sollten nichts für gering achten, was die Sprache unsers ganzen Volks angeht. Nähmen wir es genauer in dem Kleinsten, wir würden mit unsern deutschen Lese= oder vielmehr Ruhezeichen, worauf in der That oft so viel ankommt, völlig im Reinen seyn, und alle Beschaffenheitswörter, mögen sie nun aus Hauptwörtern, sogar aus Eigennamen, gebildet seyn oder nicht, mit kleinen Buchstaben bezeichnen. Wie oft habe ich in gegenwärtigem Versuche gegen diese Regel gesündigt, und Deutsche, Englische Sprache, statt deutsche, englische; wie oft sogar statt britisch, brittisch geschrieben. So stark wirkt lange Verwöhnung!

Doch ich wollte nicht auf meine eigne, sondern auf eine fremde, sehr gewöhnliche, sehr leicht zu vermeidende Sünde aufmerksam machen, die in der Unrechtschreibung mehrerer deutscher Namen begangen wird.

Wie schreibt sichs:	Herstammend von:	Heißt der Name:
Adolf	Adil-Hulpe	Adolph
Burchhard	Burg-Hard	Burghard
Carl	Keorl	Karl
Conrad	Kun-Rad	Konrad
Cunigunde	Kun-Gun	Kunigunde
Cuno	Kun	Kuno
Detlef	Diet-Lev	Detlev
Diederich	Diet-Rich	Dietrich
Friedrich	Fridu-Rich	Friederich*
Gerdrut	Ger-Trudis	Gertrud
Gottfried	God-Fridu	Godfried
Gotthard	God-Hardo	Godhard
Gottschalk	God-Skalk	Godschalk
Ludolf	Lud-Hulpe	Ludolph
Ludewig	Lud-Wig	Ludwig
Marquard	Mark-Warto	Markwart
Marschall	Mari-Skalko	Marschalk
Rudolf	Rhudd-Hulpe	Rudolph
Volquin	Volich-Win	Volkwin,
Wilhelm	Willu-Helm	Willhelm

*) Eigentlich Fridurich. Da wir aber kein Fridu, sondern ein Friede jetzt haben, so sollten wir doch diesen milden Namen nicht durch Auslassung des Hauptguten verhärten.